上海往事

杜月笙与孟小冬

宋常铁 著

华中科技大学出版社
http://www.hustp.com
中国·武汉

图书在版编目（CIP）数据

上海往事——杜月笙与孟小冬 / 宋常铁　著. --武汉：华中科技大学出版社，2013.8

ISBN 978-7-5609-8867-2

Ⅰ. ①上… Ⅱ. ①宋… Ⅲ. ①杜月笙（1888～1951）—传记 ②孟小冬（1907～1977）—传记 Ⅳ. ①K828.9②K825.78

中国版本图书馆CIP数据核字（2013）第081472号

上海往事——杜月笙与孟小冬　　　　宋常铁　著

丛书策划：汤　梅
责任编辑：汤　梅
封面设计：金　刚
责任校对：孙　倩
责任监印：张贵君
出版发行：华中科技大学出版社（中国·武汉）
武昌喻家山　邮政编码：430074　电话：027-81321915　010-84533149
印　　刷：湖北新华印务有限公司
开　　本：787mm×960mm　1/16
印　　张：20.25
字　　数：248千字
版　　次：2013年8月第1版第1次印刷
定　　价：36.00元

华中出版

本书若有印装质量问题，请向出版社营销中心调换
全国免费服务热线：400-6679-118　竭诚为您服务

推荐序1

国家清史编纂委员会传记组组长、历史学家　李治亭

在20世纪二三十年代，延至四十年代，“大上海”无疑是一个响亮的名字。这里是一个独特的世界：光怪陆离，无奇不有，各色人等云集；从达官贵人，到中外买办，从地痞流氓，到冒险家，各展神通，追逐权位名利！至于社会底层，诸如无业游民、妓女、流浪汉、出卖劳动力的工人，却生活在另一个悲惨的世界。故人云：“大上海”是冒险家的乐园，穷人的地狱。

就是在这样险恶又充满梦幻的中国一流大都市中，滋生出充满传奇色彩，且个性怪异、思想不可捉摸的一群人物。杜月笙大概就是这些人物中的“佼佼者”。

一提起杜月笙的名字，人们的第一印象，他就是一个大流氓、黑帮头子、五毒俱全的令人恐怖的人物！他被视为是那个时代的“大上海”奇特社会中生长出来的一颗社会毒瘤。总之，不论怎么说他，都不过分！

杜月笙作为一个“恶”的形象，直到改革开放前，都未曾变化过。当然，杜的亲戚、当年的朋友，为他说了不少好话。但是，大陆的人没有谁相信。所以，对这些人为他写的传记，我们并不给予承认。而大陆学者、文人写杜月笙其人，全是揭露、鞭挞，进一步助长杜的恶名的传播。在“以阶级斗争为纲”的时代，杜氏与其同

时期的上海帮会人物几乎无例外地被定为反面人物而加以否定。的确，在那样一个严厉的政治氛围与政治环境中，是没有人会给杜氏说句公道话的。

终于，在改革开放三十年后的今天，这一被禁封的僵局已被打破：摆在读者面前的这部有关杜月笙的书：《上海往事——杜月笙与孟小冬》，就是学者宋常铁提供的一个最新的例证。

平心而论，撰写杜月笙传记，实在是件不大容易的事。杜氏一生，如一万花筒，行迹的繁复，历事的复杂，是非的模棱，更兼时代的变幻，写其生平始末，其难度之大可想而知。倘若他人来写，我未必关注，或许有几许疑虑。而今却是常铁把杜氏“写”出来了，我为之惊喜。为他取得的这一研究成果由衷的祝贺！说起来，我们还是东北老乡呢。同居长白山下，同居一城，一个偶然的机会我们相识，并开始学术交往，积于今，已有十余年了。常铁之为人，总是热情洋溢，激情似火；性情率直，爱憎分明，无论说话，书之于文，其情其义，一泻为快！以此品性，来撰写一代枭雄，当无障碍。果如此料，常铁真的把一个活生生的杜月笙呈现在读者面前！

实在说，我对杜月笙并无研究，因为杜氏名声大，早些年，也接触过有关他的人生记述，只能说略知一二。至常铁把书稿赐我，先读为快，并邀我代写序言，这才认真了解其人之活动，始有所感，写一点感想一类的文字。

幸好，我也写过并出版过几部清代人物传记，近十年来，我应邀在京参与新《清史》的传记编纂工作，对于传记工作也积累一点经验。凭此工作经历，细细品读“杜月笙”，确也品出个中滋味，不妨写来看。

以我的体会，要写好一部人物传记，首先就需要你去调整好自己的心态，正确处理与传主的关系。作者的心态是，让自己进入传主所生活的那个时代，把传主视为自己身边的人，去了解他，认识他。如果真正把自己溶进传主所生活的环境，与之同呼吸，共命运，如此，作者才可能真正揭示传主的内心世界，再现传主的历史真貌。已出的一些人物传记，缺乏真实感，大抵是作者远离传主，历史与现实分离。

本书的作者恰恰是调整好自己的心态，真的进入20世纪20年代，循着传主的足迹，伴随传主的童年，走入青年、壮年……与传主一起度过那段苦难的生活。很巧的是，常铁与传主的童年有着惊人的相似。他在《自序》中坦言："我经历过苦难的童年和少年，也曾年少轻狂混迹街头……"有此经历，感同身受，书写杜氏的苦难童年，可谓驾轻就熟，游刃有余。当然，随着杜氏发迹，与作者的生活经历渐行渐远，岂可同日而语？但是，这并不妨碍作者对传主的如实记述，作者就是凭借他的人生感悟，对历史的深刻理解，真实地写出传主的人生。

那么，杜月笙到底是一个什么样的人呢？换言之，就是给杜月笙的历史以准确的定位。作者既不按照昔日"以阶级斗争为纲"的既定模式去描写他，也不以今日的新观念颠覆过去的一切，而是以理性与人性的思考，把他看成是一个有血有肉有情感的人，他也有自己的向往和追求，爱与恨、磊落与卑劣、恶与善，皆集于一身。这正是那个特殊的年代"创造"出来的一个最具典型的人物。诸如梅兰芳、牛子厚、马连良、孟小冬、张学良、戴笠、黄金荣、张啸林、蒋介石等等，这些大大小小的人物、正反面人物、社会各阶层的名流，传主与他们都有着千丝万缕的联系，与他们中的许多人过从甚密。可以说，传主与他们每个人的交往活动，无不是一篇长短不一的动人故事。作者把他们的故事一一呈现在读者面前。而更感人的故事莫过于传主与孟小冬的恋情。作者将两人的恋情作为本书的一条主线，贯穿全书，给以细致地描写，显现出已成帮会领袖人物的杜月笙的个性，尤其揭示他的人生本质，也就正确揭示了杜氏的历史真面目。

本书作者明白无误地表述了他对杜氏的认识，写道："一个'义'字活一生！"此论真是不同凡响！他列举其"义"字当头的实践行为：杜月笙年少时期做街头混混的"江湖义气"；作为青帮头子的"帮会义气"，作为爱国者的"民族大义"，对伶人资助的扶危济困的"义气"，回报故乡人的"故旧义气"等等，都是"义气"的使然。可以认为，作者抓住并揭示杜月笙的个性，也就揭示出他人生的本质。

写作杜月笙传，比撰写其他人物，或正面人物，或反面人物都要困难许多。如上言，杜氏是一个十分复杂的人物，具有多种面目，多重性格，认清其本性本质，准确定位，谈何易？但是，作者做到了，不能不说是学术研究的一个重大突破。以往没有人去描写杜与孟小冬的爱情故事，而本书把它作为一条主线，从而把杜的人生本质深刻地揭示出来。

写杜氏传，还有一大难，这就是难在断是非。杜氏一生经历的事太多，又与国民政府乃至蒋介石联结在一起。在改革开放前，则很好断，即断为反动派、反革命。比如，1932年，一·二八事变爆发，杜帮助了第十九路军与上海市市长吴铁城，免遭日军的袭击；又如，1947年杜恰逢60岁大寿，他为国民政府筹资12亿，等等。过去，只能说杜氏帮助国民党反动派，因而一定不能给予肯定。作者重新解读，再断是非。作者跳出政治的局限，从中华民族的立场上认定：杜之所为，实系"民族大义"！过去，如解释杜与孟小冬的关系，必斥为肮脏、无耻，也不可能给出合乎理性的答案。如今，作者以人性思考，重新解读，就得到符合历史真实的结论。评断杜氏的是非，何止一桩？书中涉及民国的大人物、名流许多，其是是非非，无不给予明断。

作者以全新的思维，新的观念，给予杜月笙的人生作出新解释、新评价，令人耳目一新。这就是理性与人性的回归，才把杜月笙个性复杂的多面人生如实地写明白。

历史人物传记有史传与传记文学之分，两者的区分，史传是严格地限定在史学范畴，敷陈人物的言行，给予科学的评价。后者是以艺术的手法，进行艺术再创造，形象地再现人物的历史面目。但两者也有共同之处，即必须以人物的实践活动为依据，简言之，真实性是不可改变的！两者是异曲同工。现今流行的所谓历史小说，包括清宫史影视，艺术之劣不必置评，就其真实性而言，实与历史事实风马牛不相及，太离谱，以至荒谬不可救药！

常铁写作此书，首先是坚持历史的真实性，即史实准确。据他在《后记》或《自序》中透露，他不仅阅读了20世纪已出版的杜氏各类传记，还广泛搜集有杜氏、孟小冬及上述已提到的那些大小人物的资料，连当年的新闻报道、时人及稍后一些名人的评论文章，无不罗致手上，达数百万字之巨！可见常铁用功之勤、用功之苦，能不令人感动？因为有此丰富的史料，又严加考订，必使件件事实准确无误。此即史家应有的治学态度与科学方法。由此看来，本书的真实性与可靠性是无可挑剔的。史家之所为，非传记文字所能为。非不欲为，实则不能为。一句话，作为一名传记文学者，无论如何也做不到史家的程度！

但是，史家能否具备传记文学者的真功夫？按照史传的要求，理应具备传记文学的某些手段，将人物的外在形象与内在心理描写出来，或者采用文学的写作技巧，以至文学式的语言文字，都是十分必要的。遗憾的是，近半个多世纪来，文史分家，学文学的不通历史，学历史的不习文，故各类史学著作特别是传记，一个通病，就是不懂文，不用文，故其语言文字枯燥乏味，所叙之事，不过是史料的堆砌而已。当然，也不能一概而论，史学界懂文用文者并非没有，如，叙事方式引进文学的技巧，语言文字趋于生动、活泼，多少有一点文学的味道，也就提升了其可读性。

本书的一大优点，恰恰是把史传精于考订史实与传记文学的艺术表现手法有机地结合起来，也就把历史人物的真实，通过文学的手段，变得活灵活现，呼之欲出。且看书的目录：设计12章，60个子目，大小标题皆充溢了文学的韵味，此即用文学化的语言文字，把各个内涵形象而生动地展示出来。书中行文，完全是作者用自己的语言叙事，表现个性化的学术风格。我想强调的是，这在史传中确属少见。因为在已出的大多史传中，除了千篇一律地论证，大量引文，就是语言文字专业化，失去了作者个人的语言，亦失学术之个性。尤其难得的是，如前已指出，常铁的历史激情流淌于字里行间，是非、善恶都分得清，把自己的情感注于叙事之中，使人感到一种火辣辣的热情在燃烧，让读者的心随同作者的脉搏一起跳动。

概括地说，本书既是历史传记，又是文学传记，更准确地说，是将两者融为一体，形成一种新体裁、新体例、新风格的传记形式。这在时下，算是一个大胆的尝试，实具普遍应用意义。

毕竟杜月笙是中国近现代史上一个知名度甚高且有影响的人物，如何评价他，如何描写他，迄今学术界未必达成共识。常铁笔下的杜月笙与孟小冬等，也只是个人的一家之言，是否为学术界乃至广大读者所接受，亦有待时间的检验。就杜月笙而言，值得探讨的问题还有不少，常铁所叙杜氏之事，还不是杜氏的全部。我想，常铁还会继续杜氏研究，相信他会取得新成就！

我所叙所论，也仅是我个人的一点感受，未识当否。就给常铁，也给广大读者提供些许参考吧！是为序。

推荐序2

大亨的情与义

《中国图书商报》最佳书评人　季剑锋

都说人生如戏，如果人生真如京戏般有生旦净末丑，白脸的是奸臣，红脸的是忠臣，各色人等都贴上标签，好人坏人一看便知，那么历史该是多么无趣。不幸的是，长久以来，我们的确是这么做的。回望民国那出大戏，当年粉墨登场的各路英雄、显贵达官都已进入档案，置于尘封的高阁之上，然而总有一些人，或在研究者的笔下，或在市井百姓的饭后茶余，随着时代的久远，却愈发生动起来，一如他们的生平，注定不甘平凡。

杜月笙就是这样的人。从早年江湖上的小混混到发迹于上海滩的青帮大佬，从一个政治投机者到抗战时期坚定的民族利益的维护者，从手眼通天的商界大亨到落拓香港的潦倒寓公，杜月笙这一生可谓跌宕浮沉，如戏如梦，一生中诸多传奇流传于市井，而其与名伶孟小冬的情感更是为时人所热议。

孟小冬，谜一样的女子，有“冬皇妙音”的美誉，当年京剧界尤其是老生界的一代宗师，而今这名字却是早已陌生，若不是借着电影《梅兰芳》的热映，恐怕早已淹没在岁月的风尘中。杜月笙之于她，究竟是幸还是不幸，或许她本人都难以说清。当年孟小冬初次与杜月笙见面才19岁，杜月笙还没有成为日后的大亨，少女的年纪一切是那么美好，人生若只如初见。杜月笙见到她时竟然手足无措，后来痴迷这个女人20年，至死方休。辗转数年后，成为梅兰芳妻妾的她，在后来的后来终于离异，有如张爱玲的小说。独居数年后，其间又经历了抗战、内战、饥荒，辗转数地，终于又因缘际会，在杜月笙最后的生命时光里与之相伴，并结为连理。作为杜月笙一生中珍爱的女人，她也深爱着这个有情义的男人。虽然那时，英雄迟暮，美人白头。婚后没过多久，杜便撒手西去，此后20余载，空留下孟小冬一个人，对着香江长流水，波涛翻滚诉不尽往事前尘。孟是任性的，也是个敢爱敢恨的女子。俗世间的流言可伤她一时，然终究被屣弃之如履。一个人如果连身前事都不能担当，那么计较身后的评价又有什么意义——成见终归是成见而已。

情义不分家，如果说杜月笙对女人有情，那么对兄弟对国家更有义。在他的遗嘱中，其中有这样一句话："诚以余出身寒微，所受国家社会之恩赐殊多，义之所在，不敢不尽力以赴之也。"这绝非是虚言，若非杜危难之际挺身而出，上海一·二八事变可能就会改写，他利用自己特殊的身份，做了许多政府不方便做，却有益于民族的事情，在与外国人打交道的时候，维护了国人的尊严，这些书中自有详叙。总体上说，杜月笙年少时期作为街头混混是"江湖义气"，作为青帮头子和黑社会教父时期的是帮会义气，作为爱国者的是民族大义，对于京剧艺术尤其是老生艺术的专注喜爱并由此生发出的是对于伶人积极资助的义气，回馈乡梓报答父老的是对于故乡的孝义。人无完人，作为发迹的资本，他曾投靠蒋介石诛杀工人领袖，这段历史更是几乎掩盖了他一生的全貌。然而，历史是如此的吊诡：后来共和国的许多高官，一些人早期也与共产党为敌甚至诛杀过共产党人，所以，揪着一根历史的小辫子不放，或者攻其一点不及其余，实在没有什么意义，因为人和历史一样，都是不断变化的。他在晚年亦常常对那些事懊悔不已。

作者为杜、孟二人立传，但又不囿于二人，以杜为主线，引出民国时各类名人：黄金荣、梅兰芳、戴笠、张学良、虞洽卿、张啸林、蒋介石等等，不啻于一幅民国的浮世绘。在那个时代的巨浪里，他们将与主人公一同翻滚浮沉——说到底，谁都是小人物，根本没有浪里白条。对于历史研究者或爱好者而言，本书有翔实的史料和严谨的考证；对于普通读者而言，流畅的文笔可让你赏心悦目。你会发现一个和教科书里不完全一样的杜月笙，至于哪一个才是更真实的，相信读者自会读罢了然。

自序

一个“义”字活一生

杨慎，明朝三大才子之一，正德年间状元，他在《临江仙》一词中写道：

滚滚长江东逝水，浪花淘尽英雄。是非成败转头空，青山依旧在，几度夕阳红。

白发渔樵江渚上，看惯秋月春风。一壶浊酒喜相逢，古今多少事，都付笑谈中。

今天的人们，只知道这是电视剧《三国演义》的主题曲，却未必知道，是清初的毛宗冈将这首词移植到《三国演义》卷首，是毛宗冈父子对罗贯中的原著《三国演义》作了大量的文字加工、修改，使之更为完善，才有了今天通行的《三国演义》读本。

历史学，不是历史爱好者、历史发烧友想象的那样简单，就如同天文学，我们永远知之甚少，永远走在探索终极真理的路上，它是那样的立体多面，总是让我们出乎意料。

提及这首词，不是宣扬悲观人生论，不是宣扬历史虚无主义。我们倡导积极上进的人生观和勇于承担历史与时代责任的历史观，只是我们不要过于执著于是非成败，更不要对古人的是非妄加定论，执拗于现有成见，自满于我们目前掌握的有效信息，自信于自己距离真理的距离。

世事洞明皆学问，人情练达即文章，这是一种沉稳有为、又大彻大悟的精神境界，需要宏阔的视野、浩瀚的学识、自觉的修养和非凡的阅历。

同样，我们面对杜月笙和孟小冬这样充满传奇的民国人物，面对他们的传奇情史，也要抱有这种科学的、符合人性的正确态度。

我们先说说如何看待杜月笙这个人。杜月笙，即便在港台社会，他也不能得到高度称誉。他是民国时期封建帮会和现代黑社会的头面人物，尤其是在他的少年、青年和壮年时期，不可避免地具有诸多黑帮分子和企业家掘取第一桶金时期共有的劣迹甚至罪行。他又是20世纪三四十年代尤其是抗战时期中国民族利益的坚决维护者乃至抗日功臣，在许多生死抉择的重要关头，冒着倾家荡产甚至被追杀的危险，作出了他特有社会身份和相应人脉才能作出的贡献。他曾是破坏中国共产党革命事业的急先锋，积极支持蒋介石发动四一二反革命政变，乃至帮助蒋介石窃取民国政府领导权，同时，也曾掩护大批左翼知识分子和进步人士甚至地下党员，支持过早期工人运动，对党在上海的地下活动或者支持，或者睁一只眼闭一只眼。

他生于一个纷乱的时代，世界各国的博弈背后，催生着一个国际新秩序。一个连中国甚至美国、英国都不能自主的激荡的时代，国家的抉择是矛盾的，他的国民也是矛盾的一生，杜月笙也不能幸免。

孟小冬，这名字我们怕是早已陌生，即使在京剧界，也早没了当年的热度。她是京剧界尤其是老生界的一代宗师，可惜，她的芳名重启却要依赖影片《梅兰芳》的热映。我们很难找到她与梅兰芳爱情的细节描写，其实，《梅兰芳传》、《梅兰芳年谱》里没有梅、孟这段感情，梅兰芳写的《舞台生活四十年》、《梅兰芳文集》里没有孟小冬的任何记录，梅家后人撰写父亲的文章，对这段经历也避而不谈。至于孟小冬与杜月笙之间二十多年情感交往的第一手资料，就更是难寻。这让后来的传记家为她笔耕是多么艰难。她孤独清冷的一生，她对京剧表演艺术精益求精、博采众长的一生，仿佛一缕轻烟，走了就散了，数十年后的再度唤起，却完全是另一番景象。她孤傲，她仗义，她清纯，她痴情，她任性，她依赖，她独立，她要强，她颓废……她的一生，虽没有深度介入时代激流的杜月笙那样复杂与奇幻，却同样有着一个鲜活的人、真实的人的复杂与多面，立体与多彩。

像他们这样的两个人会不会有爱情，会有什么样的爱情，就是比评价他们的功过是非更难的一件事了。

我们每个人都不太可能拥有他们那样的事业和人生，却都能拥有爱情和婚姻经历，自然也就仿佛有了评价他们的资质。

但是，正如作家朱小平在《孟小冬的一生》一文中说："为人立传'知人论世'应该是一个最重要的准则。"

我们经历过爱情吗？经历过什么样的爱情？足够悲苦或者传奇吗？足够曲折、戏剧化吗？我们经历过婚姻吗？我们的婚姻足够复杂和曲折吗？是在什么样的历史背景、家族环境下的婚姻呢？如此等等。如果没有与传主孟小冬、杜月笙相近的阅历，至少是要有足够深刻和复杂的切实体验，否则又如何能得到更贴近他们本人心理的观点？

笔者在接手这个出版选题时，本着多年历史研究、古典文学创作和新闻编辑练就的严谨态度和相应体验，反复思考了这个问题：我能不能走进，至少是走近他们的心灵？

我经历过苦难的童年和少年，也曾年少轻狂混迹街头，我不是一毕业就急匆匆恋爱、结婚、生子，也不是从校门到社会后一个单位做一生的人，也不是拿着母校给你的一两个学科的知识就闯江湖的人，我有这个时代同龄人中更驳杂的阅历、更宏富的学科面和更传奇的情感经历，我也走进了婚姻围城，知道从婚姻中回望爱情。我刚送走八旬老父，自己也体验过多次生死离别，对人生的意义有着独到的体验。

所以我说，首先，杜月笙是可能有爱情的，并且不仅仅是青年时期。爱情是什么？那不仅仅是爱情影视和小说里的缠绵悱恻和电光石闪，在经年累月的互相帮助和生活相伴后也可能产生爱情。青年的爱情是什么样？中年的爱情是什么样？老年的爱情是什么样？战乱时期的爱情是什么样？和平时期的爱情是什么样？离婚再嫁再娶的爱情是什么样？纳妾的爱情是什么样？都是不好简单定论的。

囿于历史形成的成见，许多人对杜月笙的解读还是以帮会领袖甚至黑社会头子为主，以商业领袖或社会活动家为辅，并没有还原成一个有血有肉、有情有义至少是百味杂陈的男人，甚至认为他这样的人不配有爱情，也不可能有爱情。对爱情必然纯美的追求，和理想主义、道德洁癖取向，使得很多人其实无法接受——杜月笙也有爱情。

一个女人嫁给有钱人是不是除了图财就一定不会有爱情？一丁点都不会有？最初没有，将来也不会有？这都不是高度严谨的评论。但是，作为立传者，我们必须让我们的思维，经得起历史资料，经得起哲学方法论、经济分析甚至数学精算的考验，需要像编辑校对逗号和顿号的研判，像古文字学家做古籍校勘，像成本会计和保险精算一样的态度，出言谨慎，务求精准。

更丰富、精彩的杜月笙、孟小冬在本书的文字里，读者读罢自有评论，我也不敢说我的评论一定是精准的，但是我认为，以上的认识方法和评论思想是正确的。

我一贯提倡学哲学就要用哲学，要以发展的眼光看人、看事物，不否认杜月笙早年的流氓行径和黑社会身份，但是坚持认为“人会变化的”。不同年龄和处境下杜月笙对女性的态度不可能一成不变，不能一概而论，这样才能得到一个完整的立体的杜月笙。用同样的断事法和历史研究法也才能看到，孟小冬不同时期对爱情和婚姻的理解必有不同。这样，符合人性的内容才能长期立住脚，多少虚构多少史实都不是最重要的了。我们不要一竿子插到底，或者试图盲目给人的一生三七开、四六开。

我这样说，并不意味着甘心让读者认为我回避核心观点，我的主流意见就是，杜月笙、孟小冬，他们都是一个"义"字活一生的人，这里的"义"是个中性词。

杜月笙曾有遗嘱，其中有这样一句话："诚以余出身寒微，所受国家社会之恩赐殊多，义之所在，不敢不尽力以赴之也。"杜月笙年少时期作为街头混混的"江湖义气"，作为青帮头子和黑社会教父时期的帮会义气，作为爱国者的民族大义，对于京剧艺术尤其是老生艺术的专注喜爱并由此生发出的对于伶人积极资助的义气，回馈乡梓报答父老的对于故乡的义气，基本上，他都不是刻意而为。

1932年，上海"一·二八"事变爆发，日本在中国守军面前一再挫败，就想借道法租界袭击我军的后路。这个阴谋要是得逞，那我们不但很快失败，以后还不知道要吃多大亏。幸好杜月笙及时获知几千日军潜入日本侨民开设的商店及住宅，他马上通知上海市市长吴铁城和十九路军军长蔡廷锴，十九路军立即加强防务，吴铁城则十万火急呈报外交部。杜月笙则先去找法国驻上海总领事甘格林办交涉。法国只好在领事馆召集各国驻沪总领事开会，开会时，日本总领事村井仓松却抢先激烈发言，满是威胁恫吓的话，各国领事噤若寒蝉不愿意插话，情势对中国一方相当不利，如果会上进行表决，可能会让日军利用租界为军事根据地的事公开、合法了。这时杜月笙不知道哪来的勇气，猛地一拍桌子，脖子上青筋蹦跳。他本来不是个爱发怒，公开场合更很少讲话的人，这次他挥起拳头，大嚷："好，东洋兵可以进租界、住租界、利用租界打中国人。你们尽管通过这个议案，不过，我杜月笙要说一句话：只要议案通过，我请日本军队尽量开来，外国朋友一个都别想走，我杜月笙要在两个钟头以内，将租界全部毁灭！我们大家一道死在这里！”大家愣着的时候，杜月笙转身拂袖而去，日军白川大将两路夹攻十九路军阵地的计划也就流产了。

这个举动，固然有利用他的帮会势力威胁日军的背景，但是在各大国都纷纷与日本勾结的时代背景下，作为在政府没有任何正式官职的一介国民，难道不是民族大义？

1947年，杜月笙60岁大寿，杜月笙在上海的门徒大操大办，为国民政府筹资12个亿，成千上万人来祝寿，他因病都没有到现场，能得到多少虚荣和面子？他晚年拖着一大家子人逃往香港，临终只剩下11万美元，但他还是拿出多年来别人写给他的各种欠条，全部烧毁，并告诫后人不得追讨余债。其中光是王新衡就欠了杜月笙500根金条，还算是少的。对照如今借钱难，讨钱更难的风气，这不是义气？

1948年，华北战云密布，杜月笙在已经失势的没落时期，用直升机从北平把四望无助、胆战心惊的孟小冬接到上海，杜月笙拖着病体亲自去接飞机。孟小冬到上海后才知道，这时候杜月笙的三儿子杜维屏正被蒋经国抓入狱中，孟小冬十分感动，这难道不是情义？

至于孟小冬，有京剧界人士对她两次做妾的经历揪住不放，甚至指斥孟小冬为京剧界的耻辱，这都是草率言论，丝毫不像稳健持重人士所为。

我们不必避讳孟小冬两次做妾的生活经历，因为这经历直接影响了她的艺术生涯，许姬传先生生前也曾有文呼吁，应该有一本更完备的孟氏传记问世。我认为，我们不能作出可以通用数千年的人物评论，我们仅就孟小冬所处的时代和我们所处时代来评论。作为民国时代，对于做妾是什么感受，我们后人亲历过吗？怎么可能与现在的“小三”简单类比？作为如今时代，我们又怎么可以拿旧时代的文人和小报记者的观点论事？鲁迅先生说过：“文人摇笔则触目惊心。”我们不能做不良文人，总是把自己置于道德的制高点。你之所以是道德的，那是因为你的道德还没有经历过考验。张大千先生愿意拿续写《汉书》的班昭比喻孟小冬之得余叔岩嫡传，称之为“大家”，可谓知人论世之言。冯其庸先生说：孟小冬的一生“简直可以说是半部民国京剧史”。对于振兴国粹，复兴民族文化，孟小冬都是绕不过去的巍巍青山。

我接下这个题材，就是因为与我的人生经历更贴合，我觉得我能读懂他们。爱情的持久需要信义的支撑，能经得起岁月和婚姻的考验的爱情才更可贵。我感到，杜月笙对孟小冬二十多年痴迷不改，拖着重病与孟小冬成婚给她名分的感人历史，和杜月笙一生光怪陆离的人生，更能写出一部有看头、有启迪的传奇故事。

目前，没有一本关于杜月笙和孟小冬的故事的书，有关梅兰芳和孟小冬的图书和文章中多有涉及杜、孟故事，但仅仅是寥寥几笔。而且，或者是因为对杜月笙的理解突破不了思维定势，或者因为“为圣人讳”，对梅兰芳的理解不敢深入，所以评论不够持中、稳健和公允，多是人云亦云或者老生常谈，毫无新意，并且缺乏细节。至于以猎奇和制造噱头为卖点，写出什么艳史和风流史的，就更不是作者同道了。本书不会饮鸩止渴地只顾眼前利益，力争让这部书成为畅销更耐销的好书、信史。

在网络时代，普通读者掌握历史的程度都不可小觑，我们对民国史的解读如果没有新的突破，那会被读者直接搁置一边，因为会被认为作者不忠于历史或者史识太浅，会有一翻开书就知道了作者要说什么的感觉。

本书发挥作者创作古典爱情、乡情诗词以及文化散文的长处，加强氛围营造和景物描写，发挥作者撰写历史评论和新闻时评的长处，发挥曲折人生阅历的长处，适当处写下富有历史穿透力和文学感染力、情感震撼力的评论，为文学增加深度，为史学增添神彩。

记得当年一位台湾师范大学的历史学者说过一句很深刻的话："历史能给我们什么启示，答案是，什么也不能。"如今我走入历史学幽深的隧道，才明白这句话的含义：不是历史科学的无能，也不是历史无法认知，而是后人执拗于自己的习性和偏见，是因为社会演进有着巨大的惯性，所以，人们发现的启示都没多大实效。

我们不指望说服谁，我们只能客观持中地试图为您还原一部生动的、引人深思的杜月笙和孟小冬的传奇情史。

捧起这部书，您倚在高铁列车抑或飞机航班的窗前，也可以穿越时光的隧道，感受情感的温存，风云的变幻。您卧在床头的灯晕下，伏在咖啡的浓香中，也可以舒展地走进文学的花苑。

人生的长度是有限的，我们只能努力拓展人生的厚度和广度。过去的过去了，活着的还要活得更好，感受前人的启迪与激励，走好我们短暂的一生吧！让我们聆听电视剧《三国演义》片尾曲的悠远与深沉，走进杜月笙与孟小冬的人生画廊：

兴亡谁人定啊，盛衰岂无凭啊；
一页风云散啊，变幻了时空。
聚散皆是缘啊，离合总关情啊；
担当生前事啊，何计身后评。

目录

目录

目录

目录

第一章 一代大亨起申江

第一节　寒微苦命野孩子

俗话说："七月十五定旱涝，八月十五定收成。"1888年8月22日（农历七月十五），在上海川沙（今属上海市浦东新区）高桥南杜家，一个男孩呱呱坠地，他就是杜月笙。

杜月笙来到世间，等待他的不是温饱和谐的家庭生活，而是大起大落、风云变幻的人生历程。破败的老房屋檐下是他苦难的童年，像野孩子一样，三餐没有保障。三岁时母亲朱氏去世，刚生下的妹妹后来也送了人。五岁这一年，上海夏秋连旱，逃荒人四海奔波，杜月笙的父亲杜文卿带着继室张氏和杜月笙困守杨树浦的小米店。天催人命，这年腊月初九，大雪纷飞，零下十几度的阴冷笼罩着那破旧的寒屋，病重的杜文卿未及治疗，就撒手人寰。杜文卿和他的原配朱氏都没有钱下葬，据杜月笙的女儿杜美如回忆，"14

岁，他（杜月笙）爸爸死掉了，他妈妈生了一个妹妹后也死掉了。穷得连棺材都买不起，拿一个席子一卷丢在烂泥的地方，就在高桥那儿走路的地方，湖滨边上。后来有一棵树生出来了，树的根把祖父的尸体都包起来了。所以有个风水先生说，非常好非常好。”

天崩地陷的遭际，让我们实在感叹命运的祸不单行，而命运考验杜月笙的还不只这些。

历史上，女真女人在丈夫去世后，往往体现出大女人的风骨，能立马抹干眼泪挺起门户。杜月笙的继母张太夫人就是一位有女真女人性格的汉族女性，她蹒跚着封建礼教摧残成的小脚，带着杜月笙独立门户，支撑起杜文卿留下的小小米店。6岁的时候，杜月笙还被送到了私塾读书。杜月笙的塾师回忆道：“月笙小时候读书，聪明是聪明，就是相当的顽皮！”

这一年，上海台风肆虐，庄稼几近绝收。甲午中日战争中国又惨败，内外交困的国情投影在苦难的百姓身上，张太夫人的米店不得不关张，杜月笙辍学回了高桥。

张太夫人用帮人家洗衣服的微薄收入每月凑上五角，送杜月笙再到一家私塾读书。读了5个月，再也撑不下去了，母子抱头痛哭，读书梦想破碎成一地鸡毛。

8岁这一年，他唯一的依靠——张太夫人连洗衣服这个生计都无法维持，只好离开了他。杜月笙当时的家乡发生地震，疟疾流行，谣言四起，人贩子“蚁媒党”横行，继母是改嫁于人，还是被卖入青楼，不得而知。

浦东的田野上传来杜月笙拼命的哭喊：“姆妈，姆妈！”

孤儿杜月笙没有饭吃，到堂兄家去，可堂兄家也是一贫如洗。找到外婆家，外婆对他倒是疼爱，可惜当家的舅舅对这个包袱很是生厌。穷人的孩子早当家，才10岁的杜月笙努力做着大人的活计，谨慎少言，力争能安身在舅舅家，可还是不容于人，大巴掌经常打得他鼻口窜血。

兵荒马乱的年月，加之天不作美，舅舅家已经节衣缩食，杜月笙更是经常饿着，饿极了就去晒太阳。

老人们说：吃亏是福。幼时的苦难记忆会在成年后经常被唤起，在不同背景下发挥不同的作用，或者顽强，或者坚忍，或者慈善，当然，也不排除贪婪、骄狂和奢靡。

杜月笙也不是圣人。

穷在街前无人问，富在深山有远亲。走投无路的杜月笙和如今那些父母离异、早亡或者常年在外打工的孩子一样，愤而出走。他乞讨、偷窃、打架、赌博，迅速在高桥的小伙伴中成为“领头人物”。杜美如回忆说：“他小时候调皮，后来是万墨林的爸爸把他带大。他专门做坏事情，调皮得不行，大家都讨厌他。有一堆小孩跟着他，他是领头。他说我做‘瘪三’也要做头。”

困境中的自保练就了他的细心机敏，让他留心着上海归来的乡亲带回的信息，他知道，上海是一个更大的世界，他要到上海去。那里有太多新奇、太多好玩的东西，当然还有太多的机遇，太多陷阱，这一点，当时他未必晓得。

第二节　水果月笙逢贵人

淮河流域曾流行着这样一句顺口溜：“50年代淘米洗菜，60年代洗衣灌溉，70年代水质变坏，80年代鱼虾绝代，90年代洗不净马桶盖。”在许多版本的杜月笙传记中，都说到“浊浪滚滚的黄浦江”，我想，至少在杜月笙初涉上海滩的时候，黄浦江应该还是清澈的，当时的上海外滩四野芦蒿，遍地草莽。那年，外婆送杜月笙走在高桥镇通往浦东渡口的小路上，杜月笙跪在送行的外婆面前，连磕三个响头，外婆颤抖着手把可怜的几个铜板塞到他的小包里。杜月笙红着眼睛，一把抹去脸上的泪水，暗暗发誓绝不让外婆失望。

一个乡村孤儿，面对如今看来只能算小镇的十六铺的热闹，还是觉得眼花缭乱。他揣着外婆设法求来的邻居的推荐函，找到了鸿元盛水果店。

老板收留他做一名学徒。学徒嘛，只供吃住，一个月发点剃头洗澡钱。刚来时，他根本接触不上正经生意上的业务，只是打杂，倒尿壶，刷马桶，什么苦干什么。从凌晨鸡叫干到午夜钟鸣，最后睡在地铺上。凭着良好的表现和朴实忠诚，杜月笙逐渐赢得了信任，开始接触由背货到跑码头等活计。

我们不能用一个正常成长的孩子的标准甚至成人的思维要求一个孤儿具备辨别力。十里洋场花花世界，到处有市井泼皮，也是土洋交汇之地，鱼龙混杂让多少人迷失了方向，处处充斥着坑蒙拐骗，吃喝嫖赌，巧取豪夺。帮老板跑腿的杜月笙不是生活在上层社会，也不是象牙塔里的精英，三教九流中你来我往，他多次吃亏，回店来被骂被打是常事。渐渐地，他感到在牛鬼蛇神横行的上海，没有朋友寸步难行。可他一个小伙计，拿什么去交朋友呢？他参与过抵制洋货，参与过群众游行，但都是摇旗呐喊的小角色。虽然如此，这些事件也启发着少年杜月笙的思考，帮助他结识了人，虽然这些朋友多半是地痞流氓、赌徒嫖客。

这个年龄的杜月笙和普通男孩子一样，充满好奇，充满野心，充满征服欲，他受一些好友“分享”赌场和妓院经历的影响，迷上了赌博、推牌九、掷骰子，差点赔上性命。

十六铺的小东门是法租界和华界的交界区，杜月笙只要外出跑业务有时间就会到这里的小赌档赌上几把。

有一次，杜月笙好不容易赢了点钱，刚要走，在门口就被一个小领头儿带着一群小瘪三围住了。

“小赤佬，赢了钱就想跑，看小爷不打扁你！”头儿说话了。杜月笙刚要脚底抹油，被人家一个扫堂腿就撂下了，哭爹喊娘的时候，一个下等妓院的老鸨大阿姐救了他。

“都是自家人，出了啥事体要给小团子吃生活？”大阿姐问那个叫阿根的小领头儿。

阿根以为杜月笙有靠山呢，连忙道歉。杜月笙也算大气，把赢的钱还了他们，不打不成交了。这阿根就是顾嘉棠，后来成为杜月笙的死党，流氓组织“小八股党”的骨干。

杜月笙跟着大阿姐来到妓院，为了在十六铺安身，认她做了寄娘。

杜月笙的不安分被老板看在眼里，他要的是乖乖干活的伙计，绝不是惹是生非的“活动家”，更不需要游手好闲的白相人。

杜月笙只好卷铺盖走人了，回到了老家高桥，却再也进不了舅舅家的门。后来他再次回到上海，在南市和法租界做过两家水果店的学徒。在这里遇到了他的第一个贵人——当年同在鸿元盛水果店做过伙计的王国生，他自己开了一家潘源盛水果行。

杜月笙感谢王国生的帮助，帮着他把潘源盛的业务做了起来。

二十岁的那年，杜月笙在王国生的店里做职员，月月有薪水，还有些年节福利。有点钱后打扮一下，青年杜月笙也就没了当年寒酸苦命的样子，出落得挺拔利落一青松。

游走市井，细心机敏的他变得会说话、会办事、会做人，相熟的人都说他会办事、懂人情、不抠门、又勤恳，将来没准有出息。

杜月笙手眼灵活，又肯钻研，削得一手好果皮，不论啥样的苹果和梨，也不论是新鲜的还是有烂斑的，不耽误交谈，也不用盯着水果看，刀光逼人，闪转腾挪，不一会就把一个掏空了籽的完整的梨肉送到你嘴边，果皮都不会断，“水果月笙”和“莱阳梨”的外号就从这里来的。这手艺在他步入帮会和向上攀结权贵过程中起到了重要作用。

时代注定了他不是“两亩地一头牛，老婆孩子热炕头”的小富即安之辈，王国生的池塘已经容不下他的见识和野心。

第三节　稽查局智救张啸林

话说刚被鸿元盛水果店辞退的时候，杜月笙叫卖过一阵烂水果，这还是宝大水果行的账房黄文祥看他可怜给他口饭吃。杜月笙脑瓜活，还真能把这些快要烂的水果卖出去，后来自己也弄了一个水果摊。杜月笙知恩图报，黄文祥去世后，请他的儿子黄国栋做了杜公馆的账房，对其另一个儿子也是多加照顾，这是后话。

通过生意，更通过赌场，杜月笙逐渐有了自己的小团伙，开始和协兴街钱庄会馆一带的流氓“杭州阿发”在码头上抢劫，主要目标是水果商人。

有一天，他接到了一个“大单子”，这个“大单子”影响了上海的几十年历史。

一批锡箔要在东昌码头卸货，要有人出面保护，出面谈生意的就是后来上海三大亨之一的张啸林。

“这么好的生意兄台为什么不跟别人合伙做呢？”杜月笙觉得张啸林很有些派头，就问了这么一句，因为他都疑惑，张啸林怎么会看上自己这个小流氓团伙呢？

张啸林说话痛快：“嗨，我也是刚来这里，强龙不压地头蛇嘛！”后来谈起来才知道，杜月笙的势力小，张啸林找上门全是因为“水果月笙”的江湖微名。二人谈得来，就这么定了这桩“生意”。

可是流氓团伙中靠收保护费活着的其实有很多家，杜月笙的小队伍不堪一击，刚一照面，别的伙伴都落荒而逃，可杜月笙被打得浑身是血就是不告饶，虽然生意没做成，但是杜月笙的义气让张啸林心生敬佩：“兄弟你够义气，我交定你了！”

后来杜月笙来到大阿姐的妓院养伤，捎带做点杂活。这样过了没多久，一天，张啸林的手下急匆匆跑进来。

“不好了，爷叔出事体了！”

"啥事体？"杜月笙大吃一惊。

原来是上海稽查局的官吏因为张啸林帮助外省商船到别处码头卸货，他们捞不到油水，就把他抓起来，说是晚上就扔进黄浦江。

杜月笙立刻找来一帮自家弟兄，一面派人去稽查局探探路，一面商量营救办法。最后决定等到巡警们下班后再行动，剩下的几个稽征吏就不是对手了。

当天傍晚时分，杜月笙带领弟兄们摸进去救他时，张啸林已经被打得遍体鳞伤，装在了一只大麻袋里。看来是真的要沉江，杜月笙心想一定要舍命救出这位老兄。

好在来时无影无形，埋伏得好，杜月笙一个手势，兄弟们以迅雷不及掩耳之势冲到了几个稽征吏面前，将他们制服。

张啸林伤势不重，可是养好伤的他再也不敢在上海久留。

这一系列事情，让杜月笙结识了能够帮自己建立人脉，并踏上上层舞台的"贵人"，他感到，没有靠山不是强人，而旧中国的帮会势力星罗棋布，根深蒂固，于是他决定拜"老头子"入青帮。与杭州权贵尤其是浙江军阀卢永祥、何丰林攀得上关系的张啸林，对杜月笙的烟土生意与步入上层社会起到了重要作用。而这位后来的把兄弟，多年的"啸林哥"，则被军统局派杀手刺杀于上海寓所，杜月笙出于民族大义没有通知他。

一个农村出来的孤儿，即将开始在上海滩布雨兴云。

第四节　一入青帮深似海

杜月笙的一生，可以说是成也青帮，败也青帮。

现在人们对青帮的了解十分有限，常常简单地将青帮等同于流氓集团。无论怎么说，青帮终究不是一个光明正大的组织，但它又毕竟是明清以来中国社会的客观存在，了解了这个组织及其特有的历史价值，我们才能对它有正确的认识。

中国是个地域文化和地理环境非常复杂的国度，由于宗法制度的深刻影响，一直有帮派文化的基础，这是数千年文化传承演变形成的文化基因，不是几十年几百年可以改变的。在不同时期的中国，不同的帮派和结社有着不同形式的表现。

青帮本名清帮，与洪门会党一样，都从中国本土民间秘密革命组织“天地会”分化而来，我们敬仰的许多人物如孙中山、朱德等都是洪门大佬甚至洪棍（掌门人）。天地会兴起于明末清初，明朝崇祯皇帝在内忧外患中上吊自杀后，清军乘势入关，明王朝势力退至南方，然而其余部仍不能团结御敌，更互相攻伐、挑拨，清军迅速荡平明朝残余势力，一统中国，背着陈腐老旧文化和制度包袱的中国封建社会迎来了回光返照般的最后一次复兴。

1661年郑成功退守台湾，企图光复故国，郑成功帐下文士集议，创设“汉留”，开山立堂，以兄弟称呼打起“反清复明”的大旗。虽然后来郑氏政权归降清廷，但是“反清复明”的旗号还是招引着后来人。

1736年至1795年间，清朝因为盗贼横行威胁大运河漕运安全，征募督办漕运人员，天地会人士翁岩（又名翁德正）、钱坚（又名钱德慧）、潘清（又名潘德林）到北京主动担承这一任务，建议清廷组织“青帮”，与“洪门”对抗，朝廷允其所请。

翁岩、钱坚、潘清随即建立组织，尊达摩菩提祖师为始祖，上有12祖师，再下来便是翁、钱、潘三祖。又定了金祖演传二十四代法字，也就是二十四辈排行。到了清末民初，已经是“大通悟学”四辈。青帮发展迅速，遍布南方和中原各省。

在清朝，青帮处于半公开状态，讲究宗派尊卑，有“师徒如父子”之说。洪帮不同，崇尚手足义气，在帮的人一律平等，以兄弟相称。清洪会党后来成为古今中外历史最悠久、规模最大的秘密会党。会党的存在让政府十分头疼，称他们“流氓”。

话说杜月笙在上海滩赌博和冶游，最常去的是小东门，也就结识了在小东门一带混社会的陈世昌。那时，青帮当家的还是“大”字辈的人物，陈世昌只是“通”字辈。不过在当时低位寒微的杜月笙来说，已经是比较大的人物了。陈世昌很看重杜月笙，杜月笙正好想找个靠山，于是由陈世昌开香堂，收了这个小伙子。

据曾任中国国民党农工部副部长，常年跟随杜月笙的陆京士先生在他主持编纂的《杜月笙传》中介绍：

> 引进师和传道师，领着杜月笙一行参拜祖师，参拜香堂十大师，参拜所有在场的爷叔。一连串一百个头磕下来，体力差些的，已经觉得腰腿不大灵活了。这时，“倥子”（即申请加入青帮的人）群里领头的一位，还要向在场的同帮客气一下：
>
> “先进山门为师，后进山门为徒。各位老大受礼！”
>
> 说完立刻率着众家兄弟，向上磕个总头。这时赞礼师父手捧一大把香，分给“倥子”们一人三枝。杜月笙等人双手捧定，十来个弟兄一字儿排开，齐齐并肩跪下。等传道师升座交代三帮九代。所谓三帮九代也就是帮里的祖先世系，徒子徒孙字辈，来龙去脉，细细吩咐清楚。
>
> 终于轮到本命师陈世昌登场了，他站在坛前，俯望着杜月笙那一帮矮了半截的人，弯下腰来照惯例问：
>
> “你们进帮，是自身情愿，还是人劝？”
>
> 十几个人异口同声的同答：“自身所愿。”
>
> 于是陈世昌站直身子厉声告诫：
>
> “既是自愿，要听明白。俺青帮不请不带，不来不怪，来者受戒。进帮容易出帮难，千金买不进，万金买不出！”齐声应了是，随即就将预先备好的拜师帖和贽敬呈递上去，拜师帖是一幅红纸，正面当中一行，恭楷“陈老夫子”，右边写三代简历，自己的姓名年龄籍贯，左边由引见师预先签押，附志

年月日。

拜师帖的反面，写好一十六字的誓词：

“一祖流传，万世千秋，水往东流，永不回头！”

陈世昌收齐了贽敬和拜师帖，又喊一声：

“小师傅受礼！”

自从拜了陈世昌为师，近朱者赤，近墨者黑，嫖赌两档，杜月笙算是都挨进半个身子去了。

杜月笙中年后曾经对一位知己朋友说过一段话：“看看我们今朝的排场，像煞鲤鱼跳过了龙门，化鱼为龙，身价百倍了。但是你要晓得，我跳龙门比你难得多。你好比是条鲤鱼，修满五百年道行就可以跳，我是河滨里的一只泥鳅，先要修一千年才能化身为鲤，再修五百年才有跳龙门的资格。因此之故，我无论做任何事体，都是只可成功，不许失败的，譬如说我们两个同时垮下来，你不过还你的鲤鱼之身，我呢，我却又要变回一条泥鳅啰！”

杜月笙本人一直对自己有清醒的认识，年龄大了之后，尤其是经历社会角色和文化素养提升的人生转型后，他经常反思自己早年的堕落和罪恶，我们同情他，但也要保有正义感，这也符合杜月笙本人的意愿。

真实的人都是肉身，是立体的，不是神，不是魔，如果你看到的历史人物只有好的或坏的一面，或者其中一面被一笔带过，那很可能是有人做了手脚。

第五节　幸入黄门显“身手”

杜月笙拜了陈世昌做老头子，就跟着他沿街兜赌。一天，杜月笙偶然在八仙桥遇见同参弟兄袁珊宝。他想躲开他，可是袁珊宝偏凑上来打招呼，还问他为啥不回到潘源盛水果行？原来，杜月笙狂赌无度，差了老板王国生很多钱。王国生在关键时候救了他，他怎么有脸回去见他。袁珊宝听了哈哈大笑，告诉他不必介意，其实王国生天天都在惦记他。

杜月笙听了，深深感动于王国生的大度和义气，就请示老头子陈世昌，老头子还真的答应了，还勉励他好好干。回到十六铺，这回杜月笙不再跑街，安心看店。

这一步让杜月笙迈开了向已经势力熏天的黄金荣帝国挺进的步伐。

就在回来不久，杜月笙一场大病险些要了性命，原来，这些年赌博和鬼混妓院，实在是掏空了本不强健又底子单薄的身体。王国生和袁珊宝想了许多办法，杜月笙的病情却越来越重，发高烧，一连几天昏迷不醒，医生说这人怕是难活命了。没辙的时候，王国生和袁珊宝对他说，让老家的人来看看他吧。他们想，一来也许有救治办法，即使死了，也有个交代。

可是，杜月笙想了又想，又有谁还在乎他呢？不禁泪如雨下。

王国生和袁珊宝忙着宽慰他，他想起来一个人，那就是他的姑妈万老太太和她的儿子、杜月笙的表弟万墨林。王国生和袁珊宝在小东门铜匠铺找到万墨林，又找到了万老太太。

这位心地慈善的万老太太还真就来了，就睡在地铺上，日夜关心，服侍了杜月笙一百天。又用偏方——癞蛤蟆的蝌蚪把他从鬼门关拉了回来。

大病不死，必有后福，至少对当时困境中的杜月笙是这样的。这时候，绰号“饭桶阿三”的黄振亿把他引荐给了黄金荣。

这个外号“麻皮金荣”的人，生于苏州，在上海当过学徒。14岁时父亲死了，姐弟四人靠母亲邹氏给人洗衣服维持生活，太难坚持了，邹氏就把黄金荣送到附近的寺庙打杂混口饭吃。后来由于上海流行一种烈性传染病，黄金荣侥幸活了下来，脸上却斑斑点点坑坑洼洼，就得了个“麻皮金荣”的外号。1900年，黄金荣在上海法租界巡捕房当巡捕。杜月笙被引荐给他的时候，他已经成为上海青帮最大的头目，主要财路是贩卖鸦片、赌博等勾当。黄金荣曾在1927年组织中华共进会，资助蒋介石的清党，1928年被蒋介石任命为国民政府少将参议、行政院参议。这个黄金荣曾经收蒋介石为徒弟，给了落魄时期的蒋介石很大帮助。

早年孙中山为领导护法运动而南下广州的时候，蒋介石、张静江、戴季陶等留在上海，没有追随孙中山南下。1920年2月1日上海证券交易所正式成立，因为当时交易所的生意买卖，一般都是由经纪人具体经营的。“恒泰号”是张静江、蒋介石、戴季陶等17人共同组织的一个经纪人牌号，共向上海证券物品交易所交纳35000元保证金。在恒泰号的35股资本中，蒋介石占4股，所以也是恒泰号经纪人之一。交易所开张之初，整个股票行情持续飘红，蒋介石也分红不少，有了钱，在上海一时花天酒地起来，陈洁如就在这个时候被纳为小妾。好景不长，上海交易所面临生存危机。“恒泰号”到1922年春彻底垮台，众多证券持有人纷纷找当事人逼债，蒋介石被逼得几乎走投无路。

此前蒋介石曾仰仗虞洽卿说情，由徐福生当传道师，向黄金荣拜过师。虞洽卿只要求黄金荣收蒋介石为门生，只送了一张大红帖子。黄金荣也是为了卖虞洽卿一个人情才答应收蒋介石为徒的。考虑到蒋介石当时的困难，还送给他200元大洋，鼓励他去广州找机会捞世界。不过蒋介石是不是确实拜过黄金荣，也有人异议，杜月笙的后人就指出，黄金荣当时身为法租界华方官员，不能开山收徒，蒋介石真正拜师的是杜月笙。这里只能是存此一说了，毕竟蒋介石和杜月笙是同龄人，蒋介石需要拜师时，杜月笙势力还显然不够。

因为拜过黄金荣为师，在蒋介石最困难的时候，黄金荣在酒店招待“恒泰号”的债主们。酒席中，他指着蒋介石说：“现在志清是我的徒弟了，志清的债，大家可以来找我要。”债主们一听这话，眼看着钱要不回来，只好顺水推舟，给黄金荣一个面子。

总之，黄金荣这个名字对于当时的杜月笙来说，真是既畏如猛虎，又非常仰慕。他这个小瘪三怎么可能迈得进黄公馆的大门？这一天，他被黄振亿领着，来到距离民国路不远的同孚里，有了黄振亿的事先推荐，他倒是少了几分忐忑。

他实在是没有什么可以拿的，一个行李卷，没有啥像样家什。临出门，袁珊宝还告诉他，他们的同参兄弟马祥生在黄公馆打杂，有事也许有个照应。杜月笙是个头脑清醒、大事不糊涂的人，心里暗下决心：我这次进黄公馆，不管老板让干啥，我必定尽心尽力，把事体做好。

那天是个晴天，走进黄公馆时已经下午四点多钟了。心情好走路就快，怎么进的大门，见过啥人，他啥都不知道了。可是，当他定眼望去，这里的富丽堂皇、豪华奢侈直叫他眼花缭乱，哪见过那么多珍奇物件啊。

“老板，我介绍一个小囝子给你。”黄振亿爽朗地打招呼，这时黄金荣正在和朋友玩纸牌“铜旗”。肥头大耳的黄金荣转过身来看一眼杜月笙，随口说道：“蛮好。”其实，杜月笙要衣服没好衣服，要体格瘦骨嶙峋，据黄金荣后来回忆，他只是觉得杜月笙蛮有气派，而且懂得恭谨。到底是阅人无数老江湖，能看到外表下面的很多本质。

“你叫什么名字？”黄金荣语气变得和气起来。那笑容让杜月笙顿时自信起来：“小的姓杜，木土杜。名月生，月亮的月，学生子的生。”黄金荣一听，大笑起来，他对几位客人说：“真是奇怪，来帮我忙的这些小朋友，怎么个个都叫什么生的？苏州有个徐复生，帮我开老天宫戏院，前面有个金廷荪、顾掌生，厨房间里有个常州人马祥生……”

黄金荣安排他和马祥生一起住。

自此，杜月笙完成了人生的第一次转变，进了黄公馆，他似洗心革面了一样，少言寡语，机警细致，也不嫖不赌了，真是非凡的毅力。其实他在细心研究黄公馆的上上下下各色人等，研究黄金荣的来钱之路，他惊讶于黄金荣为什么闲居无事又能阔绰大方。

终于，他知道了，原来黄金荣有着四通八达的人脉，所以坐镇指挥毫不费力，就像南美洲的毒蜘蛛，布网在洞门，加上腿上的毫毛，就可以身在洞中探知洞口外很远的猎物和敌人。而且，黄金荣有着庞大的烟土生意网络。

黄老板的老婆叫林桂生，号称“第一白相嫂”，人称“桂生姐”。有一次，林桂生生了一场大病，把黄公馆上下忙得不行。杜月笙深知桂生姐在黄公馆的地位，几乎天天都守护在林桂生的病床边，半个月衣不解带，服侍得比女佣还周到细致。桂生姐的病竟然就好了，从此杜月笙的地位迅速上升。

就在这时候，黄公馆出了一件大事，那天上午八九点钟的样子，外面来报，一麻袋烟土已经得手，交给某人雇黄包车拖到公馆来。可是，运货的人却迟迟未到，没准出了什么岔子，请桂生姐快些派人去查。在众多打手和参谋无计可施，黄金荣又不在家的时候，桂生姐虽是敢想敢干有勇有谋之人，却也在愤怒之余，急需主心骨。这时候，杜月笙自告奋勇去找回那袋子烟土。

临出门时候，杜月笙只向桂生姐借了一支手枪，自己又带了一把锋利的匕首，就迅速“破了案”，原来是黄公馆的内线刘斌勾结外鬼所为。他并没急着表功，非常低调，让桂生姐对这个瘦骨伶仃的小伙子另眼相看。晚上黄金荣回来后，听桂生姐这么一说，真是吃了一惊：“这小子瘦巴巴的，看不出还是个狠角色。”桂生姐说：“岂止是狠角色，一个人敢应承下来，就是胆识。干了天大的一件事，不居功不邀赏，交了差就不声不响睡觉去了，是个人才。”

黄金荣逐渐把厨房里的杜月笙当成骨干甚至心腹，让他去自己开的戏院收盘子钱，去妓院取月规钱。

杜月笙是有眼光有头脑的人，他会善待自己，珍惜每一个机遇，他进一步深化人生的转变，与当年小瘪三阶段的任性胡来大

杜月笙青年照

不一样了。

杜月笙后来更组建“小八股党”，帮助黄金荣打败英租界里沈杏山的“大八股党”，并收编其骨干，垄断了上海的烟土行业。后来有着深厚浙江军阀背景的张啸林加入进来，完成了租界捕房势力与帮会势力的结合，得以左右民间社会，同时又以赌场和烟土生意为根基，形成了在世界上都十分有名的黑社会组织。

第六节　转型——从小瘪三到公司职员

一个人一生要经历很多阶段的变化，因为年龄，因为职业，因为突发事件。杜月笙也不例外。

话说杜月笙赢得了黄金荣府中上上下下赏识之后，被黄金荣安排到公兴记赌场当差：抱台脚。

他这差事实际只是名义上的，总也不去上班，30块大洋一样差不了他的。可是杜月笙对赌博这玩意有瘾，没事还真的总去。有一天晚上，“夜局”最热闹的时候，突然门外晃进来五六个壮汉，神色冷峻还有些紧张，看上去就不像赌家，杜月笙一看就看出来了，老板也发毛。他们每人手里的香烟罐竟然全部齐刷刷地齐肩举起。“他们手里那个东西，会不会是炸弹？”保镖提醒老板。杜月笙走了过来，拽着老板到一边。

“看样子是革命党啊！”杜月笙压低了声音说，“这件事情不好办，对付革命党不像对付流氓那么简单，弄不好会出大事体。”

老板一听说是革命党，立刻吓得魂飞魄散，连忙求杜月笙去跟那几个人“讲讲斤斗”，花多少钱只要消灾就成。杜月笙一问，还真的是武汉的一个暗号叫“汉声”的团体。这几个人秘密路经上海，一定要尽快回武汉。但他们刚刚逃过清兵的追捕，行李钱款全丢了，现在既缺少旅费，又付不出客栈房钱，吃饭钱都没了。

“我们只需要800块大洋回武汉，钱款凑齐，立马离开，不与赌场为难。否则，我们手里的炸弹……”这话的声音还挺大，屋子里的赌客们感到形势不妙，吆五喝六的声音戛然而止。

“月笙，你快去账房支800块大洋。”老板赶紧吩咐。

成功破财免灾，老板松了一口气，对杜月笙佩服得不行：“黄公馆的人真是个个了得！”

其实这不过是杜月笙自导自演的双簧。

原来，几年前杜月笙就帮助过湖北的革命党人。这次几个“汉声”的人遇到困难，又来找杜月笙帮忙。可是他手里的2000块钱全都花完了，只好先请他们吃了饭，送他们到客栈住下，然后再想办法。

经历了这一场风波，公兴记老板对杜月笙更加倚重，几乎到了一日不可无君的地步。

后来黄金荣的老婆看他干得不错，就要把这公兴记的赌台拨给他经管。其实并不是叫他去经营赌场，经营赌场的是广东大老板，让杜月笙做的是类似现在的“看场子”或保安部总经理。要想做这个位子，不是只靠动武动粗就行，还要有智慧和经验，要应付上至法租界衙门各级人物，下至流氓瘪三、亡命之徒，把这个差事派给刚刚出道的杜月笙，黄金荣确实没法放心，但还是交给他做了。

“绝顶聪明”是黄老板早年对杜月笙的评价，他平复了一场火拼，处理了很多突发危险事件，让黄金荣对他另眼相看，人前人后总是对杜月笙赞不绝口，有意提高杜月笙的威望，许多重要的机密事也交给杜月笙去办，考验和提高他的办事能力。而杜月笙果然不辜负期望。那段时日，黄公馆所有人都明显地感觉到：杜月笙运道太好，说不定就要自立门户了。

杜月笙确实是单干了，他要开一家烟土行，他避开有着法租界官方职务的黄金荣，先去找黄金荣的老婆桂生姐商量。桂生姐听完杜月笙的想法，点头赞同。“需要多少投资？”桂生姐问。“要买幢房子，装修装修，再预备些办货的本钱，加上手里的货，两三万就可以吧。”“好。”桂生姐表示赞同，又说，“哪些人入伙，各人负担多少股本？”“不管老板晓不晓得，都要算一股。”杜月笙试探地说，“桂生姐你一股，我一股，金三哥一股。每股5000，一总两万股本。”“我跟老板只算一股。”桂生姐干脆地说：“你一股，金廷荪一股。每股出一万，一共三万块钱。”可是杜月笙还是皱了皱眉，这哪里逃得过桂生姐的眼睛，“是不是你股本不够？差多少？”桂生姐笑问道。随即她打开保险箱，取出两万块钱的钱庄庄票拍到杜月笙的手上。

这一刻，杜月笙觉得，桂生姐更像慈母，像姐姐，言语有着一种亲情。杜月笙收起两万元庄票，下楼去找金廷荪。他是在黄公馆和杜月笙最亲近的弟兄。两人一文一武，在黄公馆的诸项事务中起着举足轻重的作用。金廷荪是浙江宁波人，绰号“金阿三”，属于“通”字辈，比杜月笙高一辈。金廷荪心思缜密，精于盘算，善摸行情，算盘打得十分精确，是黄公馆唯一的“理财家”。所以说到合伙开公司，杜月笙和桂生姐都想到了金廷荪。

根据杜月笙的提议，新办的烟土行叫三鑫公司，由杜月笙任公司董事长，金廷荪任总经理。最初设在法租界自来火街宝成里二号。这生意，一开张就红火得不行，黄金荣知道了，也乐得分肥，反正也不需要露面出名，黄金荣开始做起了三鑫公司的幕后董事长。三鑫公司迅速发展成上海滩烟土走私的龙头老大，普通市民尽人皆知。三鑫公司从事鸦片包运，抽取保险费，还包销鸦片，由三鑫公司在鸦片烟土上盖戳才能入市，各鸦片烟馆只能从三鑫公司进货。

我们时常在电影里看到那些文身、戴金链子的人，早年的上海也差不多。白相人“混世界”穿的是纺绸短打，一襟中分，单排纽扣，胸前要露出一条金表链子，表链越粗越显得有身价，手指上还要戴个锃亮的钻石戒指。

一直到1927年，杜月笙也基本上都是这个样子。佩戴的那钻戒寒光闪闪，重量四克拉半。

英国谚语道："三天出得了一个暴发户，三代出不了一个贵族。"那是历经几代的饮食习惯、服饰装扮、礼仪传统、处事思维、情怀境界的熏陶才成，不是钱能解决的。

杜月笙出道以来，接触过很多上层人士，以前还不常将自己与他们对比，做了三鑫公司的掌门人后，他开始注意自己的仪表和言行。有两个女人深深震动了他。

第一个是盛五娘娘，那是清朝邮传部尚书盛宣怀的大小姐，素有"赌国魁首"之称。盛宣怀兴办洋务起家，身后的产业富可敌国，他的少爷小姐们会花大钱也能赚大钱，兴起时干脆拿房子做赌注，输赢几十万毫不在乎。更重要的是，那些上流社会的人根本看不出多有钱，而实际上却实力非凡，很有涵养，极少发怒，言谈举止非常得体、优雅。在杜月笙接触了她和她身边的人后，就深深地产生了自卑之感。

之后有一天，杜月笙出席一个达官贵人的宴会，那些人谈吐不凡，气宇轩昂。他已经感到浑身不自在，偏偏有人请他讲几句，刚要起身推辞，还好，有张啸林出来替他解围，代讲了几句。

杜月笙那天穿的倒是长衫马褂，可他席间暗暗打量那些有身家有地位又有教养的绅士，发现在座的人，没有一个人手上有戒指。自己那惹人注目的大钻戒，让他非常难堪，于是杜月笙偷偷地将手上钻戒转了一圈，把那只大钻石握在手中。

那天杜月笙回家以后，就将手上的大钻戒脱了下来，放进保险箱里，从此不再佩戴。此后，他经常穿着长衫，不时注意领口的扣子有没有扣好，三伏天他在家里也从不袒胸露背，或者就穿着汗衫马甲。据陆京士先生《杜月笙传》介绍，杜月笙改了装，帮会晚辈和下属跟风仿效，上海滩上至少摘掉了几千只钻戒，白相人也都变得衣冠楚楚、谨言慎行了。

以前的杜月笙什么样子，我们只看这一段史料就能有清晰的印象。据杜月笙的儿子杜维善在《遥远的父亲》一文中回忆："父亲年纪轻的时候喜欢赌钱，赌到什么地步？他和第一个太太结婚的那个晚上还出去赌，那时他需要钱给兄弟。本来是寄希望赌博能赢一点，没想到输了个精光，结果把前楼太太结婚的衣服全都拿去当掉了。还有一次他在澡堂里赌，赌得连衣服全当光，最后还是黄金荣的太太拿着衣服把他救出来的，年轻时这种荒唐事还是很多的。"

自从接触盛五娘娘这类上层士绅名流后，杜月笙的生活也不再黑白颠倒、狂嫖滥赌，逐渐有了规律。

另一个影响他的女人是他后来的夫人陈帼英，他们相识在一个舞厅，那是杜月笙与原配夫人沈国英闹翻了以后。他到三鑫公司约张啸林去舞厅跳舞，他知道那里除了有职业舞女，也有一些学生。自己没文化，何不讨个书香女子做二房？

当晚，两人就去了位于麦特赫司特路306号的丽都花园舞厅。杜月笙看见一个女孩，令他眼前一亮。他几乎毫不犹豫地站起身，走过去拉起那个女孩的手。舞曲终了，杜月笙挽着舞小姐去了后边的包厢。这个女学生看见房门紧闭，一下子紧张起来。

"先生，对不起，我只是陪舞，不卖身。"杜月笙哈哈笑了，"哪个叫你卖身了？"杜月笙直截了当地说，"晓得我是哪个吗？""杜老板。"舞小姐点点头答道，"叫我杜先生。"杜月笙严肃地说。

上海老中医陈存仁出生于上海老城厢一衰落的绸缎商人之家，早年丧父。从学校毕业后，陈存仁拜国学大师章太炎与名中医丁甘仁、丁仲英父子为师。1980年他荣获台北"中国文化大学"名誉博士衔。他在回忆文章中评论杜月笙："他是瘦瘦的个子，体重约一百磅，穿了一件熟罗长衫，身材好像一个文弱书生，只有一对鞋子，显得有些特别，是纯中国布鞋款式，但不是布质，而是用深紫色的皮革来做的，此外一无特异之处。他见到我之后，先寒暄几句，都用浦东话，叫我坐在他的烟榻上，他自己就抽起鸦片烟来，同时也叫我横卧下来，说：‘困下来谈谈。’归途中，我感到有一种印象，杜氏并不是理想中的伟男子，完全是一个文弱书生的品型。韦钟秀对我说：‘到他那里去的文人极少，他特别看重你，你该常去走走。’”

可以这么说，慢慢地，再也没人认为杜月笙是“流氓”了。你可以叫黄金荣“黄老板”，可以称张啸林“张大帅”，但你绝对不能称杜月笙“杜老板”或是“杜大帅”！

——“叫我杜先生！”这就是杜月笙自己对自家身份的大半生定位。

第七节　迎娶沈月英，黄杜结干亲

杜月笙的爱情始于何时？据他晚年讲，是遇到了那位绝世坤伶孟小冬。而他的婚姻，却是开始于沈月英，那位来自他故乡的发妻。

话说杜月笙进入黄金荣门下，经济状况好了，一天他去看望他在妓院的寄娘大阿姐。

“月笙，你还晓得来看望寄娘啊？”

“干娘，你知道的，进了同孚里黄公馆，就不像以往那样自由了。”

“嗯，到底是场子大，出息人。”大阿姐上下打量着他。

拉着家常，大阿姐忽然说起：“对了，你也老大不小了，该成家立业了，寄娘带你去见一个人。”杜月笙想想，难不成大阿姐要给他做红娘？

杜月笙跟在她身后，七拐八拐，来到一条弄堂里，一扇破旧的小门推开后，走进一个小天井，杜月笙被带进了一间厢房。昏暗的屋子里，杜月笙就那么等着。一会儿，大阿姐带着一个老太太走出来。

刚开始，老太太不停地打量杜月笙，觉得小伙子人还可以。可是接下来的谈话就有点像今天要车要房的态势了。

“祖上有家产吗？”老太太开口了。

“没有。”杜月笙回过之后突然想起来，自己在老家高桥镇杜家花园还有两间老屋呢，于是连忙改口，“有，有家产。”

“哦。”老太太一听眉开眼笑，“多大家业？”

“嗯……就是高桥镇的杜家花园。”

杜月笙到底是混过几日江湖的，杜家两间半破败老屋怎么就变成杜家花园了呢?

老太太没再说啥，跟大阿姐进了里屋，一会工夫，只见门帘一挑，一个小女子走了出来。那女子虽穿着普通棉布旗袍，倒也天生一副美人胚子，柳叶弯眉樱桃口，细腰轻摆瓜子脸，杜月笙的眼睛都看直了。

“我叫沈月英，你叫什么？”

吴侬软语，杜月笙听得甜丝丝的。

“杜月生。月亮的月，生活的生。我生在七月十五月圆之日，所以取名月生。”

杜月笙毕竟还是个小伙子，在异性面前，总还是不自然，今天面对一个小丫头说话就语无伦次了。

从沈月英家里出来，大阿姐才告诉杜月笙，沈月英是苏州南桥人，早年一家人在哈尔滨做生意。后来生意失败，她父亲病死在外地，沈月英只好跟随母亲回到上海。原来，沈老太太是想靠沈月英的相貌找个能养家的男人。杜月笙心生一点怜悯，跑回去，拿出200块钱递到老太太手上。

“姨妈，这点铜钿你先接济一下，日后我再送来。”

沈老太太到灯下仔细摆弄一看，惊呆了，200块！早知道这么有钱应该再热情一点才是。

回到黄府继续上班，有一天，他被桂生姐问上了：“听说你交了女朋友，要不你怎么花钱大手大脚的？”杜月笙支支吾吾地，把林桂生搞烦了：“男大当婚，女大当嫁，你也老大不小了，也该成个家了。”杜月笙就把担心沈月英家未必看得上他的苦恼都告诉了桂生姐。

“好，我只问你一句，你喜不喜欢她？”“喜欢。”杜月笙声音低低地答道。

“好！”桂生姐爽快地说，“喜欢就把她讨回来。”桂生姐教导杜月笙：“你要先成家，再立业。只要你喜欢，就要把她讨回来。”“可是，”杜月笙嘟嘟囔囔地说，“我哪里讨得起，她姆妈嘴巴张得好大。”

桂生姐当即拍胸脯，这个我帮你办。

当天晚上，桂生姐就把自己的打算告诉了黄金荣，她先是夸杜月笙如何精明能干，如何立下功劳，然后说了帮助他成家的办法。黄金荣爽快地答应：“不就是用钱吗？对，我自家出面保媒！”

在桂生姐的劝导下，黄金荣还豪爽地把同孚里的房子调一套出来给他住，让他另立门户，在黄府上下，比他资历和功劳深的人比比皆是，却只有他杜月笙能得到这么大的抬举！

当天，黄老板一行浩浩荡荡地去了十六铺的小东门。

走进沈家居住的小弄堂，黄金荣带去的人一直从天井里站到大门外。沈老太闻声迎出来，往外一看，这阵势，这么多人，以为是哪个衙门的人来了。

“出了啥事？”沈老太神色紧张地问大阿姐。

“这位是法租界巡捕房的督察长黄老板。”大阿姐答道。

沈老太一听这头衔，更是吓得不得了。

“这里是华界，犯不着法租界的事啊！”沈老太哆哆嗦嗦地说。大阿姐笑笑，黄金荣向外面挥挥手，四个黄府女佣分别捧着不同的聘礼——丝绸布料、珠宝首饰等，从大门外走进天井，又从天井里走进堂屋，络绎不绝般地将手里的聘礼一一给沈老太过目。

沈老太一看这是富贵人家来拜亲啊，顿时换了一副脸，满脸堆笑地收下那些聘礼。大家落座后，沈老太开始端详黄老板，岁数确实有点大，是纳妾了。不过一想，这年头，有钱人家谁不三妻四妾的，就开始谈起了条件：

“黄老板，我闺女还是黄花闺女，嫁过去要单门独户才好。”

“不生问题，同孚里一楼一底的房子，单门独户。”黄老板回答说。

“闺女是我后半生的依靠，我要搬过去同住。”

“应该的。”

见黄金荣答应得如此痛快，沈老太满心欢喜。她晓得大户人家都有佣人侍奉，与其让女婿给派佣人，不如提携一下自家的穷亲戚，一来落个顺水人情，二来也有个体己。

“还有……”

黄金荣一听还有，气坏了，但是既然是来保媒，就忍着性子听下去吧!

“有个亲戚叫焦文彬，能写会算，想跟着找碗饭吃。”

黄金荣想，这类人倒也需要，也应承下来：

“不生问题。”

“有个亲戚的孩子，父母都不在了，怪可怜的，能不能……”

“不生问题。”黄金荣一口打断沈老太的话，“就让他在府上做个小听差吧。”

黄金荣保媒成功。不久，由桂生姐一手操办的婚前的一应事宜都准备好了。

杜月笙的婚礼规模不是很大，但却十分热闹。当新郎杜月笙站在沈老太面前时，沈老太傻了。“怎么是他？”沈老太太赶紧到里屋找大阿姐，“不行，嫁汉嫁汉，穿衣吃饭。月英跟了他，莫说过好日子，穿衣吃饭都成问题！”大阿姐这才告诉她实情，黄老板属下不会不发财的，黄老板的面子更要给，沈老太太一屁股跌坐在椅子上。

婚筵吃的是流水席，酒席整整吃了十天，杜月笙每家送上20块大洋做旅费。这是1915年，自8岁便没有了家的孤儿，现在七大姑八大姨都来认亲了。

婚后，杜月笙与沈月英十分恩爱，成家后的杜月笙事事顺心，新面世的杜公馆蒸蒸日上。一年后，沈月英为他生下了儿子杜维藩。这孩子生下来就特别讨人喜欢，头一回抱到黄公馆，桂生姐和黄金荣就喜欢得不得了。黄金荣收小维藩做了干儿子，两家从此便以兄弟相称，杜月笙改口喊黄老板为“金荣哥”，也公开称老板娘为“桂生姐”了。黄、杜成了亲戚，关系更近了一大步。

结婚之后，杜月笙到公兴俱乐部走马上任，由原来的抱台脚升为当权者。可是，杜月笙掌权后，自然需要很多的应酬和交际，家里经常车水马龙，宴席常开。出身小户人家的沈月英性格恬静，不喜欢热闹，这样的大家局面，显然应酬不来，经常发发牢骚，杜月笙听了，很是不爽。

杜月笙考虑到沈月英懒得管家，就提拔老家来的姑表兄弟万墨林做了杜公馆的总管。万墨林果然不负杜月笙厚望，一切事务安排得利利索索，周到细致。但杜月笙还是觉得欠缺一位贤内助，最起码，管钱柜总要自己的妻子才行。

他买了一只保险箱，还有几个大铁柜。自己经常出门办事，总带着一大串钥匙总不是很方便，他想把这串钥匙交给沈月英保管。

刚开始，沈月英看到那么多钱，很惊讶，觉得这是一件大好事，她记得她妈妈说过：如果他肯把钱柜的钥匙交给你掌管，就证明他没有外心。男人去堂子里找女人没啥，要紧的是别娶到家来争名分。

可是，这些钱是要因为公事和家事经常取用的，没多久，她就被这一大串钥匙拖累得心烦意乱了。娇气的她小姐身子丫鬟命，起床，下地，开保险箱，开铁柜，取铜钿，锁保险箱……钥匙又重，保险箱又难开。等再回到床上，端起烟枪，还没吸两口，外面又喊上了……她烦死了。有一天，杜月笙回家，她终于发作了！

“给，钥匙还你。”沈月英下了决心，不再当这个管家婆。

“一日十来趟，上上下下，我应付不来。”

“我没指望你像桂生姐那么能干，可也没想到，你连管管钥匙的营生都干不来！”杜月笙显然动气了。

“又是桂生姐！就连做梦都想着你的桂生姐！”沈月英也来了气，又把杜月笙醉酒后说的“知我者桂生姐也”的旧事重提，“既然你桂生姐那么好，你何不娶了她做老婆！”

俗话说打人不打脸，骂人不揭短。如今杜月笙身价大增，桂生姐也是白相人地界有头有脸的人物，两家又是干亲，这种话岂能乱讲？这话激怒了杜月笙，他扇了沈月英一个大耳光。杜月笙第一次打老婆，把她打愣了，“哇——”的一声号啕大哭。

“你敢再嚎一声，我立马休了你！”杜月笙定定地看着沈月英，狠狠地说。也许是她真的怕被休了，那就没有了现在天天抽大烟百事不烦的优越生活，沈月英的哭声戛然而止。

“我要去讨两房小，给我做起管家婆！”

杜月笙不再理她，转身下楼。

“你回来！你要把话说清楚！”沈月英最怕的就是别的女人进门，与她争名分。杜月笙站住，回过身一字一顿地说，“我要讨的不是姨太太，在我杜月笙的家里，没有尊卑贵贱之分。就算我讨三房五房，同样都是正房夫人！”

杜月笙后来就找了15岁的陈帼英，是丽都花园舞厅的“客串舞女”，是初中二年级学生，先后生了维垣、维翰、维宁。婚后，杜月笙与陈帼英如鱼得水，十分恩爱。陈帼英默默地接管了杜月笙身边的琐事，但是决不过问外间事务。杜月笙见陈帼英识大体，对这个贤内助非常倚重。

同一年秋天，杜月笙索性又纳妾，那就是15岁的来自苏州的在书寓里做“先生”的孙佩豪，这都是1918年的事情了，这位孙夫人生了维屏、维新两个儿子。

杜月笙跟沈月英的结合，是两情欢好，相互看中了意，后来又经过黄金荣担任大媒，讨陈氏夫人和孙氏夫人那就更顺利了，三次婚姻，全部顺顺当当。而对1929年遇到的姚玉兰，没有尝过相思的滋味的杜月笙每晚都在台下，沉迷于她举手投足间的气质，确实是动了少男般“求之不得，辗转反侧”的情怀的。

1929年，杜月笙41岁，娶坤角老生姚玉兰为妻，姚玉兰成为杜月笙的第四位妻子。

杜月笙纳妾也有一个原因，就是沈月英身体不好，又沉迷于大烟，生下儿子杜维藩之后，生了个女儿，又夭折了。其实杜月笙对沈月英一直都是很敬重的，毕竟沈月英是在他并不是很发达的时候嫁给了他，当初也曾帮助他打理家业，1924年甚至帮他策划票戏出演“黄天霸”。但沈月英后来总拿这些说事、做大，听多了也烦，后来两人就分居了。

从此以后，沈月英沉溺于鸦片烟中再也无法自拔了，整日从早到晚，一榻横陈，1938年底，她旧病复发，衰弱不堪，杜维藩夫妻每天24小时衣不解带地伺候在侧，还是没能挽住母亲的生命。

1939年9月，杜维藩在上海办完母亲的丧事，来到了在香港的杜月笙住处。那天晚上，杜月笙十分忧伤，他推掉一切应酬约会，跟杜维藩谈了很久的话，倾吐自己的感慨，他意味深长地说道：

“当初娶你娘进门，两夫妻一家一当还是朋友们帮的忙，我没有正当职业，用钱又松，家里经常青黄不接，我们一家也只有你娘跟我吃过几年苦头。开不出伙食的时候我常在想，只要两夫妻同心协力，有朝一日混出一个平安是福，窄门浅户，粗茶淡饭，我跟你娘就此满足。哪里想到往后场面越来越大，事体越来越多，一直到现在为止，我们都没有过过那种衣食无忧、绵密深稳的小家庭生活咧！如今回想起来，越加叫我心里难过。”

杜月笙也一样是个性情中人。

第八节　梅兰芳的粉丝和朋友

杜月笙的一生，结交过的国内外文化名人很多，有作家、演员、名伶、画家、新闻记者、国学大师，还有政客、军阀更是数不胜数。而这些人只要曾经拜过杜门，天大的事杜月笙都会替他们撑着。杜月笙罩过的名人中就有梅兰芳。

1930年春，杜月笙在故乡杜家祖宅附近购置50亩土地，大兴土木，修建杜家祠堂。第二年5月，宏大气派的杜家祠堂落成，随后筹备落成大典。

一时间，达官显贵、各界名流的各式贺礼匾额如潮水般涌来。蒋介石、张学良、于右任、章太炎、曹锟、孔祥熙、何应钦、徐世昌、段祺瑞、吴佩孚……民国合作一派也好，对立一派也好，政要的牌匾都云集到了杜家。国学大师章太炎亲自来访，还为杜月笙写下洋洋千言的《高桥杜氏祠堂记》。国民政府主席胡汉民曾于落成典礼后4个月，亲自执笔写了《高桥杜氏祠堂记》，11月26日，汪精卫一时兴起，也拿起毛笔为杜月笙写了《高桥杜氏家祠记》。

农历1931年6月9日，法租界华格臬路杜公馆附近的几条马路一大早就已经被仪仗队和几万名客人挤得水泄不通。几十面两丈见方的特大国民党旗和杜字旗作前导，几年来各处送给他的十几把“万民伞”，以及挂着蒋介石送的“孝恩不匮”的金匾的匾亭……吴佩孚、段祺瑞、孔祥熙、刘峙等南北军阀、新旧官僚政客送的匾亭，还有上万名来宾。蒋介石送的一篇祝词《彩亭》殿后。

据军统特务沈醉回忆，“这一不伦不类的队伍和六个仪仗大队，从他家到法租界金利源码头走了三个多小时，所经马路交通全部断绝，一路上鞭炮不停，看热闹的有几十万人。”小火轮载客渡江时，法租界的巡捕探警全部出动维持秩序，还是有不少人被挤掉到黄浦江中。

特务头子沈醉说：“杨虎以国府中将参军身份代表国民政府和主席蒋介石道贺。当日报纸登有这样一则电报：‘上海杨参军啸天（杨虎字啸天）勋鉴：本月十日为杜月笙先生新祠落成，请执事代表致贺，国民政府秘书处青。’当时连我都感到有点奇怪，怎么一个帮会头子的家祠落成，堂堂的国民政府会派代表去道贺?”

各国驻上海领事官员，各省主席、市长的代表，各地帮会头子，上海工商、金融等各界的头面人物共一万多人出席。

各路京剧界的名角除了北平的老生泰斗余叔岩和上海的武生泰斗盖叫天，几乎被杜月笙一勺烩一样从南北各地邀来，称得上是空前绝后的堂会了。

在这些名伶中，杜月笙私下颇为推许的其中一位就是梅兰芳。

梅兰芳出生于京剧世家，祖父梅巧玲就是清末著名旦角，伯父梅雨田是京剧胡琴圣手。他8岁学艺，11岁登台，16岁才起了“梅兰芳”这个艺名。提到这一点，就不能不提起京剧第二故乡、中国历史文化名城“吉林市”，不能不提到“京剧再造之父”——吉林市富商牛子厚。

清末民初，享有京剧界“黄埔军校”盛誉的“喜富连成科班”辉煌灿烂，由牛子厚先生和叶春善先生共同创办的”喜(富)连成社”，是中国京剧史上开办时间最长、规模最大、培养人才最多的京剧科班，是传统艺术教育机构最杰出的典型。1908年秋，喜连成班主叶春善带领他的科班到吉林演出。一天早晨，叶春善陪同牛子厚到吉林北山散步。他俩边爬山，边闲谈，忽然，一个在树林里舞剑的少年深深吸引了牛子厚的目光，不禁连连拍手。那舞剑少年听到喝彩，连忙跑来献礼：“牛老板，喜群献丑了。”牛子厚走进仔细打量，只见面前这个年轻人仪表堂堂，气度潇洒，是块可造之材，就问他：“你可有艺名？”叶春善接答道：“我给他起了个艺名叫‘喜群’。”牛子厚沉吟半天，给他另起了个名字“梅兰芳”。

杜月笙号称“天下头号戏迷”，爱听爱看，还请专人教，学会后上台演出，如1924年为难民组织募捐义演，他演过《连环套》；1930年杭州西湖博览会开幕时，他演过《打严嵩》；1931年上海中华赈济会募捐义演，他演过《骆马湖》。

杜月笙喜欢结交戏曲界人士，教他戏的老师是在天津德胜魁科班出科的苗胜春。但杜月笙并非科班出身，谈不上啥基本功，就只好在行头上出花样，如他演《连环套》里的黄天霸，先后四次出场，就为他设计了四身相当考究的苏绣褶子，出一次场换一身。他戴的盔头，加了许多水钻作点缀，灯下辉煌绚烂。可这样的帽子太沉重了，搞得他经常分神走板，在台上常因此忘记台词。负责把场的苗胜春就要假借给他饮茶的机会，到他耳边悄声提词。杜月笙自我解嘲："唱一出戏实在太累，不亚于生场病，我这才是苦中作乐。"

据杜月笙之子杜维善介绍："父亲喜欢京剧，他后来娶的两位太太——我母亲和孟小冬都是京剧演员。我的外祖母叫筱兰英，筱兰英与恩晓峰、李桂芬等，是中国第一代京剧女演员中最有成就的几位。母亲叫姚玉兰，唱老旦出身，和父亲结婚后她还唱戏，但多是慈善演出或堂会之类。父亲跟京剧界的关系也很好，当年无论多有名的京剧演员到上海，都会到我父亲那里去。他常常请客吃饭，高兴时也会在吃饭时唱几句。杜月笙平时说浦东方言，唱戏也不脱本色，《打严嵩》中他演邹应龙，浦东腔十足。当时唱独角戏的老牌滑稽王无能就编了一段《杜月笙打严嵩》，将杜月笙的浦东腔调学得惟妙惟肖，大受听众欢迎。杜月笙知道了，便叫王无能来杜公馆出堂会，点唱这个段子，王无能怕得罪杜月笙，担待不起，非常紧张，但又不敢不去，不敢不唱。可是杜月笙和他的一家人听了，毫不责怪，都哈哈大笑，杜连呼'噱格！噱格！'一高兴当场就赏了王无能200块银洋。"

杜月笙认识梅兰芳应该是在1913年，梅兰芳第一次到上海，在丹桂第一台演出。那年秋天，上海丹桂第一台老板许少卿专程到北京，邀请名角王凤卿和梅兰芳到上海演出。梅兰芳首次在上海亮相，不免有点紧张。那天，台帘一掀开，那段“西皮慢板”和对口的“快板”一出口就掌声雷动。初战赢得满堂彩，11月4日开始正式在丹桂第一台演出，第一天，梅兰芳的戏码是《彩楼记》，排在倒数第二。梅兰芳这次来上海，也正值京剧改良运动兴盛之际，他与时俱进，认真观摩各个戏馆的时尚新戏和新式剧场。

那时杜月笙还在黄府当差做小喽啰，梅兰芳在许少卿的陪同下拜访黄金荣的时候，见过杜月笙。

1914年12月，梅兰芳第二次到上海，还是与王凤卿合作。这次梅兰芳偕夫人王明华和儿子永儿同行，这时的杜月笙已经不再寄人篱下，能独当一面了，并很快有了让梅兰芳高看和拜访的资格。由于杜月笙对京剧的爱好，对梅兰芳表演艺术和风格的欣赏，两人从此结下了不错的交情，以后梅兰芳只要到了上海，不管多忙，都要到杜家去走动走动。杜月笙在三四十年代办过多次堂会，梅兰芳几乎每次都大老远来捧场，让杜氏非常自豪的是，梅兰芳还愿意与这位很一般的票友合演一次《四郎探母·坐宫》。

没有文化背景的杜月笙深知自己的短板，发迹后，迅速褪去原来的流氓习气，十分注意结交社会上各种优雅的上流人物，尤其是政要、文人墨客和银行家、实业家。章太炎、黄炎培等许多至今我们崇拜的文化界耆宿、贤达都是他的座上宾。文化的熏陶，使杜月笙的整个气质发生着深刻的变化。曾是《文汇报》掌门人的著名报人徐铸成回忆他第一次见到杜月笙的情景时说，他原以为此人定是青面獠牙，见面才知道是位言谈举止都很斯文的瘦削老人。

当年邹韬奋在上海创办《生活》杂志，传播进步思想，曾向“封建余孽白相人头脑”杜月笙开火，杜月笙的门徒扬言要采取法律行动或者写文章反驳，杜月笙听了他们的意见，笑着摇摇头：“他们有兴致，就让他们去骂好了。”不久，《生活》杂志闯了祸，租界当局要直接把它关闭并要逮捕邹韬奋等人。杜月笙得知后，对一起推牌九的巡捕房探目说：“算了罢，这班书笃头，何必叫他们到捕房里去受罪。你们还是给我前门喊喊，让他们从后门口逃脱拉倒啦！”于是，就只在大门上贴张封条了事。复刊后的《生活》不再攻击杜月笙。杜月笙很纳闷，鲁迅后来透露了这秘密：邹韬奋知道是杜月笙暗中搭救，他在报恩。

著名作家、戏曲理论家徐城北在《风之集·名字就有戏》一书《戏迷杜月笙》一文中指出：“从政治上看杜月笙，他绝对不算好人；但从迷恋京剧的发展过程来说，他又是个无比热心、不断进步的人。他是浦东人，一口浦东口音，但就凭这样的先天条件，居然多次演唱《坐宫》、《拜山》和《打严嵩》。但是，他在遇到孟小冬之后，欣赏口味逐渐‘高’上去了，甚至从政治角度审视他的晚年，似乎也有了变化。当然，这不都是京剧的功劳，那样认识就夸大了京剧的社会功能；但也不能小瞧京剧中高层次的余派，经常唱余派的票友，思想情操总还不会太差。”

第二章 早慧少女已盛名

第一节　悲歌启幕——“腊月羊，守空房”

她是无数文人墨客眼中的传奇女子，她有着巾帼丈夫的霸气和决断，也有着柔弱女子的妩媚、温婉和脆弱，她起伏跌宕的爱情和人生，谜一样地吸引着她身后的痴情男女、艺术圣徒与戏曲传人。

这就是传奇的孟小冬，时称“梨园冬皇”的第一女老生。

辉煌的舞台上，她谈笑间运筹帷幄、指挥千军万马；生活中，她经历了山重水复，浴火重生，终成余派一代宗师。

1907年12月9日，按农历算应该是丁未年十一月十六日，生肖羊年，上海的天气和江南其他地方一样的阴冷刺骨，寒风刮面，时而还白雪飘零，路人稀疏，不少人冻得紧抱着双肩。

中午时分，在一个上海艺人集聚的地方，同庆街观盛里(今观津里）一条弄堂中的普通阁楼里，一个女娃来到了世间。这一声啼哭当时无人在意，谁能知道有一天她会红遍大江南北并流韵千秋。

孟小冬生于上海，原籍山东济南，所以既可以说她是上海人，也可以说她是山东人。不过她成名却是在北京，从1924年定居北京后，又在那里长期生活，据孟小冬的弟子李猷回忆，孟小冬曾亲口对他说自己是“河北宛平人”。20世纪50年代，余叔岩的好友孙养农撰写了《谈余叔岩》，作为余叔岩的弟子，孟小冬亲自为这本书写了序言《仰思先师》，署名为“宛平孟小冬”。宛平县1952年并入北京市，现属北京丰台区，因此《中国大百科全书》等权威戏曲词典都说孟小冬是北京人。

孟小冬乳名若兰，本名令辉，艺名筱冬，后改小冬，晚年号“凝晖阁主”。这名字起得好，合时辰，又响亮，算是上乘之作。她9岁时，跟着仇月祥学老生戏，12岁就在无锡新世界登台了。

民间有“腊月羊，守空房”之说，为了回避这一传说，父母还改说小冬生于1908年。然而还是一语成谶，孟小冬在后来的人生路上还真的演绎了一出“冬皇悲歌”。

孟小冬是梨园世家，到她是第三代。祖父孟七擅长演武生、武净，在清末的战乱年代逃到上海落户。孟七有六个孩子，孟小冬的父亲是老五，名鸿群，人称孟五爷，工武老生兼武净。三伯鸿荣，工武生，武功坚实，后来改名小孟七。六叔鸿茂，先工文武花脸，后改丑角，也驰誉沪上。

新中国成立后，许多艺术家都感叹，旧中国把我们叫戏子，没有地位，生活无着，整日为生计奔波。好多人居无定所，到哪里演出都要拜访当地地头蛇，得到捧场和默许才能开盘子演戏。出身决定了孟小冬也要随着祖辈们饱尝伶人的屈辱和心酸。

孟小冬在上海的那段童年时代还算是快乐美好的，周围伶人密集，时时激励着她成长。当时她父亲还年轻，又是知名演员，收入不愁。她每天练功学戏，长进很快。5岁时候，她父亲孟鸿群就教她练功，每天大清早带她到古城墙上吊嗓子、练功，教她

明眸皓齿孟小冬

老生唱段，跟着跑码头。之所以学老生，一方面因为父亲擅长这一行，另一方面也是因为，孟小冬天生就端庄大方，很有男孩子气，用现在的话叫做“大女人”。7岁那年，她就随着父亲到无锡演出，扮演娃娃生。

据说，她“拿大顶”（练倒立）可以坚持一顿饭工夫。因为受父亲影响，孟小冬也喜欢上了老生的唱腔。孟五爷有机会赴外码头演出，总把她带在身边。6岁时，她曾到南京演出，偶尔在戏中配演娃娃生。当时，曾到一位厅长家唱过堂会，主人见这次来唱堂会的还有个小姑娘，大大的眼睛，梳着两根小辫子，天真可爱。主人问他父亲：“几岁啦？会唱戏吗？”孟五爷答：“回厅座，今年6岁啦！刚学会一二段。”琴师接口说：“好！我来操琴，唱一段听听。唱什么？”“我唱《斩黄袍》！”小冬毫不羞怯。可是调了几次调门，小冬都嫌太低了。那厅长惊叹：“这么高还嫌低？”于是又拨弄琴弦，涨了调门。小冬重新唱：“孤王，酒醉……”“叭！”刚唱了四个字，胡琴丝弦断了！旁边的老琴师说，都已经超过“正宫”调了。军阀翘起右手大拇指说：“好嗓子！有前途！”

说起什么是老生，这对于理解孟小冬的一生遭际很有必要。京剧，被称为“国粹”，清朝中后期发展壮大，已有两百多年历史，也称“皮黄”，由“西皮”和“二黄”两种基本腔调组成它的音乐素材，也兼唱一些地方小曲调和昆曲曲牌。它形成于北京，时间是在1840年前后，盛行于20世纪三四十年代，现在它仍是具有世界级影响的大剧种。它的行当全面、表演成熟、气势宏美，是近代中国汉族戏曲的代表。

京剧起源于四个地方的剧种：一是原来流行于安徽省一带的徽剧，二是流行于湖北的汉剧，三是流行于江苏一带的昆曲，四是流行于陕西的秦剧，又叫梆子。京剧经历徽班晋京之后的多次盛衰更替和变革，传唱至今。曾几何时，作为“样板戏”的革命现代京剧风靡全国，男女齐唱“穿林海”，老少皆吼“谢谢妈”。那时的京剧颇有一枝独秀的气场。2010年11月16日京剧被列入《人类非物质文化遗产代表作名录》。

京剧角色的行当早期根据剧中人物分为生、旦、净、末、丑、武行、流行（龙套）七行，以后归为生、旦、净、丑四大行，“生”是除了花脸以及丑角以外的男性角色的统称，又分老生（须生）、小生、武生、娃娃生等。生行是京剧中重要的一行。老生是指中年以上的剧中人，都戴“髯口”，即胡子。由于性格和身份的不同，又分几类，安工老生或称唱工老生扮演文人、皇帝、官僚等，靠把老生扮演武将，衰派老生或称做工老生扮演穷困潦倒或精神受刺激者。

孟小冬一介女子，小小年纪就担起了威风八面、气吞山河、深沉持重、文雅淡定的老生角色，入戏出戏间，深深影响了她的情怀和性格。

孟小冬的崛起，为女演员在京剧舞台上争得了应有的地位。

第二节　梨园世家满门彩

孟小冬出身梨园世家，算上孟小冬的几位晚辈，这就不是一般的两代三代世家，而是近现代京剧历史上少有的五代梨园名门，而且三代中出了九位京剧名角，堪称奇迹。

孟小冬的祖辈、父叔都是清末名噪一时的名伶。有好事者统计京剧梨园世家孟小冬的家族概况如下。

第一代：孟福保（老孟七）和胞兄孟六同是老徽班出身，擅演武净兼武生。

第二代：孟七生了七个儿子，五个儿子在他教导下，个个绝技在身，都是演戏的好手，各有名声在外。

长子孟鸿芳，自幼随父学武生，喜欢读书，聪明绝顶，口齿伶俐，后改文武丑。

次子孟鸿寿，小时生病落下残疾，但是依然身手不凡，拉得一手好胡琴，曾自已从家出走多年，在青岛、吉林等地演出，唱工小丑戏，在戏中串演各种行当。最后还学武生泰斗杨小楼的杰作《艳阳楼》，也是惟妙惟肖，身患残疾也能有如此造诣，实在难得。孟鸿寿孑然一身，走南闯北，一生单身。

三子孟鸿荣，工文武老生兼武净，因为他是孟福保七个儿子中最能传承其父衣钵者，被人们称作“小孟七”。周信芳成名后在上海新新舞台主演时，常邀小孟七合作，对小孟七的红生戏也特赞赏。孟鸿荣的老生戏也不错，多才多艺到简直无所不能。

五子孟鸿群，秉承父业，攻武净兼文武老生，得到老孟七真传。1912年前后，孟鸿群长期在上海与麒麟童（周信芳）合作，他的身手受到“伶界大王”谭鑫培的赞赏，曾与谭配戏，演赵云。要知道那时候谭鑫培已经火到“全国无腔不学谭”了。

六子孟鸿茂，是老孟七续弦所生，也是小金台科班出身，嗓音脆亮，本工铜锤，倒嗓后，改随大哥二哥习文丑。鸿茂有子名孟小帆，演文武老生，红极一时。

孟家第三代：孟鸿群的女儿孟小冬、孟幼冬（又名仇乐弟）。

孟小冬的胞妹孟幼冬（仇乐弟）是孟鸿群的最小女儿，比小冬小10岁，小名银子。银子8岁那年，因为家里生活困难被父亲送给了亲戚——也就是原来小冬的开蒙师傅仇月祥寄养，改名仇乐弟，学的也是文武老生戏。仇乐弟白白胖胖的，不事胭脂，清新脱俗，但举止不俗，品貌端庄。曾在大世界游乐场大京班演出，也是红遍一方长天。

抗战期间，仇乐弟到了北平求助于姐姐小冬，更名孟幼冬，在北平组班、挑大梁，1940年春，在长安戏院也曾红极一时，曾拜鲍吉祥为师。当时小冬正专心学习于余叔岩门下，听幼冬在家吊嗓，很闹心，就干涉她，不让幼冬唱。这怕是因为学了余叔岩的脾气，同时因为当时孟家主要依靠孟小冬的收入维持，养成了大当家的作风。无奈，孟幼冬就去了东北，在沈阳、长春、丹东，乃至内蒙古漂泊演出。新中国成立后参加河北省京剧团，定居石家庄。1970年被迫下乡参加繁重的体力劳动，五十多岁时因病去世。

幼冬三哥孟学科，也就是孟小冬的弟弟，原唱花脸，后学武生，在一次练功翻滚中，不慎摔坏了脑子，造成轻度脑震荡，就改行学做会计。后来长年患有胃病，1963年夏忽然又得了肺病，后来去世。孟学科生病期间，孟小冬在香港得知病情，多次从香港寄来药品和营养品，港币、侨汇券也不断寄来，还请香港知名人士、小冬弟子吴中一的太太来北京探望他。

第四代：孟学科有一女二男，长子孟喜平，坐科尚小云办的荣椿社，先学老生，后改花脸。曾在尚小云办的荣椿社学习，后到山东济南京剧团唱戏。在科班结业汇报演出时，孟喜平的剧目为《乌盆记》。当时作为喜平的大姑母孟小冬，代表家长应邀出席观看演出。看完演出，小冬回到家里，对家人说，再也不去看孩子的演出了，原因是太紧张了，坐在下面看孩子演戏，比孩子自己在台上还要紧张十倍。小冬说："我在下面两个拳头捏得越来越紧，汗水都捏出来了，生怕孩子在台上出错，神经高度紧张，实在吃不消。"

次子孟俊泉，花脸演员，他是郝寿臣和裘盛戎的得意门生，已退休。退休前是北京青年京剧团团长。妻子王晓临，老旦演员，1997年曾应邀赴台北讲学三个月，在台湾期间受丈夫所托，前往树林山佳佛教公墓祭拜大爸爸（按满族人的习惯称呼大姑母）孟小冬墓，了了一桩夙愿。

第五代：孟荧，山东吕剧演员。

孟小冬的祖父孟福保（孟七）具体何时来北京无法考证了，但是有一点可以确定，那就是大约在太平天国运动失败之后。这个经历非常传奇。

早先，孟七和他的哥哥孟六一起在戏班里唱武生和武净。太平天国运动时他毅然南下投身太平军。英王陈玉成在军中办了一个同春班，孟七被聘为同春班教习。闲时，他教徒授艺，既教唱戏，更教武艺。战事间隙，他们以唱戏、表演劳军。

太平天国运动失败后，孟七在北京最早搭的戏班是久和班，常演《铁笼山》、《收关胜》、《八蜡庙》、《下河东》、《大名府》、《武十回》等武戏。由于他武艺超群，很受欢迎。同治初年，他应上海丹桂茶园老板刘维忠的邀请，和同班的杨月楼、任春廷、沈韵秋等同往上海。从此，他留居上海，到了中年，便很少登台，只潜心忙于教授后生。当时有评论说："孟七扮相威武，台步庄严，嗓音清朗，武技纯熟。"

由上面所述家世可以想见，孟小冬一出世就被包围在浓郁的京剧氛围中，不论是娘胎里的胎教，还是幼儿时的耳濡目染，都为她的迅速成长和进一步升华提供了扎实的基础和充分的条件。

孟小冬一生坎坷，却是孟家成就最高的，行腔吐字，举手投足，形神具备，功力非凡，清醇雅淡如美酒，如莲花。其《搜孤救孤》、《失街亭·空城计·斩马谡》、《捉放曹》、《奇冤案》、《洪羊洞》、《法门寺》、《黄金台》、《御碑亭》、《武家坡》等剧皆当行出色。

第三节　姨夫、蒙师仇月祥

孟小冬的的开蒙老师叫仇月祥，师承京剧老生"新三杰"之一的孙菊仙，孙菊仙开创了京剧老生艺术流派——孙派。他唱老生，嗓音宽亮，唱腔淳朴苍劲，能以气行腔，吞放自如。仇月祥深得孙派神韵，同时兼学谭鑫培的谭派老生。我们从孟小冬早期灌制的唱片《逍遥津》和《捉放落店》可以听得出，完全是孙派唱法。

仇月祥还是孟小冬的妹妹孟幼冬的开蒙师傅和养父，又是孟小冬的姨父。后来孟小冬因为执意要和梅兰芳结合，仇月祥坚决反对不成，自己回了上海。孟小冬的父亲孟鸿群又把孟幼冬托付给仇月祥带到上海读书、学戏。从这一点看，仇月祥应该是一位负责的老师，也是孟小冬父亲信任的人。孟幼冬后来更改姓仇，名乐弟。由于仇月祥的精心栽培，乐弟迅速脱颖而出。先在上海二马路（今九江路）时代剧场清唱，风格富于激情，且嗓子宽亮高亢，深受欢迎。

孟小冬9岁开始学戏，在早期，孟小冬常唱的戏既有《逍遥津》之类高亢激昂的戏，也有《十八扯》之类的玩笑戏，甚至连台本戏和时装新戏她都能张口就来，戏路很杂。

1915年夏天，小冬父亲孟五爷北上搭班演于天津。常常晚上演戏，白天打牌，不知不觉搞坏了身体。他可能不知道自己已经有高血压的毛病，在一次《八蜡庙》的演出中，走了个“硬抢背”，虽然没有倒在台上，但第二天就下不了床了，半身不遂。中药治了两年才稍稍恢复。孟五爷不能演戏了，孟家生活顿时拮据起来，不得已，把当时还在附近敦化小学读书的8岁长女孟小冬交给仇月祥做徒弟，并嘱咐仇月祥，一开始就教老生，不许入旦行。契约三年，期满后为师效力三年加一年，也就是说，在三年效力期间的演出收入，全部归师傅。第四年可给家中一半。第五年起，收入就可以全部自己调度养家了。

尽管仇月祥教学十分严格，但他毕竟是小冬的姨父，两家亲戚关系很好，所以小冬并未遭受旧社会师傅对徒弟的压榨和打骂。仇月祥有自己的一套教学方法，每天早晨他带着小冬出去遛湾、喊嗓，他认为不一定每天都像以前那样去“拿大顶”，只教她踢腿、压腿、下腰，像吊毛、抢背、硬僵尸一类的毯子功也常练，但重点在练气、喊嗓方面，他让孟小冬对着古城墙根练口型，回家后，学唱腔、练身段，晚上背念戏词，抽空还为师傅捶背、沏茶、装烟丝……每天学习时间安排得满满的。小冬喜欢唱戏，学得也认真，也就不觉得多么艰苦。

师傅教唱腔时，手持一块枣红色长形木质“戒方”，但仇月祥并不是像“私塾”先生那样用戒方来责罚孟小冬，而是用来拍板打节奏，规定每段唱至少重复二三十遍，甚至每一句唱也要练十遍八遍，这样才能打牢基础。孟小冬晚年在香港对自己的学生回忆起这段时光说：“那时学戏极苦，老师手握旧制铜钱，每段新学的戏，唱一遍放一钱在桌上，一遍遍唱，一个个叠，叠到快倒下为止。”梅兰芳的启蒙老师吴菱仙也这样教学，他规定每段戏文徒弟要唱二三十遍，每唱一遍，就拿一个“康熙通宝”铜钱放到漆盒里，到了十遍，把钱送回原处，再重新开始。尽管这种手把手的课徒方式呆板、沉闷，但也能快出人才。

功夫不负有心人，孟小冬拜仇月祥学艺三年契约很快就到期了，三年时间似乎比起现在的戏曲学校学制短，但是，仇月祥开的是“速成班”。学员孟小冬比现在的博士待遇还高，师生一比一，所有课程由仇月祥一人担纲。孟小冬不用像其他学戏的孩子那样，徒弟要给师傅家做刷锅洗碗、扫地抹桌甚至哄孩子等杂事，她除了吃喝睡觉的时间，全部是学戏。除了毯子功、把子功已有了一定基础外，凡是孙派剧目如《逍遥津》、《捉放落店》、《乌盆记》、《四郎探母》、《李陵碑》，谭鑫培的《失空斩》、《卖黄马》、《武家坡》、《翠屏山》，刘鸿声的《斩黄袍》、《辕门斩子》，以及老徽班的《徐策跑城》，还有老旦戏《滑油山》等等，不下三十出，都已经烂熟于心。门派似乎驳杂，但是厚积薄发，为孟小冬后来的专攻一派提供了厚实广博的基础。

孟小冬在仇月祥的悉心教导下，迅速成型，并经过上海、无锡等地的演出，一炮打响，后来她走南洋、去青岛、赴汉口，迅速成为当红老生。

当时的北京是京剧艺术的圣殿，上海虽然捞钱容易，但在业界不上台面，只有北京的戏才是正宗，所以孟小冬执意要去北京。不过也有人说，原因是孟家当时一家生计全靠小冬。而孟小冬红了以后，包银多得数不清，却都进了仇月祥腰包，小冬自己都不知道有多少钱。孟小冬提出要去北京，简直就像今天长期合作的艺人与经纪人说拜拜，这一点仇月祥内心很不甘心。

孟小冬以一出《四郎探母》在北京城一炮而红，又因为和梅兰芳合作《四郎探母》而迅速跻身京城名角儿，她忙得不亦乐乎。经济状况大大改观，她有长女的样子，在北京东城的东堂子胡同购买了一处住宅，把父母从上海接来享福。房子不大，小冬自己一间，师傅仇月祥住一间，父母住一间，三个弟妹合住一间。为了照顾孟鸿群虚弱的病体，孝顺的孟小冬又请了一个女佣人，一个看门的男佣，照顾父母与三个贪玩的弟妹。

这次移居北京，在孟家人的心里，还有着衣锦还乡的意味。同时，古都文化底蕴深厚，戏曲名流荟萃，加之众多的演出机会，都给了孟小冬绝好的平台。

第四节　上海首演《乌盆记》

仇月祥给孟小冬讲的第一出戏是《奇冤报》，也就是《乌盆记》。因为前面的“西皮”有比较难的动作，而后半出重点是唱工，没啥身段，便于随时登台，所以他前段暂时不教，只教后面“二黄”和“反二黄”两段。

说起这《乌盆记》，还有一段很曲折的遭遇。《乌盆记》又名《乌盆计》、《奇冤报》、《定远县》，是一出传统鬼戏。清光绪年间，慈禧太后因为喜爱谭鑫培的艺术，特意请英国使团欣赏谭鑫培演唱《乌盆记》，公使对慈禧太后说，“戏词没听明白，但从他悲婉的唱腔中，感觉到一个幽灵在哭泣。”

话说仇月祥教孟小冬的时候，因为孟小冬拜师前已经耳濡目染有了很好的基础，加之天资聪颖，又肯用功，真的进步飞快，一点就通。仇月祥很省力也为之高兴和惊叹。孟小冬很快学会了《乌盆记》，仇月祥又教她《空城计》和孙派的看家戏《逍遥津》。同时，还长期聘请了一位青年琴师，每天下午三点来为小冬吊嗓，每次吊两出戏，不论戏大戏小，一出二黄，一出西皮，一共大约两个小时。

这年的深秋，也就是小冬拜师后的下半年，登台的机会终于来了。这是孟小冬在京剧舞台上的首次亮相，当时沪上闻人关炯之在著名的哈同花园办四十寿诞，上海最早的京剧票房久记票房票友登台演戏，既然是最早成立的票房，人才也是最多的。小冬这次亦应邀客串《乌盆记》的后半出，她扮刘世昌，只听她唱到："未曾开言泪满腮，尊一声老丈细听开怀，家住在南阳城关外，离城数里太平街。刘世昌祖居有数代，商农为本有家财。奉母命京城做买卖，贩卖绸缎倒也生财。前三年也曾把货卖，收清账目转回家来。行至在定远县地界，霎时间老天爷降下雨来。路过赵大窑门以外，借宿一宵惹祸灾。赵大夫妻将我谋害，他把我尸骨何曾葬埋。烧成乌盆窑中卖，幸遇老丈讨债来。可怜我冤仇有三载，有三载，老丈啊！"行家听罢，真是音色嘹亮，运腔圆正，听不到雌音，不露女性马脚，真像一位纯爷们、伟丈夫，就此一炮打响，开门红遍。据《申报》1939年1月24日缺水生的文章称："回忆她初次登台，她客串《乌盆记》，由冯叔鸾饰张别古，颇觉牡丹绿叶。一曲方罢，彩声四起，内行均称为童伶中之杰出人才。"

1977年5月26日深夜，69岁的孟小冬在台北去世。海外的孟小冬弟子12人组成"孟小冬遗音整理委员会"，精选出录音磁带两匣，可放110分钟，两匣录音磁带总称《凝晖遗音》，其中就有《乌盆记》的片断。

《乌盆记》作为孟小冬的代表作之一，到晚年更成熟，从孟小冬的学生、旅日侨胞钱培荣先生提供的孟小冬吊嗓录音中可以感受到，她晚年风格更趋清醇淡雅、巧拙相间，于古朴中透出新意，其中首句“未曾开言泪满腮”的长拖腔，一气呵成，令人击掌赞叹。

时隔将近一个世纪，2008年12月，在梨园冬皇孟小冬100周年诞辰之际，曲艺界与梨园界合作举办舞台剧《乌盆记》纪念演出，上海京剧院著名女老生王珮瑜演《乌盆记》中的刘世昌，声腔高亢而有韵致，几段唱及“硬僵尸”的身段功夫都引得一片“好”声，被媒体直呼“小冬皇”。

第五节　无锡首演《捉放曹》

无锡是孟小冬的正式首演地，可谓是她一路蹿红并逐步走向艺术巅峰的起点。

那时，孟鸿群看着自己的长女已经学有所成，就跟仇月祥商量，让小冬先到外码头跑跑，搭个班子真刀真枪演一下。正巧的是，孟鸿群的六弟孟鸿茂来信说，几天前曾有人托他代为邀角，说来人是无锡新世界的经理，想聘一位能挑大梁的唱做须生（老生），他已经介绍了一位老生，正在商谈包银事项，还未启程，不如让小冬跟去试试。

1919年3月9日，农历二月初八，学戏4年的孟小冬首次演出营业戏，首演是在无锡的新世界屋顶花园，挂牌艺名孟筱冬，剧目《逍遥津》。

当时无锡观众为目睹孟小冬的芳容和演技从四面八方赶来，剧场一度爆满。当地报纸报道说：“自易此班角色，当可面目一新，别有一番盛况。”孟小冬在无锡演出两个多月，常演剧目有《捉放曹》、《全本空城计》、《白虎堂》、《斩黄袍》、《奇冤报》、《武家坡》等。当时《锡报》剧评栏目曾评论：“孟小冬之工架老到、腔调圆润、咬字清切、态度自如，为所有目睹者共赏也。”“王勃十四岁作《滕王阁序》，自古惊为天才，孟小冬十二岁能唱谭派各调，亦天才也。”尤其她的压轴戏《捉放曹》备受瞩目。

3月9日至5月15日，两个多月，孟小冬在师父仇月祥、父亲孟鸿群带领下在无锡共演出68场。

同年7月，孟小冬再次随班来无锡新世界屋顶花园剧场，又演了几十场，戏迷更是空前热烈。剧场走廊都站满了观众，剧场看来是有点嫌小了。当时的《锡报》曾报道：“屋顶花园自孟小冬卷土重来，游客陡增，日间以乡曲为多数，晚间则人众拥挤。深望主其事者将剧场设法扩充之。”报上又说，“孟小冬自离锡后，一般戏迷深为惋惜。”

在此期间，孟小冬还与无锡的豪门杨氏家族结识。无锡的杨氏家族自清末以来就成为中国民族工商业的豪族。孟小冬在无锡演出时与杨寿彬夫人和她的儿子杨景炜经常来往，这成为她之后上北京、天津时结交上层人物及京剧名家的一点凭借，结识杨家成为她后来成名的一个转折点。因为杨氏家族中有不少人在当时北京的北洋政府担任高官，其中职位最高的杨寿彬曾担任段祺瑞内阁的财政部次长，并代行总长职权。1922年，孟小冬再次来锡时，酷爱京剧的杨寿彬夫人还特意邀请孟氏姐妹同游梅园。

孟小冬在她的生理青春期，除了嗓音冲、调门高之外，又有同龄女子少有的古朴音色。比如《捉放曹·宿店》，同时具备男老生的苍劲浑厚和女老生的细腻圆润。

此后，不满12岁的孟小冬就替代父亲挑起了支撑家庭经济的重担，作为戏班的主角儿，不只在江浙跑码头，后来还远到济南、汉口、福建，1921年12月，孟小冬更远赴菲律宾为华侨和当地群众献艺几个月。红火的背后是奔走的艰辛和应付地方三教九流的艰难。

当时京城市井中有议论，说是孟小冬曾遭到军阀张宗昌侮辱。

张宗昌，1881年生于山东掖县（今莱州市），字效坤，民间外号有“狗肉将军”、“混世魔王”、“三不知将军”、“五毒大将军”、“张三多”等，仅从这点可想而知其为何等人。1932年9月3日，张宗昌在济南火车站被山东省政府参议郑继成枪杀。

张宗昌青年时，正值关内灾荒连绵、战乱频仍，加上土地太少、人口过多，实在生存困难，而东北土壤肥沃，物产富饶，清末时期东北放开垦荒，只要勤劳，一定丰衣足食。于是张宗昌也来到东北捞世界，他打过零工，扛过长活，给老财家放过牧，后流落到符拉迪沃斯托克（中国传统名为“海参崴”）。辛亥革命后他发迹了，屡屡升官，1913年7月，投靠冯国璋，先后任江苏陆军军官教育团监理、江苏暂编第一师师长。1921年到沈阳（时称奉天）张作霖那里谋到了绥宁剿“匪”司令、绥宁镇守使的职务。1923年任东北第三混成旅旅长。

张宗昌这个大老粗的“三不知”将军头衔怎么得来的呢？据说大帅张作霖问张宗昌每年需要多少军饷，回答说：“不知道，要问军需总监。”再问手上有多少人马，答曰：“不知道，要问参谋长。”张作霖苦笑不已，又问他：“你自己有多少姨太太，总该知道吧？”没想到他还是不知道，说这要问副官。

但张宗昌确实又是个大戏迷。

1925年孟小冬随着白玉昆戏班在济南演出，张宗昌岂能放过？人在做，天在看，偏偏这时候接到了张作霖大帅发自北京的电报，要求他火速到北京面商要事，孟小冬算是逃过第一劫。但孟小冬到了北京后的1926年，张宗昌已经荣升直鲁联军总司令兼安国军副总司令，北京城里有美貌女子的家庭早已是听见张宗昌的名字就心惊胆寒，连京城高官的大小姐都难以幸免。孟小冬名气又大，又没有什么后台靠山，怎么逃得了？张宗昌甚至要把孟小冬弄进府里去当姨太太。孟小冬无奈之际只好求助于爱护他的梨园长辈。之后不久，她结识了大名鼎鼎的梅兰芳。

第六节　遍学师友走江湖

孟小冬虽然学戏认真，并且后来成就辉煌，其实最初她对京剧表演艺术并不见得多有兴趣，也不只是因为“子续父业、光宗耀祖”的传统家族观念，而是无从选择，也不能选择。

国学大师张岱年在《中国文化概论》中指出，从宋朝起，随着疆域的缩小和国际市场的萎缩，文化越来越趋向内省和精致化，这与富强、开放、自信的唐朝大不相同，外事无能就向内心开掘，从宋明两朝，逐渐让“存天理灭人欲”等思想阉割了富丽堂皇、百花争艳的文化格局。于是，自宋代起形成了“唱戏的子女只能从事唱戏”的陋习，道貌岸然的人们把给他们带来愉悦的人称为戏子。这种陋习到了清末民初仍然是人们价值判断的指针。就好比妇女缠足和贞节牌坊这类披着文明外衣的野蛮思维，要去除是非常漫长而艰难的。

孟小冬，就这样按照命运的安排，在她还没有能力分辨的时候，就已经站在了京剧老生艺术的起跑线上。然而，她却是干一行爱一行。

孟小冬5岁学艺，从9岁起拜姨夫仇月祥习戏，又向谭鑫培的琴师孙佐臣学习，此后一生拜师不下数十人，涉及不同流派，甚至还向票友请教。在京剧艺术史上，孟小冬应该算是拜师最多的一位了吧。

1919年12月1日，孟小冬在上海大世界“乾坤大剧场”登台，在这一年多里，孟小冬曾向同台老演员何顺奎、潘仲英、沈云祥等人请教文武老生戏。

后经名家建议，孟小冬于1924年北上拜师，她到北方的最大目的是要求得艺术上的发展。她先到了天津，投奔新天津报社的刘髯公。有了刘髯公引荐，开始向天津名票王君直、王庚生、韩慎先、李采繁等学习，潜心研究谭派老生艺术。从靠把戏到衰派戏，一字

孟小冬剧照

一眼，严肃认真，同时又向窦砚峰、李采繁等研习京剧字韵。

1924年，孟小冬定居北京，当时的北京，京剧正值鼎盛之际，老生中，余叔岩红得发紫，此外，王又宸、马连良、高庆奎、言菊朋、杨宝森、王凤卿、谭富英、贯大元、时慧宝、陈少霖、安舒元、杨宝忠等也都是一时之选。旦角更是五彩缤纷迷人眼，除梅、尚、程、荀四大名旦外，还有徐碧云、小翠花、朱琴心、程玉菁、黄桂秋、王幼卿等。

当时北京梨园行有个不成文的规矩：只要你是外地的伶人，不管原来坐过哪科、拜过哪位老师，一定要在北京再拜一次师，取得北京梨园公会的会籍才能演戏。学老生的，大多拜陈秀华、鲍吉祥、张春彦；学旦角的呢，绝大多数拜王瑶卿。孟小冬于是拜陈秀华为师。这种拜师因为有演出赚钱的目的在先，所以，其实一般外来拜师的伶人，没有多少是真心学戏，除了拜师时的贽敬以外，就是送月规时顺便去学，空有师徒名义。而孟小冬学艺心态单纯、严谨，这确是非常难能可贵的。

此后，她拜过、请教过的老师达十一位之多，基本都是谭派名家：王君直、陈秀华、陈彦衡、苏少卿、鲍吉祥、言菊朋、李佩卿、杨宝忠、程君谋、李适可和余叔岩。

孟小冬拜苏少卿为师是在1932年9月，当时，苏少卿认为有些唱段她学起来还为时尚早，还不够资格学。后来，孟小冬也是觉得太辛苦，就没坚持学下去。

北平九龙入海、高手如林，外地戏班经常铩羽而归，比如从上海来北平的周信芳、夏月润、冯子和、赵君玉等。小小年纪的孟小冬，经过多方拜师，并融会贯通，于是迅速异军突起，还唱大轴、挂头牌。她18岁那年，北京第一舞台有一场义务戏，大轴（最后一场戏）是梅兰芳和杨小楼的《霸王别姬》，压轴（倒数第二场戏）是余叔岩和尚小云的《打渔杀家》，倒数第三就是孟小冬和裘桂仙的《上天台》，马连良、荀慧生等的戏目则在她前面。后来在京演出的营业戏，票房也不亚于梅兰芳、杨小楼、余叔岩诸大名角，观众用脚投票证明了她剧艺的不同凡响。当年撰写剧评的“燕京散人”极赞之：“孟小冬生得一副好嗓子，最难得的是没有雌音，这在千千万万人里是极为难得一见的，在女须生地界，不敢说后无来者，至少可说是前无古人。”

孟小冬拜了再多的老师，其实都不如一个老师对她的影响深，这位恩师就是余叔岩。孟小冬从来到北京、天津一带不久，就在师友的介绍和亲身观摩的影响下，开始感到，余叔岩这一风格的老生艺术更适合也更值得学习。凡是有余叔岩的戏，不辞风雨雷电，一定前去细心观察身段、品味唱腔。同时又向陈秀华、孙佐臣学习字眼、唱腔。也常向余派票友“冒昧讨教”，常常搞得人家受宠若惊。她多方学余、虚心求教的精神，和余叔岩是一致的，这就是艺术的耦合和巧遇。

还有一个原因就是，言菊朋在教孟小冬学戏之余，常拿余叔岩做比方，还经常赞叹着告诉孟小冬，她的嗓音更接近余叔岩，劝她多学余叔岩，并鼓励她向余叔岩求教。经过长期的思考和鉴别后，孟小冬最终选择专情于余派。她认为余派艺术在唱念做表方面都细腻深刻，其他派别无法比拟。而在唱腔方面的三音联用（高音立、中音堂、低音苍），能藏险妙于平淡，更为她所爱。

第七节　艳若桃花冷如霜

在一本叫《摩登时代》的书中，有孟小冬一幅30年代的照片。只见照片中她捧着时新的鲜花，前额有当时未婚女孩流行的齐齐的刘海，眉目之间英气逼人，不能说有多妩媚，但是端丽二字，是完全符合的。

孟小冬的身高是比较标准的，有一米六八左右，皮肤白净，清秀利落，端庄大方，眉眼有北方大女人的风骨，五官轮廓格局长得很开，上台演出时，气宇风度胜过男子。当时就有评价说她艳如桃花，冷若冰霜。笔者觉得她更像晨雾里清冷的荷花，大气利落却离人甚远，适宜远观，不可亵玩。

著名京剧表演艺术家宋保罗在文章《艳如桃花、冷若冰霜的孟小冬》中说："小冬的性格很内向，寡言少语，难得有些笑容。她每次演出到后台总是直接去化妆间，与人打招呼都极少，每次看到我妈（注：宋凤云）常常也就是叫声'娘'，就走了，不多寒暄。有人到她的化妆间里说说戏、对对腔，小冬也只是很简单的说说、对对。'对'完了戏不多说他话。我小时候（注：宋老10岁时，孟小冬约18岁左右）去她的化妆间里，看见她总是一个人对着大镜子，呆呆地坐着默戏。""有时候小冬在后台一个人拿着鼓楗子练练手腕，我也跟她学学鼓套子，孟小冬有两副鼓楗子，送了我一副，是红木的。孟小冬是一个美貌的女人，但却没有一点女人柔情的味道，这不是优点，也正因为如此，她孤苦了一辈子，一个人，一个命，一个'孤'字，一个'独'字，陪伴了她一生。孟小冬最后还是吃斋念佛，皈依了佛门。"

我们不妨再介绍几个孟小冬冷傲的例子。

靠自己的演艺水平和严谨的艺德，孟小冬的戏还是一直大受欢迎的。1947年9月2日，杜月笙60岁大寿，在上海中国大戏院名角荟萃连演了两个晚上，有的观众甚至从国外飞回来，砸钱购买物价飞涨年代贵过黄金的戏票来捧场。孟小冬演出时，过道上都挤满了人，以马连良的名气只能搬个小凳在过道里聆听。孟小冬的戏目是《搜孤救孤》，但孟小冬和一般演员不一样，从不谢幕，并且多年坚持自己的做法，十分执拗。观众这次不依不饶，就是不停地热烈鼓掌，僵持了有一个小时之久。没辙了，寿星杜月笙到后台，反覆地做说服工作。以当时杜月笙的名头，这是罕见的，这才让孟小冬给了一回面子，谢了一次幕。谁能料到，这次谢幕，竟是她与舞台的永别，她再也没有登台演出过。

其实，谢幕是外国传进来的，是西方民主社会的礼节。中国政法大学教授蔡定剑曾经写过一本书——《民主是一种现代生活》，清华大学刘瑜教授在《民主的细节》一书中也用自己在美国学习、生活的亲历见闻告诉我们，民主远远不仅仅是选举一下那么简单，成熟的民主社会与我们的很多生活细节、思维程序都不同。即使当时不知道这些，但国内名伶此前就已经开始谢幕了。孟小冬却坚决拒绝，她就从自身出发，认为："我唱了半天，还得谢谢观众，我又没有唱错了，凭什么让我谢幕？"亲友名角，轮番苦劝，她一概不理。

年少成名，色艺双绝，也铸成了她非凡的高傲，这种高傲换做男人可能给他带来杀身之祸，女人嘛，很多时候都不好计较了。汪伪政权的代理"国民政府主席"陈公博有一次来北平，华北官吏在怀仁堂传召各坤伶陪酒，并要求每人唱上一段。孟小冬却敢于对来通报的人先提三项条件：第一，去了就唱一段戏；第二，吃饭陪酒不可能；第三，到了就唱，唱完就走。主事者勉强答应了，孟小冬还真的匆匆而来，草草一曲，找个借口转身走人。当然，很难说这是一种完全出自爱国情怀的冷傲。

据沈苇窗在《一代奇女子"冬皇"之由来》中记述："有一次，在香港她府上闲话，同座有陈中和兄，谈起《战太平》中一个身段，她忽然施展一下，大家正在欢喜赞叹，忽然她说回房睡觉，我喻之为'神龙见首不见尾'！"

1945年，中国人民迎来了抗日战争的胜利，程砚秋与孟小冬通过电台向全国播唱《武家坡》以庆祝胜利。多年听不到孟小冬的唱腔，人们多么期待啊，电台内外挤满了人。可是，谁能料到她大小姐勉强唱了一句导板"一马离了西凉界"，就离开广播电台回去歇着了，杨宝森只好接着唱。唱一出戏只唱一句导板，孟小冬可能是名角中的绝版。

不过，张学良倒是在孟小冬那里有点面子。宋保罗回忆说："原本孟小冬是不演日场的，有一次，是个星期天，经过协商破例演了一折（时长约半个小时）的折子戏《扫松下书》，张学良派了一个女人，也可能是张的女秘书，去请孟小冬在游艺园内的一个大饭店"小有天"吃个便饭。小冬也不好推辞，以张学良的势力她也不敢不去，就叫了两三个女演员一同陪着前去赴宴，张学良在饭店门口亲自迎接，这一幕是我自己亲眼所见的。"

她曾拒绝一位富家小开的求爱，这个富二代在她演出时包下全场座位，然后刚开演就全部走人，让她下不来台。于是她在后台哭着发誓：我以后不嫁则已，要嫁就嫁一位跺脚城门乱颤的。

再后来，孟小冬果真嫁给了一位跺脚城门乱颤的人物，他就是杜月笙。

孟小冬的性格也与她的少时生活有关，孟小冬到北京后，迅速蹿红，收入越来越丰厚，加上父亲生病不能演出，全家的收入依靠这位女公子。作为家庭的经济台柱子，又游走江湖各地，孟小冬的见识越来越广，自然说话就有分量，慢慢养成了在家说一不二的专制作风。前文提到过她对妹妹孟幼冬的严苛，还把她赶出家门，在一定程度上造成了幼冬的不幸。

新中国成立后，孟小冬移居香港，她作风不改，唱曲时不许录音，拒绝灌制唱片，甚至吊嗓子也急忙关紧门窗不让人听。有一天，她的养女杜美娟把录音机放在床下偷录，不小心被她察觉，二话不说，就把那录音机摔到楼下去了。而那个时候，录音机还是高级奢侈品，尤其是小孩子珍爱的时尚电器，可以想见，她是何等冷傲严厉。

孟小冬的性格还深受她所演老生角色的影响。从幼年就主要学习老生，少年开始就以出演老生成名。多年的学习和演戏，要求她深深地理解角色的命运和性格，也就是入戏。时间是最好的磨刀石，偏偏中国戏曲乃至传统文学艺术作品中喜欢非白即黑、泾渭分明的人物形象对照，于是，那些京剧剧目中或刚正不阿、或高大伟岸等理想人格就渗透进了孟小冬的性格，左右了她的行为和思维。

孟小冬的性格更深受她求学最久、研习最深的余叔岩的影响。

孟小冬曾经打算拜言菊朋为师，被言菊朋委婉地拒绝，他说："我没有资格收你做徒弟，眼前只有余叔岩文武不挡，可以教你，但余为人孤僻，我无法为你介绍。"

余叔岩一生对京剧艺术执著严谨，待人宽厚、重义气，为人耿介，不畏权势，被誉为"三大贤"之一。京剧老生演员朱云鹏在他的《余叔岩艺事散记》中介绍说："余氏的《珠帘寨》很受观众欢迎，是百看不厌的。在第三次去上海演出时，上海大亨黄金荣指名要他唱《珠帘寨》，为了这事，两人吵了起来。"杭子和先生有一段回忆："……原说好了只唱三天，头两天过去了，到第三天最后一场，黄金荣指名叫余叔岩唱《珠帘寨》。这出戏要是余叔岩在平常日子也就唱了，赶巧这天余叔岩感觉身体不舒服，嫌累不愿唱。起初是黄金荣派人来跟余叔岩说，被余叔岩顶了回去。于是黄金荣亲自出马到旅社找余叔岩，强迫他唱这出戏。余叔岩仍然不答应。黄金荣大耍流氓手段……两人越说越僵，就吵起来了。大伙儿看着都为余叔岩担心，于是好说歹说劝余叔岩把这一出唱了。最后唱是唱了，但余叔岩赌气说，从此再也不到上海演戏了。"

余叔岩的脾气耿直，耿直到只要他认准的理儿，根本不考虑场面和人情，所以时人送他个外号叫"两条命"，说明他在当时的乱世是何等的能豁出去，惹急了敢拼命，宁为玉碎不为瓦全。

台湾大学戏剧系教授王安祈有专文阐述孟小冬在性格和品性上深受余叔岩影响，发表在《戏剧研究》2009年7月份的第四期上，题目为《生命风格的复制——以余叔岩、孟小冬师徒关系为例论京剧流派的人文意涵》，视角独到。

第三章 人生若只如初见

第一节　加盟“大世界”，客串《逍遥津》

中国的文化产业肇始于何地不得而知，但是在近现代的中国，能和上海齐头并进，且可以称为文化之都，至少是商业文化之都的大概只有北京、天津和哈尔滨。近代著名实业家黄楚九在1917年7月14日开张的“大世界”更是不能不提。当时的上海“大世界”，不管你是上海人还是外埠人，来了上海都是要去那里转转的，号称“白相大世界”。“大世界”以上演全国各地戏曲为主，开创了“百戏杂陈”的演出样式，成为当时远东地区最大的游乐场。黄楚九在1927年后遭黄金荣、杜月笙等人打击，从此重病缠身。1931年1月19日病逝，时年59岁。

黄楚九，1872年生，名承乾，号磋玖，晚年自署知足庐主人，浙江余姚人。他是中国西药业和现代娱乐业的先驱，在诸多领域创业成功，被时人称为“百家经理”。他头脑活络、思维敏捷，在中国商业经营领域创下多个第一：中国第一家民族资本制药企业——龙虎公司(中华制药公司)；中国第一家屋顶花园——楼外楼；中国第一家综合娱乐场——新世界；远东第一大游乐场——大世界；中国第一家发行量最大的娱乐企业报——《大世界报》；中国第一个医药“托拉斯”——拥有21个医药工商企业的黄氏医药集团，他还是中国广告史和市场营销学史上不能不提到的人物，有着超前的品牌意识，在中国企业经营史上提出很多富有前瞻意义的理念。

有了黄楚九先生的大世界“乾坤大剧场”，这样一个设施和布局先进、设备一流的舞台，很多当时的名角只要想在上海出名，站稳脚跟，都要在这个有千余座位的地方露上一手，经受考验。

1919年11月24日，孟小冬应邀到上海“大世界”客串大轴《逍遥津》，当天就卖了满堂。黄楚九立即正式聘请孟小冬到“大世界”搭班。12月1日，孟小冬正式加盟上海“大世界”游乐场乾坤大京班，与她同台演出的著名演员有李春来、露兰春、粉菊花等。

自此，孟小冬在上海大世界“乾坤大剧场”登台，先后与张少泉、粉菊花、露兰春、姚玉兰同台演出。开始时唱过老旦，唱《太君辞朝》，她就是佘赛花白发老太；演《钓金龟》，她又是康氏母。

在当时的“大世界”，各种剧种、演员都在这里粉墨登场，除了滑稽名家杨华生、笑嘻嘻外，滑稽界“秀才”鲍乐乐与陆希希组建的“天声剧团”，在“大世界”每天固定演出日夜两场，另外演出系列滑稽戏《日本宪兵队》，名噪一时。江淮戏、维扬戏乃至北方的“蹦蹦戏”(评剧)，都在这里各擅一时。孟小冬加盟“大世界”期间还学了不少新戏，新增加的剧目有《徐策跑城》、《洪羊洞》、《滑油山》等，同时汲取了其他门类丰富的戏曲和曲艺的艺术营养。

“大世界”首创男女同台演出先例，经营理念大胆创新。孟小冬敢于接受新事物，她在“大世界”旁边的“上海共舞台”受邀排演连台本戏《宏碧缘》，扮演主角骆宏勋。孟小冬的挂牌开始进入前十名，报纸广告中也开始有她的名字，一举成为耀眼新秀，媒体评论她“在坤生中已有首屈一指之势”。

和在无锡演出不同，在“大世界”这里每天要演日夜两场戏，孟小冬除了演晚场，日场也参加，好在日场不多，她都能坚持下来。

1920年11月11日，孟小冬在大世界乾坤大剧场最后一次告别演出，剧目是和汪碧云合作《黑水国》，为期一年的合同到期，她结束了“大世界”的演出生活。

她在这期间演出的剧目很多，其中，《逍遥津》是最值得一提的。

《逍遥津》又名《白逼宫》，作为一出悲剧，剧情反映了汉献帝刘协与曹操的激烈斗争。孟小冬在表现这段唱腔时候充分地表现了献帝的急迫和激昂的情绪，节奏和尺寸都把握精当，听起来很过瘾。

另一个唱段是后面的大段“二黄”唱腔，献帝在伏后被打死后携二皇子忧居宫院，这段唱腔凄楚、哀伤而又激愤异常——“二黄导板”：父子们在宫院伤心落泪，曹孟德与伏后结下仇对，害得她魂灵儿不能够相随，二皇儿是年纪小的孩童之辈，不能够到灵前奠酒三杯。长达十一句的排比很考验功底，孟小冬仍旧精准地唱了下来。台下掌声雷动。

孟小冬在大世界唱过的《逍遥津》可谓余音绕梁，但是大世界的老板黄楚九，这位中国文化产业的先行者，却并不逍遥。

“大世界”的兴旺离不开黄金荣这把保护伞，黄金荣是上海梨园工会主席，很多当时的名角用钱请不到，就要依靠黄金荣的人脉和威慑力。但是，天下没有免费的午餐，看着“大世界”这样日进斗金，黄金荣已经不能满足于黄楚九每月的那点孝敬。机会来了，胃口越来越大的黄楚九后来涉足银行业和证券业，遇到了更高更狠的玩家，输得很惨。为了翻身，他投身房地产业，不料又成了一盘死棋。黄金荣适时下手了，他指示部下、徒众集中去黄楚九的日夜银行挤兑，黄楚九急火攻心，数病齐发，竟撒手西归。“大世界”转由黄金荣经营，黄金荣将“大世界”更名为“上海荣记大世界”。在黄金荣的手里，“大世界”的经营虽然基本没改黄楚九时期的风格，却也公然把娼妓、赌博、鸦片等内容引了进来。

1949年5月27日上海解放，此前，大批上海的工商界名流逃往台湾、香港以及海外，82岁的黄金荣最终决定留了下来。临终前的一天，黄金荣把养子黄源焘喊到家中口传遗嘱，这个时候还无限悲凉地说到他的“大世界”：“我的一生，都风扫落叶去了，唯有留下这个‘大世界’。不过，断气瞑目后，‘大世界’不可能再属于我的了。”几天之后，黄金荣闭上了眼睛，时年86岁。

1920年12月14日，孟小冬结束在“大世界”的演出合同后，正式搭班黄金荣的“共舞台”，并给自己改了艺名，孟筱冬改为孟小冬，接替露兰春在连台本戏中担任主角，演出剧目有《宏碧缘》、《枪毙阎瑞生》等。当时她父亲孟鸿群也在“共舞台”搭班，演出《举鼎观画》、《雪杯圆》等戏，父女在一起，倒是也有个照应。如此孟小冬一直演出到次年的11月下旬。

1921年，孟小冬在百代公司第一次灌制唱片，有《击鼓骂曹》、《逍遥津》、《徐策跑城》、《武家坡》、《奇冤报》、《捉曹操》等唱片。

从“大世界”走出去的著名艺人有很多，其中最出色的应属孟小冬。

第二节　“孟大小姐，阿拉杜月笙这厢有礼了！”

孟小冬既然生在上海，对上海总还是熟悉的，她从少年时起就四处去演出跑江湖，但主要活动还是在上海。10岁的时候，她就在“小世界游乐场”等处唱“毛儿戏”，也就是小孩子唱的京剧，那时就已经是耀眼童星了。杜月笙就是这“小世界”的股东之一。提到“小世界”，不妨赘述几句，这是当时上海滩一家综合性游乐场所，原址是上海南市商会于清宣统二年(1910年)投资创办的劝业场，位于法租界吉祥街(今江西南路、人民路附近)。1917年的时候，可能是因为大世界等新建游乐场财源广进，劝业场也作了经营上的改革，增设游乐设施，引进五花八门的戏曲演出，还办了《劝业场日报》加以宣传。劝业场1923年取名“小世界”，这里的游艺项目更大众化，票价低廉，又挨着豫园城隍庙，当时的热闹劲不比“大世界”差。天有不测风云，1927年，上海南市火灾殃及“小世界”，虽然1946年投入巨资再建，可是火烧旺运烧过头了，再也没有兴旺起来，新中国成立后被改为别的用途。

至于大名鼎鼎的“大世界”、“共舞台”等，对于喜欢听戏游乐的白相人杜月笙，自然也是要常去的。天公安排，小冬还是童星时，杜月笙只是大亨黄金荣手下的跟班。等孟小冬十八岁光芒四射的时候，她人已在北京，而杜月笙此时发迹，便似乎晚了些。

1919年12月13日，孟小冬在“大世界”演出，饰演压轴《击鼓骂曹》的祢衡，她唱着“纵然将我的头割下，落一个骂贼的名儿扬天涯”，唱音刚落，台下一片喝彩声。

这边孟小冬《骂曹》刚落幕，观众之中有一位男子，早吩咐手下准备了花篮，赶到后台见孟小冬。只见此人三十岁上下，身着长衫，梳寸头，面目清秀而苍白瘦削，这人就是后来的中国帮会总龙头，号称“上海滩教父”的杜月笙。

“孟大小姐，阿拉杜月笙这厢有礼了！”杜月笙双手抱拳，念着韵白，深鞠一躬，用满口浦东味道的上海话说：“恭喜孟大小姐演出成功！”他听到孟小冬唱到精彩处，不能自已，佩服得五体投地，暗自以为，这个小女孩一定能红。后人的传记中说，此时的杜月笙已经暗下决心，一定要帮衬这位上海小囡走向京剧艺术的辉煌。这未免有猜测成分，当时的杜月笙发自内心的盲目崇拜倒是可能，第一，这是追星族普遍特性；第二，作为仅仅是爱好京剧，但是并不是很懂，甚至当时连附庸风雅都谈不上的杜月笙来说，不太可能那么有远见，且当时他也未必有那样的实力。

这时候的孟小冬正在卸装，这位冷美人平日就不苟言笑，但今天禁不住笑了，一个是杜月笙那滑稽的举止，当时他的表情一定有些拘谨，这拘谨不一定是害羞，很可能是在文化人面前特有的拘谨。另外，熟悉杜月笙的人都知道他那对大耳朵，这是他的专有标志吧！师父仇月祥赶忙上前引小冬见礼，在父亲的敦促下，小冬这才起立接过花篮，并向杜月笙还了礼。这是孟小冬初次见到杜月笙。世界很大也很小，作为一位当红小女星，捧角的人比比皆是，她无法预见就是这位大她19岁的男人，从此将影响她一辈子，影响她的婚恋、她的生活、她的艺术。而杜月笙在中国，尤其是在中国大陆不光彩的名声，也深深影响了后代大陆京剧艺人、评论家对她的评价。

人生如戏，有时是写实主义的，有时是批判现实主义的，有时是魔幻现实主义的。当时的“大世界”就是一个光怪陆离的世界，而沿用至今的哈哈镜就是当时这里最吸引人的西洋镜。买票后走进大世界的大门，迎面就是十几面著名的哈哈镜，往镜子前一站，里面的人形就会变得奇形怪状，或者荒诞不经，或者滑稽搞怪，谁又能不哈哈大笑呢？

杜月笙的出现就像孟小冬的哈哈镜，换句话说，当时的社会就是每个人的哈哈镜，都要走在特定的时代里。后来人看去，谁不是不可思议，甚至滑稽可笑的呢？

第三节　汉口结义姚玉兰

姚玉兰，孟小冬的同行姐妹，金兰结拜，这位孟小冬的青年时期的密友，穿行在孟小冬的坎坷、传奇的一生。

姚玉兰，京剧老生演员筱兰英与梆子青衣姚长海的长女，擅长扮演青衣、花衫和老生。姚玉兰的妹妹姚玉英擅长花脸和丑角，很早就去世了。筱兰英1878年生于天津，是一位多才多艺的全才式名角。筱兰英最初学的是正工老生，但是除了旦角及红生戏外，无论老生、小生、武生甚至花脸，都十分在行。更可贵的是她作为女子唱老生没“雌音”，唱花脸能有“炸音”。在与杨小楼合演的《连环套》一出戏中，她扮演窦尔敦，气魄雄伟，工架老练，口齿刚劲。

姚玉兰9岁在武汉的汉口学艺，12岁上台演出，虽没有孟小冬的幼年和少年火爆，也算是当地闪闪的童星。14岁时曾经和妹妹姚玉英在烟台演出《虹霓关》，还曾和母亲、妹妹合演《群英会》和《华容道》，母亲筱兰英前饰鲁肃后演曹操，姚玉英前饰周瑜后扮周仓，姚玉兰演关公，一时很受欢迎，观众交口称赞。

孟小冬14岁曾经在上海乾坤大剧场和“共舞台”与姚玉兰同台演出。

1922年8月，“共舞台”老艺人马春甫应汉口方面熟人请托，约孟小冬去演出三个月，包银2400元。孟小冬的师傅仇月祥、琴师孙佐臣同行。孟小冬到了汉口，她的演出很轰动，更吸引了一位和她戏路相近的老生姚玉兰。姚玉兰听人这么盛赞孟小冬，心里就痒痒得很，她决定亲自去观摩，连看了《斩黄袍》、《逍遥津》、

《辕门斩子》、《滑油山》等几出戏后，她干脆向母亲请假半个月，不登台了，就天天去看孟小冬的戏，二人见面聊天，不觉相见恨晚，就举行了结拜金兰的仪式。姚玉兰比孟小冬大四岁，当时她们谁都预料不到，后来竟成了杜月笙的四姨太、五姨太。

1925年6月，孟小冬在北京以一出《四郎探母》首演告捷，从此，孟小冬之名，不胫而走，逐渐红透京城。当时北京前门一带有很多戏园子，孟小冬在这边红火的同时，正阳门鱼市口那边的华园，筱兰英正带着她的两个女儿姚玉兰、姚玉英上演新排连台本戏《狸猫换太子》。金兰姐妹异地重逢，实在是不胜惊喜，姐俩有说不完的知心话。她们在演戏之余，一起游览北京名胜，一起逛街吃着北京各色美食小吃。这一年的12月22日和29日，孟小冬为晨钟学校先后在开明戏院演了两场义务戏，筱兰英、姚玉兰、姚玉英合作的《珠帘寨》在两场中都是压轴戏码。

20世纪30年代，筱兰英带女儿去上海演出，经黄金荣的儿媳李志清做媒婆，姚玉兰嫁给杜月笙为如夫人，改名姚谷香，后来生有二子维善、维嵩，二女美如、美霞。黄金荣、张啸林、杜月笙三人起家之地在上海当时的八仙桥西面，被称为西海，姚玉兰因此也被称为“西海太太”。据姚玉兰的儿子多年后回忆，姚玉兰是北方人性格，很厉害，孟小冬也是北方人性格，也很厉害。他所说的“厉害”，想来应该就是那种直来直去、快言快语、刀子嘴豆腐心一类的脾性。当然，两个人关系虽好，但后来同是一个屋檐下，难免总要有口舌之争，在此不谈。

据杜维善在《回忆父亲杜月笙：海上旧事》中说，“父亲喜欢京剧，他后来娶的两位太太——我母亲和孟小冬都是京剧演员。我的外祖母叫筱兰英，筱兰英与恩晓峰、李桂芬等，是中国第一代京剧女演员中最有成就的几位。因为都是京剧演员，孟小冬很早就和我母亲、外祖母比较接近。孟小冬离开梅兰芳一段时间后，和父亲结识，正式有往来是在40年代。母亲把孟小冬当成自己人，也并不介意。她俩的关系时好时坏，有时候会吵架，一生气她就回了北平，过几个月又没事了。那段时间孟小冬给我母亲的信我现在还保存着，信里谈的都是生活上的事，母亲有时汇钱给她，她在北平有一帮朋友也经常到上海来，像吴家、朱家都是大家族，彼此间也都很熟。”

在孟小冬的一生中，姚玉兰在几个关键时刻给她的生活带来了巨大的影响。在以后上海、香港乃至在台湾的生活中，两人都有着千丝万缕的关系，可以说，要读懂孟小冬不能不读姚玉兰。

第四节 露兰春“塌台”黄金荣

君子爱财有道，爱美有专，爱权有度。在当年上海滩三大亨中，相比杜月笙，黄金荣和张啸林无疑在这个原则上掌握得并不好。

黄金荣的一生，要说最大的转折点，应该就是从情迷露兰春又被露兰春塌台开始，从此他一蹶不振，这也为杜月笙迅速提升其在上海乃至全国帮会中的地位提供了绝好的机会。

1923年6月，民国北京政府总统黎元洪，被直系军阀逼迫，黯然退位离开北京。局势混乱中还上演了一出闹剧，当时直系军阀的直隶省长王承斌在天津杨村劫持黎元洪乘坐的专列，逼要总统印信，王承斌气势汹汹地走到黎元洪座位前，趾高气扬地说道：“总统既已出京，印信还有何用处，为什么要携来天津？”黎元洪愤愤地说：“你一个省长有何资格要总统印信，我决不会把印信交给你们，看你们怎样？”王承斌冷笑说：“总统既然不交出印信，只好请你回京了。”后来在天津，王承斌更派一千多名军警包围专列，卸下了火车头。这位“中华民国”第一任大总统，惊吓得晕了过去，不得已乖乖交了印信。

黎元洪，这位没有武人支持的总统遂黯然南下，要到黄金荣家里去换换心情。

为了接待黎元洪，杜月笙在杜美路26号买了一幢小洋房，重新装修一下，添置了全套的家具。黎元洪偕夫人到达上海车站，黄金荣、杜月笙、张啸林等人都出面到车站迎接，然后是接风洗尘压惊，又安排小八股党等徒众全程保驾护航。杜月笙对这份接待加公关的工作非常尽心，每天和黎元洪夫妇同进同出，内心感到很是风光。

这时的黄金荣却分心于一个女人——名伶露兰春。

有一天，黄金荣邀请黎元洪夫妇去“共舞台”看露兰春的戏。传言中发生了一件十分蹊跷的事。

终于安排停当，黎元洪和黄金荣等人兴致勃勃看戏的时候，杜月笙碰到了共舞台把门的阿大——黄公馆的老佣人。阿大迎上来愁眉苦脸地说：“这桩事情真是太稀奇了。”杜月笙忙得汗水涔涔地，一边擦汗一边问：“什么事情啊？”阿大神秘地压低声音说：“方才你们陪那两位贵客进门，还不到两分钟，突然之间我看到一只狐狸，仿佛受了惊吓，从戏馆里一溜烟地跑出来。”杜月笙一听紧张劲全没了，笑话他：“城里面那儿来的狐狸。”“千真万确啊！”听阿大说得跟真的一样，一想，这人也是个老实人，不太可能是瞎扯的，但也没当真。不过还是对阿大说：“这种事情你就摆在自己心上好了，用不着说给别人听。”

却说黎元洪夫妇在这里待了三个月后，乘轮船北返，送别时候他对杜月笙说：“你是我遇到的最好客、最周到的居停主人。”人走了，杜月笙的心里却留下个阴影——难道狐仙确实有灵？后来他在华格臬路建新房子的时候，专门在大厅后修了个小小的狐仙祠，还专门雇个佣人祭供洒扫，杜月笙自己每个月的阴历初二和十六，不管多忙都会去上香磕头。

那么“共舞台”是不是有狐狸呢？这无法考证也没有必要，倒是黄金荣贪图女色，给自己引来了灾祸。

黄金荣54岁那年，三位艺名为小金铃、粉菊花和露兰春的坤伶来到了他的"共舞台"戏馆，这就是最早在上海登台的坤伶，三人色艺俱佳，加之男女同台演出，一时风靡上海滩，给"共舞台"带来了丰厚的收入。

露兰春首创男女同台合演，当红之际，黄金荣却临老花心怒放，要把她纳入专房。这在达官贵人纷纷三妻四妾的民国，倒也不足为奇，只是对黄金荣来说却是祸从此生。

露兰春本是山东人，八岁就没了父亲，随母亲流浪于河北、京津一带。后来的继父让她学京剧，长大后，取艺名露兰春，颠沛流离的生活，害得她也不知道自己原名叫什么了。1912年10月，她应聘到上海"天仙合记茶园"献艺，广告在露兰春名字前已经冠以"京津著名坤角"来号召观众了，可见其影响。初来上海的露兰春以《托兆碰碑》、《九更天》、《洪羊洞》三出戏打响，靠扎实的功底享誉上海。

1919年1月，黄金荣开办的上海共舞台修缮一新，这时，露兰春的武戏技艺也日臻成熟，于是被聘为那里的演员，已经成了台柱子、挑大梁的名伶，她的代表作《枪毙阎瑞生》中"莲英惊梦"的一段戏后来还由胜利公司灌成唱片。露兰春唱文戏音色嘹亮，功架沉稳；演武戏台步矫健，使得真刀真枪。"共舞台"后来继续捧红她，花了大价钱延聘名师为露兰春排演连台好戏《宏碧缘》，排演后一正式登台，直唱得"共舞台"财源滚滚来天外。据说，露兰春最红的那些年，在上海连梅兰芳都不能望其项背。这个戏排得好，很叫座，后来露兰春与薛二私奔的时候，"共舞台"不得已临场让孟小冬救场，演骆宏勋，虽然孟小冬仓促上阵，一样场场客满。

自己捧红的角儿，黄金荣怎么可能放过，也不能说黄金荣一点没有真情，反正他老有少心了，对露兰春体贴爱护，无微不至。露兰春上戏馆，黄老板派保镖，派车子，全程接送，每天晚上不管多忙都要到“共舞台”亲自为她把场。

赶巧的是，浙江军阀卢永祥的公子卢筱嘉也喜欢听戏，有一天专程去听露兰春的拿手好戏《镇潭州》，露兰春饰演岳飞，一不小心，一段戏文唱走了板。卢筱嘉何许人也，当时与孙中山之子孙科、张作霖之子张学良、袁世凯之子袁克文并称为“民国四公子”（民国四公子版本众多，我们采用当时报章常用版本），名门之后，率性不羁，何况也精通音律，当时就怪声怪气地喝起了倒彩。

露兰春当众下不来台，匆匆唱完一段，不按锣鼓点子，跑回后台就放声大哭。黄金荣哪受得了这个？急命手下把这个捣蛋的带来后台，黄金荣一看，傻眼了。但是，保镖已经扇了他两个耳光了。

当时，整个浙江和大半个上海，都是卢家的天下，淞沪镇守使何丰林正是卢永祥的爱将，何况，黄金荣和杜月笙、张啸林他们三鑫公司的鸦片等很多生意还都需要军阀照应。几百双眼睛注目下，黄金荣故作矜持，装作不认识卢筱嘉，冷冷地说了一句：“好了，放他走路！”卢筱嘉哪里肯作罢，咬牙切齿地说：“骑驴儿看唱本，我们走着瞧！”

这事体闹大了，黄金荣连夜打电话，把杜月笙和张啸林双双请到黄府商量救急之策。

张啸林的毛躁性子是出了名的，开口便是“妈特个”（当地粗话）！今天却一言不发了，这是黄金荣对张啸林渐生不满的源头。应该说不是张啸林不仗义，估计一方面因为卢家势力太大，另一方面也是因为他害怕黄金荣借重他和浙系军阀的关系要他全权去办，办不成岂不误事，还丢了面子？杜月笙从中发现了万全之策，既能缓解关系，摆平此事，又能双方不伤面子，同时还能在各方面人的瞩目中显示出杜月笙的能力和影响力。

杜月笙深夜回到位于民国路的孙夫人那里，一晚上没有睡着，终于想到一个人，这个人出面，卢筱嘉一定要给点面子，他就是曾担任清朝通海镇守使的张老太爷张镜湖——青帮“大”字辈人物。

话说卢筱嘉回到龙华护军使署，直接找到何丰林，要求调军队活捉黄金荣，非要挖掉他两只眼睛。何丰林当然是劝他，到租界抓人不是闹着玩的。最后商量决定，派便衣去法租界“共舞台”活捉黄金荣。

黄金荣被抓走了，怎么办，黄金荣的老婆桂生姐也顾不上再吃醋，找来杜月笙和张啸林商量对策。杜月笙一听黄老板被抓，头一下就大了。那边张镜湖还没联系上呢，这边又出这么大的乱子。

“事不宜迟，救人要紧啊。”杜月笙说，“啸林哥，我们分头行动吧。你去找你的亲家俞叶封，他是何将军的部下，好歹能说上话。我去找张镜湖老先生出来说话。”

从黄公馆出来，张啸林直接去了龙华护军使衙门，杜月笙却绕了一圈回了杜公馆。他有了另外的想法——杜月笙忽然想到，对他来说，黄老板被抓是好事。黄老板塌台，这不正是自己的良机吗？杜月笙这时显示出非凡的胆识和谋略——单刀赴会。做成了，黄金荣也塌台了，而自己的形象更加光鲜。当然，这很冒险，他身份的分量太小。

但是，杜月笙不是说说，而是真“做”。他带来的是互利互惠的交易，是实实在在的共赢性质的谈判“条件”。

两只红丝缎锦盒和一张名片交给卫兵，锦盒里分别是封好的一式十根的金条。何丰林打开锦盒，见到黄灿灿的金条，知道打破僵局的人到了。

杜月笙和何丰林、卢筱嘉在何丰林的书房里坐下来，一边喝茶，一边聊天。

“请二位见谅，杜某此番专为黄老板的事而来。”寒暄过后，杜月笙开门见山，“只要能为卢公子消气，卢公子有什么条件尽管提，只要杜某能做到，一定尽力。只请卢公子对黄老板手下留情，当然，如能尽快让黄老板回家是最好的。”

“既然杜先生这样说，想必已经有了解决方案。”何丰林见杜月笙如此畅快，就想尽快促成双方和解。

“杜某确实想了几个方案，现在提出来请二位斟酌。只要卢公子能消气，一切都好说。”见何丰林点头，卢筱嘉默许，杜月笙接着说，“露兰春一个戏子，又是残花败柳，卢公子何必为她劳心费神？我可以把稻香楼里的头牌小木兰送给公子，做夫人做小妾还是做丫头，公子自己随意。稻香楼虽然是长三堂子，可小木兰卖艺不卖身，还是黄花闺女。”

“你敢保证？”卢筱嘉来了精神。

杜月笙点点头。

“不怕二位见笑，上海滩的‘长三’，没有我杜某人不熟悉的。黄老板喜欢捧角，我杜某人更喜欢捧花魁。”

杜月笙说完，三个人不约而同，哈哈大笑。

“第二条，‘共舞台’的那些保镖，其中有几个还是我的徒弟。这些人都是在上海滩吃得开、兜得转的人物。他们也都不认得卢公子，既然是误会，不如让他们在稻香楼为公子摆酒压惊，当面道歉。求公子放他们一马，以后有用得着的地方，自然是言语一句。”

这一条，卢公子也点头答应了。

“第三条，是我杜某诚邀卢督军和何将军赏光的。我和黄老板、张啸林筹集了1000万资金，准备开一家‘聚丰贸易公司’，专门从事烟土生意。如果卢督军和何将军同意加入，我们可以按五支股份，平均分红。”

何丰林没想到还有这样一个意外的收获，立刻凑上来问：

“一股要多少洋钿？”

“有督军与将军的名望与财运，这就足够了。”杜月笙说，“只需两位在运销上向部下打个招呼，在浙江各地，‘聚丰’的货畅行无阻就行。”

何丰林当场就高兴地拍板同意，这无本万利的生意，卢筱嘉也替他的父亲卢永祥表示同意。

公司说着就成立了。既然大家都是股东，那么，黄老板也就该放回去了。杜月笙为了给黄金荣赚回个面子，说："不如这样，由我出面，在法租界摆酒，请青帮'大'字辈张镜湖老先生做调停人，大家握手言和，卢公子和黄老板都不塌台。"何丰林和卢筱嘉都表示同意。

大功告成，杜月笙先去了黄公馆，把这个消息告诉了桂生姐。

等杜月笙把黄金荣接回来的时候，黄金荣已经在护军使衙门的地牢里蹲了六天。

黄金荣经此大难，深感黄门弟子千人之多，怎么全成了酒囊饭袋，觉得只有这个杜月笙算是没有看走眼。

就在杜月笙准备联系张镜湖老先生的时候，何丰林来电话告知，有了一个更漂亮的结局：卢永祥要"辕门斩子"。当然也就是表演一下了，卢永祥赶到上海龙华，借口卢筱嘉无权调兵，违反军纪，命人将卢筱嘉捆绑到官署门外，他要严肃军纪。何丰林立刻率领文武官员，请求卢永祥网开一面，宽恕卢筱嘉。黄金荣呢，按照杜月笙安排，带着当时发生冲突时的一干保镖，赶往护军使衙门负荆请罪。

通过这个争端的解决，杜月笙结交了军阀，展现了重义，提高了威信，得到了黄老板信任，打开了烟土生意的门路。

而黄金荣却执迷不悟地一路走下去，他执意要娶露兰春进家门，他觉得为这个事塌了台，那就更要把露兰春弄到手，面子上才算好看些。他背着发妻桂生姐跟露兰春的养父谈起了条件，那边的条件是：嫁过去要掌管钥匙，当家；要明媒正娶，用龙凤花轿抬过去。黄金荣立即全部答应了下来。

可是，露兰春很小时候就在黄府里出来进去的，看着她长成大姑娘，你黄金荣在上海滩娶谁都行，娶露兰春，桂生姐实在不能接受。黄金荣把对桂生姐摊牌的任务交给了杜月笙。

杜月笙眼里的桂生姐是贤妻，是伴着黄金荣起家的，这个话他也不好说，可是完全劝不动黄金荣。他不得已，当天下午去找到了桂生姐。

“我不反对老板讨姨太，讨哪个都行，就是不能讨露兰春。”桂生姐说的句句在理，“这个小囡是一口叫着‘黄家公公’、‘黄家婆婆’长大的，现在改口叫‘金荣’、‘姐姐’，未免太不成体统。”保险箱的钥匙交露兰春掌管，也不要紧，桂生姐本不是爱财之人。这第二个条件，露兰春是黄花闺女，要一乘龙凤花轿抬进黄公馆，这不是讽刺桂生姐嫁给黄金荣的时候不是处女吗？我结发夫妻来黄家来都没坐过花轿呢！

不过，桂生姐是刚强的人，“既然老板连这样的条件都答应了，多年的夫妻算是走到头了。”桂生姐当机立断，对杜月笙说，“你去和老板说，叫他出五万块钱安置费，我走路。”

黄老板一听说桂生姐提出离婚，高兴得立刻派人拿着地契去银行押了一笔钱，让杜月笙转交过去。

接着黄金荣还真的操办起了婚事。拜堂成亲时两人站在一起，年龄相差29岁，一黑一白，一胖一瘦，就这么入了洞房。

露兰春进门后，黄金荣就再也没过上安生日子。露兰春恃宠而骄，整天缠着黄金荣要去“共舞台”唱戏。黄金荣劝也不听，亲自接送几天之后，就把接送、保护、侍奉等事交给了司机、保镖和娘姨。可是，有比卢筱嘉还有能耐的，这就是上海的德孚洋行的买办、富家小开薛二，风度翩翩，手面阔绰，也能做做票友唱几段戏。

死缠烂打加上薛二公子哥的迷人风度、儒雅风流，露兰春不由得春心荡漾，公然在“共舞台”黄金荣给露兰春专设的个人化妆间里与薛二厮混。

世上没有不透风的墙，杜月笙是最早知道这个秘密的，但他不动声色，静观其变。倒是张啸林气得要死，直接去抓了薛二。还要把他“种荷花”，也就是把人装进麻袋，扔进黄浦江淹死。杜月笙一听连忙劝阻，闹大了黄金荣更没有面子了，最后总算是留了薛二一条命。

但是，薛二被抓后的露兰春脸上没有了笑容，黄金荣慢慢地也知道了这个事情，他忍着。反正张啸林已经教训了他，只要露兰春不再和薛二来往，也就算了吧！

露兰春嫁给黄金荣后没有怀孕，为了让她收心，黄金荣特意替她领养了个男孩，取名黄源焘。想用养子来收心，怎么可能？红杏执意要出墙，亲生子都会抛弃。黄金荣竟然放心地去了山东，因为1923年5月，山东、江苏两省交界的津浦线上，发生了举世震惊的临城劫车案，抱犊崮土匪孙美瑶劫持乘专列到北京参加关税会议的各国代表300人上山。法国驻沪总领事想来想去，觉得请巡捕房总探长黄金荣北上参与调解更合适。

一个月后，也就是六月中旬，黄金荣成功完成使命，刚一进家门就感到气氛不对，他问儿媳李志清：“妹妹（黄金荣平时习惯了这样称呼），发生了什么事？”“你上楼看看就晓得了。”李志清用手指指楼上。原来露兰春潜逃了，连他的家底都给抄了。露兰春进宅不到三年，黄老板的心情由亢奋到忧邑，由忧邑到萎靡，从此心灰意冷，疲惫不堪，垂垂老矣！

当杜月笙被召来时，一看黄金荣，暗自吃惊，这还是叱咤风云的黄老板吗？

“金荣哥，我已经摸清了他们的去向，要不要把他们抓回来？”“哎——”沉闷了半天的空气中，黄老板发出一声哀叹，“算了。她既然变了心，寻回来又有何用？随她去吧，只要把她带走的东西寻回就行了。”两人在法国律师魏安素事务所协议离婚。

黄金荣一生都把钱财看成第一位的。

露兰春与薛二倒是同道中人，两人后来还生了六个孩子，每天没啥正事就一起抽大烟，躺在鸦片烟榻上过了大半辈子。抗战胜利后露兰春临死前托人带信给李志清，说死前有要事相告。李志清对露兰春耿耿于怀，也怕引起公公黄金荣怪罪，没理会露兰春。露兰春便带着她的秘密走了。

晚年，黄金荣突然记起了林桂生的好来，他曾感慨地对杜月笙说："我这一生，就走错了这步棋。我黄金荣起家在女人身上，没想到败家也在女人身上。"于是，他在黄家大院的花园里，种下了600棵桂花树，以此来倾诉对林桂生的难言衷情。

黄金荣塌了台，杜月笙的人生舞台迅速升起。

第五节　北上京城遇小冬

北京的深秋是清冷的，也是阴郁的。冷冷的风从北方草原吹来，卷起已经不多的落叶，湛蓝的天飘过寒云朵朵，街头不时有士兵列队走过。战乱年代，老百姓生活苦不堪言，但或许正因为如此，人们更需要文化娱乐，只要有一口饭吃，京城的市民对京剧的热情便有增无减。

游走在1925年的北京深秋的街头，杜月笙的肩头有黄金荣托付的重任，内心却有自己对名伶的渴望，能不能找到那年初见后就难以释怀的孟小冬呢?

这一年，对于中国是焦头烂额的一年。

1925年阴历三月，云南发生最严重的霜灾，三天之内，气温从19.44℃将至5℃，导致24万人死亡。接着就是7级大地震。这一年，在陕北大旱已持续数年后，川、黔、湘、鄂、赣五省又发生大饥荒，死亡灾民不计其数。

1925年1月6日，意大利墨索里尼组建法西斯内阁，实现独裁，二战的阴云开始在亚平宁半岛向外蔓延。这年3月12日，孙中山在北京逝世。这一年，军阀混战仍在持续。

同样是这一年，对于杜月笙个人，却是名利双收的一年。在5月30日爆发的五卅运动前后，杜月笙作为上海的社会领袖之一，积极支持工人运动，维护华工权益，跟日本人叫板并迫使其让步。杜月笙的声望直线上升。这一年，他与另两位青帮名人黄金荣、张啸林开设的三鑫公司垄断了法租界毒品交易，同年出任上海法租界商会总联合会主席兼法租界纳税华人会监察。

孟小冬这一年到北京，在三庆园演出，只演夜场，白天休息、吊嗓，揣摩老生艺术。当时的北京正逢京剧的鼎盛时期，南边来的孟小冬还是个小姑娘，却能在余叔岩、杨小楼、陈德霖、荀慧生、梅兰芳等众多名角方家中独立一枝。

孟小冬与杜月笙重逢于北京。杜月笙去北京干什么去了呢？

原来，黄金荣和露兰春大路朝天各走一边后，黄金荣有一天又想起了露兰春。他倒是真的上心，还打听到她可能去了北京，就把杜月笙喊来，委托他前往北京寻找。其实露兰春去了天津，黄金荣托杜月笙去北京找怎么找得到呢？临走的时候，黄金荣想起了孟小冬，就特地交代杜月笙说，孟鸿群一家刚刚去了北京定居，你不妨问问孟家的闺女小冬是否知道露兰春在哪里，如果找到了，一定想办法把她弄回上海。

其实，杜月笙知道露兰春在天津，当初，是他在处理黄金荣、露兰春分手的一系列事宜时，为露兰春争取了一笔分手费，然后又安排她去天津的。这么久了，杜月笙也不好说露兰春一定还在天津。可是总要去一次北京找找看，也好让黄金荣死了这份心。于是，他带着两个手下，直接去了北京。

杜月笙在北京实在打听不到露兰春的下落，就直接去找孟小冬。当时的孟小冬在京城已颇具名气，杜月笙通过看报纸知道孟小冬正在开明戏院演出。

说到这个开明戏院，还有点来头。这是民国时期位于北京珠市口的一家很有名的西式剧院，始建于1912年，是中日两国商人合资建成。建筑整体为德国式样，钢筋水泥结构，外墙水磨石饰面，按照当时的生活水准和建筑工艺，在北京南城地区还是十分显眼的。里面的设备和建筑设计比起老戏园子先进得多，观众、演员都很满意。当时天桥的戏曲艺人都以能在开明戏院演戏为荣。开明戏院还破天荒地允许“评剧皇后”白玉霜来此演出，但不允许唱《拿苍蝇》之类的“粉戏”。2000年，开明戏院被拆毁，有关部门曾称要易地重建，但至今没见影子。可惜了这座见证了近代中国戏曲文化变迁的建筑。

晚上，杜月笙乘车跟在孟小冬回家的车后面，就找到了孟小冬的家门口。原来，孟小冬当时上戏院演出有固定的包月车，除师傅跟随之外，父亲孟鸿群也强打精神陪着上戏院，害怕美丽又闻名的女儿出事情。散戏后，他们二老的车一前一后，孟小冬的包车居中，从前门向东，经崇文门进城往北一路小跑，也就二十多分钟就到了孟小冬当时的家——东四牌楼三条。杜月笙没有忘记黄老板的嘱托，他不止跟踪寻找孟小冬，他以为露兰春曾经和孟小冬相熟，会不会一起演出呢？可是就这样跟踪了多次，也派徒弟在孟小冬寓所外监视多次，都没有看到露兰春的影子。

徒弟们不免垂头丧气，“师傅，我们千里迢迢来到北京，待了十几天了，露兰春也没找到，难道就这样回去？”一个徒弟问杜月笙。杜月笙叹了一声，一想这两个徒弟也挺辛苦的，就说：“这样吧！今天你们就不用去了！可以出去逛逛北京。我去拜会一下孟老板，打听一下。”

那天下午，杜月笙稍事打扮，这时候的他已经是西装革履，神气十足。整齐的小分头油光锃亮，足下一双白色尖头皮鞋显出几分斯文。此时的孟小冬在家刚想休息去，门房男佣递上一张名帖，说外面有位从上海来的先生要见大小姐。孟小冬一看，原来是杜月笙。孟小冬的父亲和师傅到门口恭迎，自己站在西厢房外的台阶迎接杜月笙。心想：他来找我有什么事呢？

杜月笙满脸笑容地被迎进了客厅，孟五爷亲自倒茶、敬烟，还问候黄老板可好。杜月笙说："他蛮好！杜某来北京办点事，黄老板也是特地让我登门问候孟五爷的病情！"听这么一说，孟鸿群受宠若惊："小老儿有何德能，敢劳黄大老板挂心？"杜月笙转脸看着孟小冬，女大十八变，一年一个样，更是端庄挺秀惹人怜了。他压抑心中的激动，对孟小冬撒谎说："黄老板还跟我说，孟小姐在北京可红啦！比起她在'共舞台'时，实在是不可同日而语！"孟五爷忙接过话茬说："当年多亏黄老板的慧眼，对小冬关怀栽培，不然哪有她今天。"仇月祥也跟着搭讪。杜月笙开心地大笑起来。他闭口不提"露兰春"的事情，只顾着和孟小冬没话找话说："孟小姐一日千里，现在的功夫真是不得了！前两天杜某看了孟小姐的《平贵别窑》，一出好戏啊！敬仰！敬仰啊！嗓子是绝对好！扮相更没得说，比起在上海时真是突飞猛进啊！"杜月笙这边恭维不断，捧人上天，那边孟小冬基本都是笑而不答。杜月笙也感到不适宜多说了，就留下了伏笔，他发出了邀请："欢迎孟小姐早日再回上海献演拿手好戏。"孟五爷连忙回道："一定！一定！小冬去上海还请杜先生多多捧场！""那没问题，专等孟小姐早日光临上海！"杜说完便起身向众位作揖："杜某告辞！"

杜月笙这次虽然没有找到露兰春，但是，色艺俱佳、高雅大方的孟小冬深深地植入他的记忆，这北京十几天旅程，他觉得值了，于是直接回了上海向黄金荣复命——没找到！

第六节　资助灌唱片，戏路指余门

2005年，《中国京剧》杂志发表了由京剧界专业人士评选的京剧“百美图”，套用现在流行语就是“京剧百强”。“百美图”从徽班进京开始，筛选出京剧发展二百年间最重要的100位演员。在这个榜单上，可以看到第14位是余叔岩，第18位梅兰芳，孟小冬排在第31位，是这个榜单上第一个女演员，排在她之前和之后的演员都是男演员，直到第45位的袁慧珠。这个排名很权威，也赢得了舆论的肯定。

孟小冬如何赢得生前身后名？除了出身梨园世家自小受到良好熏染，更因为个人冰雪聪明、悟性极高、勤学精研，同时，也不能否认各方面朋友和观众的支持。这支持者中就有一生没有改弦更张的崇拜者——杜月笙。

杜月笙是众所周知的上海青帮头子，但是一个人是多面的立体的，青帮头子的身份只是杜月笙人生的一面。你可以说是杜月笙附庸风雅，可以说他是为了控制文化娱乐业，但是实际上，杜月笙确实一度担任过复旦大学、中国红十字协会等文化公益单位的校董、副会长。在上海的唱片业史上也有杜月笙的名字。1931年9月3日的《申报》第三版有一篇《长城唱片股份有限公司筹备处启事》，原文中附有发起人名单，其中杜月笙、张啸林、黄金荣的名字赫然在列，同时还有当时的沪上闻人袁履登、姚慕莲、金廷荪、孙养侬。

话说从北京回来后的杜月笙，找到孟小冬后的感受依然“余音绕梁”。兴奋的杜月笙托人去唱片公司谈，希望能为孟小冬灌录唱片，杜月笙埋单。杜老板的话果然好使，1925年，孟小冬在长城、丽歌唱片公司灌制唱片《珠帘寨》、《捉放曹》和《逍遥津》三张。1931年，孟小冬又在长城公司灌制唱片《捉放曹》、《珠帘寨》，杨宝忠操琴。

此前的1921年，百代唱片还一口气为她灌录了《击鼓骂曹》、《逍遥津》、《徐策跑城》、《武家坡》、《奇冤报》、《捉放曹》等一系列专辑，这些唱片，到现在已经成为了颇为珍贵的京剧文化遗产。有资料说在百代的录音也是杜月笙资助的，我们没有扎实的历史证据，不敢妄言。

百代唱片可是国际唱片业巨头，当时在上海也是龙头老大。百代在20世纪30年代的宣传口号是："当代名歌全归百代，影坛俊杰尽是一家"，20世纪30年代，百代掌握着中国流行音乐唱片七成以上的市场份额。当时的百代场面很大气，著名歌星有自己的录音室，作曲家有自己的办公室。流行歌坛最负盛名的歌星，如周璇、白虹、姚莉和李香兰等都隶属于百代旗下，胡蝶、阮玲玉等电影明星也纷纷为百代放开歌喉。

孟小冬这个时期还在上海录制过哪些唱片我们不得而知，不过她其实是个不喜欢录音的人。

京剧学者、中国戏曲学会理事翁思再先生编辑了她的录音，由上海音像出版社和扬子江音像共同出版发行了《孟小冬唱腔集》，于2010年8月12日隆重推出，并在上海展览馆举行了首发签售仪式，销售火爆。这个《孟小冬唱腔集》所收曲目涵盖孟小冬一生的发展。孟小冬存世录音真迹有限，这部CD汇集了其中具备出版条件者，其中A面的几段唱腔选择孟小冬早期作品。孟小冬向来不喜人录音，其中半段《南阳关》更是她的友人将录音机暗藏在天花板的吊扇上，孟小冬发现后，歌声戛然而止，并要求销毁作品，经友人苦苦哀求后，这半段寓所清唱习作才得以保留。

据丁秉鐩先生在《孟小冬与言高谭马》中说："在初步整理冬皇的遗产中，发现她生前录有她自己所唱的余派名剧的声带多卷，包括《搜孤救孤》、《御碑亭》、《失空斩》、《法场换子》、《八大锤》等戏，可称名贵之至，现已交由陆京士加以处理。陆先生为当年杜月笙先生临终前，遗命重托支配遗产的五位受托人之一，吴开先建议将录音带托交唱片公司，灌成唱片发售，收入移作国剧学校的经费，并留全套唱片一份存国剧学校，纪念冬皇毕生从事国剧艺术的倡导精神，在原则上已获得杜氏家族同意。”这就是台湾版的孟小冬《凝晖遗音》录音带，再加上上海出版的《冬皇妙音》，天津出版的《孟小冬唱腔及为钱培荣说戏录音集萃》等录音专辑，应该可以使“冬皇遗音传千古”了。

孟小冬自从与杜月笙相识后，明地里背地里，杜月笙对她的艺术上的支持有些孟小冬本人都未必知道，因为即使二人后来在一起，杜月笙那么多“兼职”，每天头脑装太多事情，也未必都有时间回忆说给孟小冬听。有一点是肯定的，杜月笙一直关心着她的艺术发展，直到后来发展到关心她的安全，她的幸福。

还在1925年的时候，杜月笙考虑到孟小冬戏路比较杂，时间久了难以进一步升华，就对孟小冬提议：“侬不妨到北京去试一试，看看有没有机会拜谭派名师，像言菊朋、余叔岩这些人，都已经自成新谭派，侬的嗓音天赋远胜于他们的。”这席话曾深深打动了孟小冬。想到孟小冬此去北京，担心她前路多变，养家糊口也很是艰辛，杜月笙诚恳地对她说：“侬要演戏养家，又要拜师学戏，如有难处尽管相告。”经济问题无忧，让孟小冬可以不必为了赚钱去演太多的戏，去演那些不好的或者不喜欢的戏。后来在专心拜师余叔岩学艺的几年里，更能彻底隐居，专心求学。没有杜月笙长期源源不绝的外援，这是不可能的，后文提到的余叔岩的另一个徒弟李少春就做不到这一点，甚至梅兰芳也做不到。

第四章 错爱梅郎毁一生

第一节　喜富连成——京剧界的北大清华

没有喜富连成，就没有近现代中国京剧的大部分金色年华，而没有京剧一线相牵，本书的传主和诸多重要人物也可能不会发生人际关系的勾连。那么，请允许作者在这里多些笔墨。

“四面青山三面水，一城山色半城江。”在中国的东北，有这样一座山水独绝的风景名城，她是中国唯一一个与省名重名的城市——吉林市，中国32个特大城市之一。吉林并不是汉语，本为满语“吉林乌拉”，意思是“沿江的城池”。这里群山澎湃，大江回环，引得无数名人贤达来此流连忘返。康熙皇帝返乡祭祖时所作《松花江放船歌》成为著名诗篇，因为诗中有“连樯接舰屯江城，貔貅健甲皆锐精”的名句，所以吉林市成为中国唯一一个皇帝亲自命名的“江城”。乾隆皇帝东巡吉林时作的《跷跗吉林将军署复得诗三首》中有两句赞美吉林风景的诗句惟妙惟肖：“城临镜水沧烟上，地接屏山绿树头。”

吉林市人杰地灵，历史悠久，公元前206年，这里成为当时东亚大国夫余国的王城，两千多年的文化积淀使其成为国务院命名的“中国历史文化名城”、央视《倾国倾城：最值得向世界介绍的中国名城》，这里有1742年修建的中国四大孔庙之一的吉林文庙，2011年，吉林市被中国书法家协会评为“中国书法城”。

有了这样的文化底蕴和山水美景，在吉林市作为晚清和民国时期的重要商业城市的经济实力基础上，这座城市成为京剧复兴和革新的策源地就不足为奇了，而这个源头的灵魂人物就是：牛子厚。

牛子厚，名秉坤，字子厚。1866年出生于吉林，曾祖父牛金玉从山西逃荒到吉林时，先是开荒种菜，后从开大车店起家做起了生意。凭借非凡的商业头脑，迅速成为吉林巨商，时称“船厂牛家”。到了第四代传人牛子厚，牛家已经成为当时北方的四大家族之一。

1881年，牛家偌大的家业和众多企业的管理重担落在只有15岁的毛头小伙子牛子厚肩上。牛子厚是个非常有能力有头脑的人物，他接手时，牛家经济鼎盛无比，在他经营下牛家继续兴旺。牛家企业经营范围除油、盐、烟、麻等杂货外，还有高级百货，后来发展到金融业。此外，还有养猪场、养鸡场等颇有规模的养殖业。牛氏家族不只在吉林城内企业众多，在吉林附近的集镇如乌拉街、桦皮厂、岔路口、大绥河等地也都开有油坊、烧锅等。在哈尔滨、济南等关内外各地都有牛家的生意，分支机构在北京等地遍地开花。当时社会传说，牛家人去北京，不用喝别人家的水，因为到处都是自家的“买卖”。慈禧太后曾一次就向牛家借款70万两白银。进入20世纪以后，牛子厚逐渐将经营大权移交给他的长子牛翰章，可是，牛翰章和“源升庆”大掌柜孙毓堂心大包天，不安心于踏实经营，热衷于商业投机，亏空累计连连，久而久之，积重难返。1929年至1930年间，牛翰章倒卖黄豆期货，用电话买空卖空，当时正赶上世界经济危机，这次赔本彻底吸干了牛家的元气。显赫一百多年的牛家退出了商界舞台，牛子厚的光辉也彻底黯淡了。1931年“九·一八”事变后，牛子厚三个儿子闹分家，自此家人各散东西。

牛家有着乐善好施的传统，牛子厚更是热衷于此，“牛善人”之称远近闻名。光绪皇帝、民国大总统徐世昌都曾分别向牛家颁发“乐善好施”的匾额。永吉县长送楹联一副，称他是“泊然与人无争，修世服畴，应共松江流泽远；富而好行其德，赈灾济困，料诸庐室感恩多”。

在家资豪富的基础上，如果辅以良好的家教，非常容易涌现出出类拔萃的大才。牛子厚的业余爱好丰富多彩，人们口口相传说他“有眼的会吹，有弦的会拉，有板的会敲”。他对摄影、园艺、修理钟表、看病，以及占卜、算卦、批八字等无所不好，是他，用自己的照相机拍下1911年5月8日的吉林全城大火，为我们留下了极为珍贵的照片资料。牛子厚尤其喜欢戏曲，特别是对京剧情有独钟。

大师是特定历史的产物，就如我们这个时代绝对不会诞生李白那样的诗人一样。所谓“天时地利人和”，有了地利，又有了人和，大师和盛事的出现就需要天时了。

话说京剧最兴旺、真正深受全国民众喜爱的时代是20世纪的前40年，清朝徽班进京后的一百多年间依然主要热闹在宫廷，再就是在北京等几个大城市，而到了清朝同治年间，随着世事变迁，京剧已急剧衰落，少有人唱。牛子厚的善举彻底改变了京剧的命运。

1901年，牛子厚想到母亲爱看皮影戏，又赶上家里准备办庆祝堂会，而当时“地处边陲”的吉林又没有大戏可看。这时，恰好一件事促成了之后牛子厚与京剧的百年之缘。那时吉林市的戏园子，票友都可以上台客串，但没有远见的那位老板拒绝了牛子厚的参与，没办法，牛子厚1898年就出资在吉林市德胜门外修建了一座大型的供百姓休闲娱乐的场所——庆升茶园。后来他结识了京剧艺人叶春善，他就是后来著名京剧演员叶盛兰的父亲。牛子厚通过叶春善从北京接来了以“四喜班”为主的戏班在这里演出。在跟叶春善的相处过程中，他了解到叶春善为人诚恳，办事认真，京剧中生、旦、净、末、丑行行精通。而当时八国联军已经进了北京，好多艺人存活不易，开始弃艺从商，京剧面临人才短缺和无钱发展的状态。牛子厚的热心劲又来了。于是，他向叶春善提出，能不能请你具体负责，开办一个京剧科班，你具体负责，我牛家出资，在北京、吉林两地轮流演出，既解决了牛家看戏的问题，又能为京剧培养一批人才。

办学是个费心劳神，投资大回报小的投资项目，何况当时的京剧凄惨景象，叶春善不能不慎重，唯恐辜负了牛子厚的美意，就一再推托。就在1903年将来吉林演出的戏班送回北京的临行前，牛子厚再次要求叶春善回北京先招几个学员试试看。叶春善深受感动，终于答应试着筹办。

叶春善回到北京后，于1904年在北京琉璃厂西南园买了间房，收容了六个无家可归的孤儿，开始教戏，并以“喜”字为这六个弟子取名为：雷喜福、武喜永、赵喜魁、赵喜贞、陆喜明与陆喜才，世称“六大弟子”。他则一边教学，一边做饭、拉煤当伙计维持生计。牛子厚拨出白银二百八十两作为开班经费。正式成立科班，以牛子厚的三个儿子的乳名（牛喜贵、牛连贵、牛成贵）各取一字，定名为“喜连成科班”，自任班主，叶春善任社长。牛子厚对科班不仅出资做东，作为“董事局主席”一类角色还具体参与招生、教学和管理，并不是不屑于做具体业务的甩手掌柜，更不是一般意义的无学无德商人。1905年又招了十几名学员，在临近租了一个小院练功学戏。叶春善把牛子厚自吉林不断汇来的开办费存在银号，没有提用，直到后来徒弟多开销大了，才陆续取出了四百银元，一直用了一年多。不论经济情况如何，每当科班遇到困难时，牛子厚都四处奔走筹钱，与之共渡难关。

“喜连成”科班的学员们每天在前门外肉市街广和楼茶园演唱，后来，根据牛子厚的指示又租了宣武门外前铁厂七号房屋一所，叶家也搬入其内，又招了一些学员。于是，才正式给戏剧科班起名。

1905年，第一科学生已经有五十多人了，在广和楼正式登台演唱，一上台就不同凡响，每天满座，一年过后，北京几乎对“喜连成”科班无人不知无人不晓。

由于“喜连成”科班办得有成效，牛子厚又为该班派专人管理财务，增添了服装道具，又增聘了13位京剧名家作教师。1912年因牛府上闹纠纷，牛子厚没有精力过问和筹划“喜连成”科班，就全权委托叶春善管理科班，反正这时候的牛家已经与叶家结亲，牛子厚和叶春善成了“连襟”（东北话叫“连桥”）。为了扩大规模，后来叶先生又与大财主沈玉昆合作，沈先生又对科班投资，经征得牛子厚同意，改名为“富连成”科班。一直到1948年第七科“韵”字辈，因内战进入关键时期，时局动荡，“富连成”社才停办。

“富连成”继承了“喜连成”的办学精神、师资人脉和艺术传统。学生随时介绍，随时入学，但是刚一进去，并非就算正式学生，要由琴师们考察一个时期，看看他的嗓音、相貌、身材、资质是否聪颖，是不是有“戏料”。如果考察完毕，认为毫无可造之处，就通知介绍人领回去。如果认为还能造就，就由科班跟他的家长订立契约，俗称“写字”。

学生们每天六点就起床，漱洗完了就开始练功。十点吃早饭，饭后就“上馆子”，也就是到戏院演戏。学生按身材矮高排成一行队伍，由管事人带着自社址步行至广和楼。

后人有时也将“喜连成”和“富连成”合称为“喜富连成”。“喜富连成”与中国戏曲学院在办学的性质、宗旨、方针、任务、办学模式上确实差异很大，但是从京剧艺术人才培养的角度，从传统民族艺术教育及民族艺术人才培养规律的角度讲，两者确实一脉相承。“喜富连成”科班对中国戏曲学院产生了持续、积极的重要影响，其经验和做法在中国戏曲学院身上得以传承发展与推陈出新。

在办学实践中，“喜富连成”十分重视对师德、艺德和对学员品德的要求与教育，“富连成”的科班训词（即学规）就很有针对性地提出了“四要四戒”的品德规范：要养身体、要遵教训、要学技艺、要保名誉；同时要戒抛弃光阴、戒贪图小利、戒烟酒赌博、戒乱交朋友。叶春善非常看重道德教育，去广和楼演出，学生们必须走石头胡同，因为最近的路大栅栏当时是“红灯区”，对学生的影响很不好，所以科班就规定绕着走。谁一旦做出了违背道德的事，就会受到很重的处罚。中国戏曲学院在自己的50余年历程中也坚持“德艺双馨”，坚守着“育人以德为先”的宗旨。

“富连成”是个人才荟萃、龙吟虎啸的科班，其主要演出活动在北京，但它的巨大影响遍及全国，难怪被称为京剧界的“黄埔军校”。这支20世纪驰骋京剧舞台、传承京剧艺术、推动京剧发展的铁骨中坚，其中不乏自创一派、对后世产生深刻影响的艺术大师，而承前启后、开一代新风的戏剧名家更是不胜枚举。20世纪最具影响力的两位京剧艺术大师梅兰芳和周信芳虽然不是“喜富连成”的科班学生，但都在“富连成”插科学习并搭班演出过。梅兰芳在给侯喜瑞《学戏与演戏》作序时就说：“我和侯喜瑞同志从童年的时候就同台唱戏，那是前清光绪末年的事，他是‘喜连成’科班第一科的徒弟，唱架子花脸，我在‘喜连成’搭班……”

京剧界公认的是，“喜富连成”是京剧教育史上办学时间最长、造就人才最多、影响最为深远的一所科班，是传统艺术教育机构杰出的典型，其44年的艰辛办学路，印证着时代的兴衰更替，期间共培养了“喜”、“连”、“富”、“盛”、“世”、“元”、“韵”、“庆”八科八百多名京剧学生，他们中的京剧名家又传承、培养了一批又一批学生，堪称灿若星海。“喜富连成”科班的正规的专业化教育实践还保留、整理、创排了大量京剧优秀剧目，为京剧的继承、发展作出了巨大贡献。

牛子厚这一善举，为中国京剧事业的发展作出了巨大贡献。没有大规模的科班就没有京剧的人才济济，更谈不上京剧普及全国并深入民间，乃至被推上国剧高位。1953年，梅兰芳先生来吉林市义演后，特地到郊区沙河子牛子厚的墓地祭扫，他在自传中深情地盛赞：“没有牛子厚，就没有今天中国京剧的兴盛。”梅葆玖先生在吉林市庆祝“喜富连成”科班成立100周年的大会上说：“牛子厚创立的富连成科班是京剧界的清华北大。”

可是这么重要的历史事实与文化贡献，却鲜见文人学者与京剧界人士为其录上几笔。在国家图书馆的馆藏中能搜到的只有唐伯弢的《富连成三十年史》和吴小如的《鸟瞰富连成》两部作品，海外的相关著述也很少。当年谭派老生谭元寿曾说：“我演遍了大半个中国，每去一处都有‘富连成’培养出的演员。‘富连成’培养出了那么多名角，‘生产’的艺术家最多，对京剧的发展功劳实在是太大了，可现在很多年轻人却不知道‘富连成’为何物……”而作为牛子厚本人，作为京剧的第二故乡吉林市，就更悲哀了。中国的教材只写到“徽班进京”，写到京剧和宋元戏曲与昆曲以及江苏、浙江、安徽等地戏曲、方言的关系，没有牛子厚，没有吉林市。其实，如果没有牛子厚和他首创的“喜富连成”，京剧怕是早已灰飞烟灭了。

不过至少在当时，牛子厚为培养京剧人才倾注心血，梨园弟子还是没有忘记饮水思源报师恩的。1934年，家道衰落的牛子厚迁居北平，生活很不宽裕。京剧界名人梅兰芳、萧长华等倡议梨园界给牛先生义演三天，用演出的收入为牛子厚购买了位于北平宣武门外西河沿胡同的一所四合院，房屋14间，又用1500元银大洋购买檀香木棺材一口。1943年牛子厚于北平病故，归葬于吉林市沙河子牛家祖坟。那是3月末的一天，在吉林火车站，都是三四十岁的壮汉，黑乎乎的一群面向车站的站台跪着，泪珠一串串地往下掉。等运牛子厚灵柩的车到站，这些汉子抢先拥上去，号啕的哭声盖过了为牛子厚接灵的亲人。这些汉子将牛子厚的灵柩抬回老宅，他们都是吃牛家的粥长大成人的。

如今，牛子厚的墓默默地卧在吉林市西郊沙河子野外的荒山上，仿佛一个平淡耕者的归宿，是的，他就是松花江的儿子。想起电视剧《牛子厚和喜连成》的片尾曲：想当时风采，结四方豪迈，筑一座凤凰台唱千年感慨，向家园青青山水忘功名成败。等到来年，等到来生，等到苍天开……

第二节　中国京剧的名片——梅兰芳

自从梅喜群这个小伙子在吉林市更名为梅兰芳之后，这个名字不久就响亮起来，如今已经成为和瓷器、书法、李白一样的国际社会认知中国的文化符号之一。

梅兰芳，1894年生于北京，本名澜，乳名裙姊，字畹华，又称浣华。他出身于梨园世家，8岁学戏，9岁拜吴菱仙为师学青衣，也常跟着秦稚芬和胡二庚学花旦戏，10岁登台。梅兰芳4岁时父亲去世，12岁时母亲又走了。梅兰芳后来成为旦行一代宗师，形成了自己的艺术风格，世称“梅派”。

梅兰芳在1949年前曾先后受邀到日本、美国、苏联演出，并荣获美国波摩那学院和南加州大学的荣誉文学博士学位。新中国成立后历任中国京剧院院长、中国戏曲研究院院长、中国文学艺术界联合会副主席、中国戏剧家协会副主席。1959年，加入中国共产党，并以65岁高龄，排演了最后一出新戏《穆桂英挂帅》。1961年8月8日因心脏病发作，梅兰芳在北京病逝。

梅兰芳的祖父梅巧玲也不是平凡之辈，名列同光十三绝，也就是前文提到的“四喜班”的班主，梅巧玲有长子梅雨田，次子梅竹芬。梅竹芬就是梅兰芳的父亲。

梅雨田是公认的戏曲音乐家，“四喜班”的琴师贾祥瑞作为梅雨田的启蒙老师对他精心调教，使他吹拉弹奏样样拿手，无论是啥乐器一学就会。后来被召进宫，为著名老生谭鑫培操琴。梅兰芳没有见过祖父梅巧玲，因为祖父去世时，他父亲梅竹芬也才十岁。后来，梅竹芬和著名武生杨隆寿的女儿杨长玉结婚，生下了梅兰芳。

梅竹芬搭班“福寿班”，当时有些演员经常耍大牌，请假不唱，这时候班主总是让梅竹芬上场救急，梅竹芬很敬业、忠诚，从不推辞。因为太过辛劳，梅竹芬早早就生病去世了。

梅巧玲的儿子梅雨田没有孩子，梅竹芬就梅兰芳这一个儿子，就这样几乎成了三代单传。梅兰芳日后能在京剧创新和变革上卓有建树，除了与时俱进的意识和虚心的态度，更是因为他身体里流淌着祖、父遗传下来的艺术精神。他发扬光大了“花衫”这一融青衣、花旦于一炉的新的表演方法，更沿袭了梅巧玲精通音韵、唱腔、书法的文化素养。梅兰芳自己就说：“我好结交、善看书、爱绘画及收集文物的习性，也可说是祖传给我的天资。”

梅兰芳出生在北京，唱红剧坛却在上海。1932年春梅兰芳还从北平迁居上海，直到新中国成立后的1951年7月，全家才由上海迁回北京。

1913年秋天，上海丹桂第一台老板许少卿专程到北京，邀请名角王凤卿和梅兰芳到上海演出。

经过梅兰芳与朋友冯耿光、李释戡等人商量，他们一致主张排演几出刀马旦的戏，因为刀马旦的戏扮相和身段看上去更赏心悦目。11月16日，这是梅兰芳第一次在上海演大轴，本来约定是演出一个月，但观众热情高涨，许少卿要求梅兰芳他们续演半个月。这次演出结束，上海的报纸评论异常热闹，有的报纸甚至称梅兰芳为

"环球第一青衣"。

这个时候正是京剧改良运动兴盛的时期，各种新的外来戏剧品种和电影等其他文艺样式、表现手法，为京剧的改革发展提供了丰富的营养。梅兰芳这次演出就已经得到了新的感觉，他演出间隙没有闲着孤芳自赏，而是抽出时间到各个戏馆观摩，去新式剧场观看时事新戏《新茶花》、《黑籍冤魂》等。这些新戏内容讽世警俗，表演上比较靠拢话剧，写实性很强，上台的都是真道具，甚至连真的黄包车都上去了。梅兰芳看了感到很新鲜。

梅兰芳首次在沪演出成功后，就成了上海的常客，以当时的北京至上海的火车速度看，这样的奔波还是很辛苦的。1914年12月，梅兰芳第二次到上海，还是与王凤卿合作，这次他结识了著名旦角赵君玉。

东北沦陷后，北平危如累卵，1932年春，梅兰芳带着夫人福芝芳等登上了从北平开往上海的火车。

梅兰芳先后有三位夫人，只有福芝芳陪伴他到老。正室夫人王明华，1910年二人结婚，1928年王明华在天津去世。王明华对梅兰芳艺术成就的贡献功不可没，因为那是梅兰芳艰辛创业和艺术走向成熟的重要时期，王明华不仅照顾他的起居，更担当了艺术顾问和跟班助手。

梅兰芳的侧室福芝芳1921年进门，1980年6月29日去世。1926年，梅兰芳与孟小冬相识，因为一起演出《游龙戏凤》，1927年2月，两人在众人撺掇下结婚，孟小冬没有进宅，而是金屋深藏于东城内务部街的一条小巷里头。在1932年，二人协议分手。

而这几年，梅兰芳与上海的杜月笙一样，正是事业和人生最发达的阶段。1927年，北京《顺天时报》举行的首届旦角名伶评选中，他与尚小云、程砚秋、荀慧生被誉为京剧"四大名旦"。1924年10月20日，梅兰芳赴日本巡回演出，1929年12月28日，梅兰芳率团赴美国演出，这些演出为1935年赴苏联演出打下了良好的基础。

梅兰芳是著名的爱国主义者，是文艺爱国的代表。

梅兰芳曾在上海演出新戏《抗金兵》，梅兰芳、叶恭绰、许姬传等五人组成编剧小组，经过三四个月的编、排后在上海天蟾舞台推出。梅兰芳饰梁红玉，在国难当头的形势下，反响非常强烈，极大地鼓舞了前后方的抗战斗志。

1933年梅兰芳又编演了新戏《生死恨》，由许姬传执笔。这个戏的剧情是，北宋女子韩玉娘被金人掳去后配给男俘虏程鹏举，玉娘不惜牺牲自己，帮助鹏举逃回故国投军抗敌。后鹏举跟随宗泽立了战功，但夫妻相见时，玉娘已病入膏肓。梅兰芳曾说："编演这个戏的目的，意在描写俘虏的惨痛遭遇，激发斗志，要摆脱大团圆旧套，改为悲剧。"这个戏到1936年2月26日才在上海天蟾舞台首演，由梅兰芳饰韩玉娘，连演五天天天爆满。他不怕日本人从中捣乱，坚持演出，后来又到南京大华戏院续演三天，很好地发挥了文艺的战斗作用。

让日本人和汉奸们头疼不已的梅兰芳，后来不堪骚扰，1938年春携家眷，率剧团乘上海邮轮到达香港，剧团在香港演出20天后回了内地，而梅兰芳全家人则留居香港，在一所租住的公寓住下。从1938年春天到1942年夏天的四年多时间里，梅兰芳深居简出，来往的只是几个至亲好友。他每天看报、作画、学习英语、集邮，有时关起门窗练功吊嗓，或唱几段昆曲。1941年12月，太平洋战争爆发，香港很快陷落。就在日军侵占香港那一天，梅兰芳决定蓄起胡须，这样日本人就不好纠缠了，但是，还是逃不脱外界的威胁。1942年夏天，梅兰芳取道广州飞回上海，重又住进了马斯南路的旧居，继续蓄着胡须，闭门杜客。这年秋天，汪伪政府"外交部长"褚民谊突然来访，邀请梅兰芳作为团长率剧团赴南京、长春和东京轮回演出。梅先生指着自己的胡须说："我早已退出舞台了！"褚民谊阴笑着说："小胡子可以剃掉嘛，退出了还可以再退回嘛！"梅兰芳针锋相对："我听说褚先生喜欢玩票，大花脸唱得挺好，我看您作为团长率领剧团去慰问，不是比我强得多吗？”褚民谊知道自己的水平，被嘲讽得很郁闷，又无话可说，只得灰溜溜走了。

更严峻的威胁在后面，日本华北驻屯军报导部部长山家少佐委派北平《三六九》画报社社长朱复昌去请梅兰芳演出，朱复昌想出诡计，如果梅兰芳拒绝，就请他出来讲一段话，看你怎么回绝。梅兰芳没办法，让人给自己注射三次伤寒预防针，因为梅兰芳有过敏，打预防针立刻会发高烧烧到42℃，这一苦肉计果然生效。

梅兰芳几年不演戏，日子没法过了，他只得靠卖画、典质、变卖古董古物度日。后来办画展，还很成功，订画、买画的人非常踊跃，经济上算是宽裕了些。

梅兰芳蓄须明志，得到了各界赞许，戏剧家田汉曾赋诗吟咏：“八载留须罢歌舞，坚贞儿辈出伶宫。轻裘典去休相虑，傲骨从来耐岁寒。”

1945年8月15日，日本投降的消息传来，梅兰芳高兴得热泪流淌，当下他就把胡须剃得干干净净，并开始练功、吊嗓、看剧本。

1946年，周恩来正在上海，而中共代表团办事处就设在梅兰芳居住的思南路上。周恩来经常让堂弟周翕园去看望梅先生，同他谈论国家前途。稍晚一些时间，梅兰芳与周恩来会见并深入恳谈。周恩来对梅兰芳说：“希望你不要随国民党撤退而离开上海，希望你留在上海，我们欢迎你。”梅兰芳当即深表同意。

1948年，北平的国民党要员纷纷逃走，梅兰芳的重要助手齐如山也想去台湾。过了几天，正好有一艘轮船开往台湾，还不需要买票，于是齐如山决定启程，梅兰芳与齐如山洒泪而别。周信芳后来主动给梅兰芳打电话，并拜会了梅兰芳。梅兰芳明确表示：“国民党的倒行逆施失尽民心，我是哪儿也不会去的。”

1949年6月下旬，梅兰芳接到正式邀请，赴北平出席第一届中华全国文学艺术工作者代表大会。6月26日晚，火车到达北平，梅兰芳、周信芳等受到尚小云、荀慧生、谭富英、萧长华、姜妙香等北平京剧名家们的热烈欢迎。会议期间，梅兰芳受到了毛泽东、朱德、周恩来等领导人的亲切接见。在文代会上，梅兰芳和周信芳都发了言，表达了对新中国未来的憧憬。会议期间，梅兰芳演出了《霸王别姬》，也观摩了其他剧团演出的戏目，解放区的新气象给了梅兰芳很多启迪。1949年9月，梅兰芳又与周信芳、程砚秋、袁雪芬等一起应邀赴京出席第一届中国人民政治协商会议，梅兰芳作了大会发言，并被选为全国政协常委。10月1日，梅兰芳参加了盛大的开国大典。

1950年，梅兰芳参与领导了上海的戏曲改进活动。2月17日至3月4日，举行上海市戏曲改造运动春节演唱竞赛，他和周信芳等一起亲自策划组织，观摩评判。

1951年3月中旬，梅兰芳从上海到北京，在中央领导下筹建中国戏曲研究院。4月3日，中国戏曲研究院正式成立，梅兰芳被任命为院长，程砚秋、罗合如、马少波为副院长。从此梅兰芳调到北京工作，随后他的全家从上海迁回北京，定居于护国寺街1号。梅兰芳上任后，切实担负起了领导戏曲改革的工作，他先从自己演过无数次的名剧《贵妃醉酒》开始，从剧本的主题、人物、思想、内容、文字到表演、唱腔、音乐各个方面进行精心的修改与推敲，推动了全国范围内戏曲改革的热潮。

第三节　王明华与福芝芳
——梅兰芳的患难红颜

在梅兰芳青年时期，中国的文化产业娇幼无力，文艺工作者却要在专制时代向现代民主社会蜕变的痛苦历程中饱受折磨，忍受着夹缝中求生存的困境和波折。即便是梅兰芳这样优秀的人也不能幸免。

梅兰芳的青年是艰辛的，我们不能只看到他的成绩和光环。

1910年，梅兰芳和王明华结婚。王明华是当时著名武生王毓楼的妹妹、后来的名老生王少楼的姑妈。这位妻子是贤妻的典范，处事干练，能吃苦，会持家，而且通情达理。她刚嫁过来时，梅家还不富裕，她毫不嫌弃清苦的生活，尽心尽力操持家务。北京的冬天那时候比现在冷些，梅兰芳有件过冬的羊皮袍，穿得太久了，皮板子已经很破，巧手的她缝一下，就又可以暖暖地穿一冬。梅兰芳看到妻子寒夜里捂着被子，在昏暗的光晕下一针一线地缝补，心中无限愧疚和感激，但这无形中也给了他更多激励和动力。

家和万事兴，梅兰芳的努力让家庭生计逐渐好起来，梅家的当家人、梅兰芳的伯父梅雨田就放心地把家里的银钱往来、日常用度的账目交给王明华操持。两口子恩爱地过着安逸的日子，结婚第二年就生了个儿子，取名大永；隔一年又生了个女儿，唤作五十，梅兰芳在与孩子的嬉戏中，感受到了家庭温暖和天伦之乐。

王明华聪明灵慧又勤俭懂事，她不仅让梅兰芳完全不需要操心生活，还能在他的事业上提出很多有益的建议。比如《嫦娥奔月》中嫦娥的服装，老戏是把短裙系在袄子里边，在王明华的建议下，创作人员参照古代美女图，改为淡红软绸对胸袄，外系一白软绸长裙，腰间围着丝绦编成的各种花围，中间系一条打着如意结的丝带，两旁垂着些玉佩。这种设计后来成为程式化服饰。嫦娥的头式难题也被冰雪聪明的王明华解决了。王明华很会给演戏时候的梅兰芳梳头。梅兰芳初期演古装戏时，出门往戏馆去，随身总是带着一个木盒子。那里面装的是王明华在家为他梳好的假头发，因为那种梳法连专门梳头的师傅都梳不上来。别人不知道，以为是王明华亲自到后台为他梳头呢！这种传言被王明华听到了，她干脆不嫌辛苦，还真的到后台去帮丈夫梳头。这是要非凡的勇气的，当时的行规规定戏院后台是不容女人涉足的。

梅兰芳第一次到日本访问演出，王明华也是跟着去的，极大地促成了梅兰芳的成功。这个有着非凡情怀的女子，为了长伴在梅兰芳身边，贸然做了绝育手术，可谁曾想到，两个孩子大永和五十竟然都得了病救治不及相继夭折了。梅兰芳在经历丧子之痛后，非常怀念两个孩子欢快的笑声和那种家庭的氛围，精神萎靡不振，又怕伤害妻子敏感的心，就经常安慰妻子。坚强的王明华怕这样影响了丈夫演出，还安慰丈夫："你忙你的去吧，别担心我，我没事的。"其实，母亲的心又怎么会好受呢？

这样的日子不是不能过，但是在封建思想包围的氛围中，在那个特定的时代里，梅兰芳兼祧两房，肩负着为梅家传宗接代的重任。于是在家人和亲友的鼓励下，1921年，他又娶了福芝芳。

与福芝芳初次相逢是在1920年的一次堂会上，当时，梅兰芳前演《思凡》，后演《武家坡》，中间的一出正好是福芝芳参演的《战蒲关》。梅兰芳对只有15岁的福芝芳很有好感，觉得她人长得很大气，为人直爽，知书达礼，演戏兢兢业业。过后一打听，这个小女孩还是开蒙老师吴菱仙的女弟子，吴菱仙想，一门二徒，要是再能结成姻缘，这不是亲上加亲吗？在吴菱仙亲自穿线搭桥下，两人后来又见了面，福芝芳对文静帅气的梅兰芳也非常中意。

福芝芳生在北京的一个满族旗人家庭，父亲早逝，与母亲一起生活。福芝芳的母亲福苏思以削卖牙签等小手艺维持生活，守寡多年依旧保持着女真女人和满族妇女一以贯之的自尊自强性格，断然说道："我家虽然贫寒，但我女儿不做姨太太。"梅家告诉福芝芳的母亲，梅兰芳的伯父梅雨田没有孩子，梅兰芳是兼祧两房，福芝芳入门后与原配夫人王明华一样地位。福家终于答应了这门亲事，1921年冬，梅兰芳与福芝芳正式结合。

王明华明白事理，理解梅兰芳对梅家香火传承的责任，她不反对梅兰芳与福芝芳的婚事，更不怨恨梅兰芳。梅兰芳为了尊重发妻，新婚之夜先在王明华的房里陪着说了些话，而后才说："你歇着，我过去了。”王明华很是感激，便道：“你快去吧，别让人家等着。”

据梅家后人回忆，福芝芳生下大儿子后，立即提议过继给王明华，还亲自把儿子抱给王明华。王明华给婴儿缝了顶小帽子，又把孩子送回给福芝芳，她对福芝芳说：“我身体不好，还请妹妹多费心，照顾好梅家后代。”

梅兰芳与福芝芳的感情很好，福芝芳一心辅助丈夫，嫁过去后就不再演戏，专心相夫教子。她文化程度不是很高，就在丈夫有空时候请梅兰芳教她读书识字。梅兰芳又特地请了两位老师教她读书，很快，福芝芳已经能读懂古文，这对于戏曲艺人是非常必要的。文化水平提高后，加之以前的学戏、演出的经验和功底，福芝芳也能像王明华一样，成了丈夫事业的好帮手。福芝芳见得了大世面，演员之间闹矛盾，她能很好地帮助化解，梅兰芳省了不少的心。

那时候，演出之余，梅兰芳很喜欢去万花山，他在山脚下买了一块地，然后种树盖房，取名“雨香馆别墅”。后来，他的发妻王明华就安葬在这里。20世纪50年代末的一天，他与福芝芳重游故地，他突然自言自语：“我想我死后最好就埋在这里吧。”福芝芳以为他也就是那么随口说说，就接口说：“您老百年后还不是被请进八宝山革命公墓。”梅兰芳低沉地说：“我要是进了八宝山，你怎么办呢？”福芝芳感动得眼里含满了泪水。后来，梅兰芳就安葬这里，福芝芳1980年去世后，亦葬在这里，与王明华一起在两侧陪伴着梅兰芳。

这里，作为花絮，我们简要提一提梅兰芳感情世界中的另一个女人，她就是刘喜奎。曹禺在1980年的时候曾经写文章说：如今戏剧界很少有人提到刘喜奎了。其实在一二十年代，刘喜奎可是唯一能跟谭鑫培、杨小楼唱对台戏的女演员。她比梅兰芳小一岁，1895年出生于河北，梅兰芳和刘喜奎初次同台演出，大约是在1915年。

当时，袁世凯的外交总长陆征祥办堂会，演出后，谭鑫培都感叹道："我男不如梅兰芳，女不如刘喜奎。"

这个女人性格倔强刚强，有主见，戏院老板跟她签演出合同，她不容还价，直接开出每天包银两百的高价。她说："我一生对于钱，不大注重，我认为钱是个外来之物，是个活的东西。我又不想买房子置地，我要那么多钱干什么？我的兴趣是在艺术上多做一点，并且改革一下旧戏班的恶习。"

对待权势，她也是不卑不亢。刚到北京的时候，她曾被袁世凯召去唱堂会。袁世凯的二公子、三公子如何追求和纠缠，她都毫不心动，也不暧昧，就是坚决拒绝。她公开自己的处事原则：不给任何大官拜客，不灌唱片；不照戏装相，也不照便装相；不做商业广告。

刘喜奎和梅兰芳有过短暂的恋爱经历，据刘喜奎自己回忆，是在她20岁的时候，也就是大约在1915年左右。她说："我到20多岁的时候，名气也大了，问题也就复杂了，首先就遇到梅兰芳，而且他对我热爱，我对他也有好感。"这时，梅兰芳已经有了夫人王明华，但是福芝芳还没有进门。他们之所以分手了，据说是刘喜奎提出的分手，她这样回忆说："我经过再三痛苦地考虑，决定牺牲自己的幸福，成全别人。"

第四节　《游龙戏凤》惹众议

人生如戏戏不得，人生如梦梦难成。

历史上有太多被人们看似天生一对的青年男女其实并不能牵手到老。这怨不得爱情本身，爱情和婚姻本来就是两回事，婚姻是两个家族的结合，即使单就两个人而言，也包含了太多的岁月考验和琐事相扰，包含了许多长久岁月里的利益权衡和交换。在爱情里看似美好的，婚姻里却不一定幸福。

孟小冬，国色天香，当红名伶。梅兰芳，玉树临风，名重四海。男才女貌，志趣相投，被戏迷们看成天作之合本不奇怪。

那是1925年8月的一天，京城的酷暑还没有消退，人们对于京剧的热情也依旧高涨。大家围着京城第一舞台门口的广告牌观看，当天的戏码很多，虽然大轴是梅兰芳和杨小楼的《霸王别姬》，压轴是余叔岩和尚小云的《打渔杀家》，但是倒数第三的孟小冬和裘桂仙的《上天台》尤其引人热捧，毕竟在20世纪20年代的北京，京剧界还是男女分演，这一突破性创举，加之孟小冬的天籁之音，让她从此声名大噪。她后来在京演出的营业戏卖座已经不啻于梅兰芳、杨小楼、余叔岩各大名家。

就是在这次演出中，孟小冬与梅兰芳初次相遇。

那时，孟小冬正在后台卸装，只听见帘子外面一阵躁动，有人喊："梅老板来了，梅老板。"孟小冬望去，一群人簇拥着梅兰芳进来，舞台提调兴冲冲地迎上去，躬身作揖，亲切地招呼："梅老板来了，真是时候啊，压轴刚上，这边请。"孟小冬1920年在上海时就久仰梅兰芳的大名，如今这个名贯南北的梨园首席就这么走过来，孟小冬心中紧张得不行。而当一身西装、清爽利落、儒雅风流、举止洒脱的梅兰芳走近时，其实也走进了孟小冬的心海，她的脸上不禁泛起了红晕。

也还是8月份里，二人在一次堂会上合演《四郎探母》，非常成功，后来每当演这个剧目，梅兰芳都邀请孟小冬合演。时间久了，很多双方的戏迷就期待他们合作了。

1926年下半年，时任北洋政府财政总长的王克敏为庆贺五十寿辰，决定办一次堂会。以他的身份和影响力，自然是冠盖如云，名流荟萃，梅兰芳和孟小冬这次联袂出席。

当时的王克敏可能还不出名，但他后来的所为却是"闻名"得很。1937年12月14日，王克敏出任傀儡政权"中华民国临时政府”行政委员长一职；1940年3月又改任汪精卫的“南京国民政府”华北政务委员会委员长。1945年8月日本投降，王克敏被重庆的“国民政府”以汉奸罪名逮捕，12月25日于狱中自杀。

在王克敏府上的这次堂会是晚宴后举行的，有人提议梅兰芳、孟小冬合作一出，俗话说：“看热闹不怕乱子大”，此议一出，招来众人应和。梅、孟二人也没有表示反对，就唱《游龙戏凤》吧。梅兰芳曾经和余叔岩多次合作这出戏，很放得开。孟小冬就有些发憷，因为这出戏她虽然学过，却从来没演过。初次演这戏就跟梅兰芳合作，她还是有些胆怯。不过，孟小冬毕竟也是从小跑码头的人，也上过北京上海的一些大的舞台，争强好胜不服输的性格也让她必须顶上去。

《游龙戏凤》又名《梅龙镇》，故事梗概是这样的：明朝的皇帝多半不务正业，话说正德皇帝在宫中呆着烦闷，就假扮将军出游，当他走到山西大同府梅龙镇时，在一家酒店巧遇李凤姐，为她的美貌陶醉，就用言语挑逗她。当他跟李凤姐进屋后，再也不肯出来，又怕李凤姐喊叫而惊动当地官府，就吐露了自己的真实身份，并封李凤姐为妃子。至于后来的故事，不同版本的有不同的说法。大体有两种，一说是说正德皇帝后来将李凤姐带回北京，可走到居庸关时，李凤姐就病死了；另一说是正德皇帝甩了李凤姐时，李凤姐已怀了他的孩子，而正德皇帝回北京后，就把李凤姐忘了，李凤姐一直在大同附近靠卖炸糕活着。

看看这段剧情，我们就能大体猜出起哄让梅兰芳、孟小冬合作这出戏的人，可能有些“居心不良”，我们也不难想象酒后那些放纵的表情甚至淫邪的眼神。梅兰芳在他的《舞台生活四十年》里记述说，戏里有一些“庸俗琐碎的表演”。从这里我们就能想到梅兰芳和孟小冬当时在台上难免有些亲昵动作。梅兰芳回忆和余叔岩合作这出戏时，有一场戏，正德皇帝从下场门出来，走到李凤姐身后，搂抱住她的腰。梅兰芳在和余叔岩合作时，曾不断地删掉这些庸俗琐碎的部分。但是，剧情就是那样，难免有打情骂俏的细节。

当时孟小冬只有19岁，在这次演出中，一个女扮男演正德皇帝，一个男扮女演李凤姐，向舞台上看去，怎能不满堂喝彩？在有些人想来，一个男扮女，一个女扮男，本身阴阳颠倒，又在戏里眉来眼去、打情骂俏，甚至动手动脚，是很过瘾的事情，早已不只是看戏的问题。尽管梅兰芳、孟小冬一板一眼地唱，规规矩矩地演，有情但不色，可是，还是在一些人眼里看到了别样的刺激。孟小冬的戏迷和梅兰芳的戏迷都疯狂了，看完戏回家一路上都是唧唧喳喳的议论，有人提议，何不把他俩撮合成一对儿？按说从外部条件看，两人确实挺般配的，梨园中人结婚很讲究“门当户对”，“戏子”是对艺人的歧视，再有钱也不行，有谁愿意把自家的闺女嫁给唱戏的？梅兰芳、孟小冬两人有共同的职业和爱好，又都形象可人，年龄差距在当时也不算很大。

对于梅兰芳和孟小冬两个人的感受来说，经过多次合作，他们对彼此都有了一些了解。梅兰芳与孟小冬脱下戏服，台上的感情延伸到台下，两个人渐生好感。此时的梅兰芳，刚三十出头，相貌俊美，性情温和，又英姿挺拔、风度翩翩，很绅士。这样一个有型有名有地位的男人，哪个女人不动情呢？孟小冬，正妙龄年华，鼻子直挺，嘴唇饱满，面庞大方。据杜月笙的女儿杜美霞回忆说：“妈咪最美的是那双眼，不但大，而且水亮有神，有女子的英气，又那么娴静端庄。”孟小冬爱上已经如日中天的梅兰芳似乎不难，作为未婚少女，她也不太可能像经历过婚姻的人考虑那么周全——他结婚了吗？有几个夫人，那些夫人都是什么地位？什么脾性？难的是梅兰芳也爱上了孟小冬，以至于无法抗拒她的魅力。那年梅兰芳的家中已有两房太太，王明华的一双儿女夭折后，福芝芳为他添了儿女。按说，梅兰芳与他的两房夫人都是很恩爱的，着实不该再娶了，但是男女之情，谁遇到了都很难抗拒。

于是，两个人戏剧性的人生之路从此勾连，并演绎出孟小冬更曲折更悲剧的人生。后来的故事正如《戏说乾隆》歌词《问情》所唱的那样：山川载不动太多悲哀，岁月禁不起太长的等待。春花最爱向风中摇摆，黄沙偏要将痴和怨掩埋。一世的聪明情愿糊涂，一身的遭遇向谁诉？爱到不能爱，聚到终须散，繁华过后成一梦啊……

第五节 梅党操弄定乾坤

一个童话般的美丽爱情故事已经开始，但是，这个爱情如何融入世俗社会，并且开花结果呢？

这时候的梅兰芳已有两位夫人，原配夫人王明华因为肺病一直在天津疗养，在那个年代，肺结核是很凶险的，不知夺去了多少人的生命。第二位夫人福芝芳当时在家说话算数，操持家务。梅兰芳的粉丝团在当时的京剧界被称为“梅党”，梅党中的齐如山就是梅兰芳和孟小冬的介绍人之一，他极力说服孟小冬，帮她解除顾虑，说服她嫁给梅兰芳。孟小冬这边呢，也有一个粉丝团，都是当时名人的太太，她们养尊处优，闲来嚼舌头，也致力于撮合孟小冬和梅兰芳。

嫁给梅兰芳时，孟小冬不是被花轿抬入的新娘，也没有妻子的名分，这里面关系很复杂。你说是正式夫妻，又确实没有登记，没有办热闹的婚庆仪式，没有坐花轿，连妾都不如。梅家的情况又很特殊。梅兰芳从小过继给伯父梅雨田，因为梅雨田没有孩子，按照当时的习俗，这样的男人可以兼祧两房，第二个夫人福芝芳就是这样娶进来的，不算侧室。孟小冬嫁进来的时候王明华还没有去世，福芝芳也在，应该说，在王明华没有去世前进门的女子无法兼祧两房，哪怕其中一个夫人已经奄奄一息。但是，介绍人打消孟小冬和家人顾虑的时候确实是这样说的，说是孟小冬不算侧室，可以兼祧

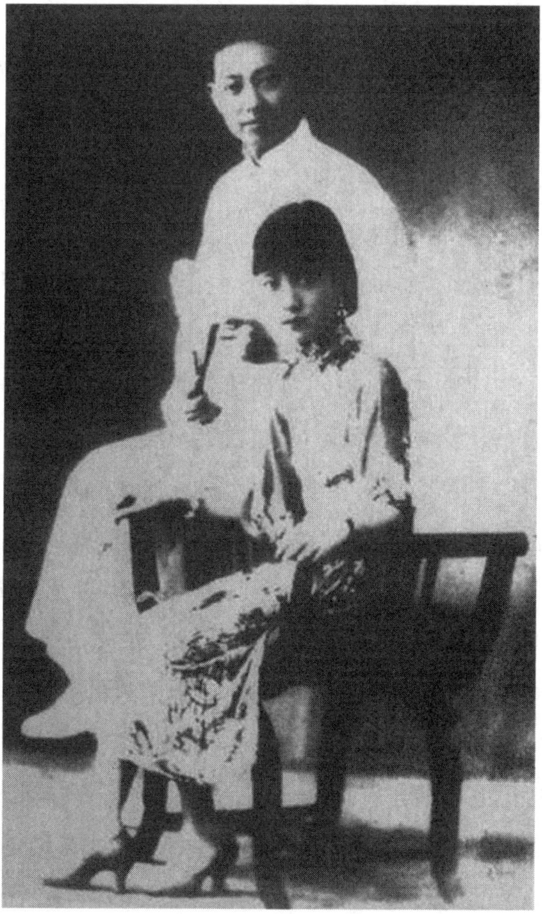

金童玉女之梅兰芳、孟小冬

两房。梅兰芳和介绍人向孟家提亲时，也称王明华久病住院，来日无多，可以不计。这样算固然孟小冬的名分问题解决了，但是，这样是不是对王明华过于残忍？另一方面，梅兰芳的其他家人会不会真心接受这第二个兼祧两房呢？

你说他们不是正式夫妻呢，但是当时确实有婚姻介绍人，就是时任银行总裁的冯耿光，他是梅先生的经济后台，他的话是有分量的。

后来发生的事情也许证明了这一点，最初的婚姻基础就是不扎实不平坦的，故风雨袭来时难免飘摇。

有一种说法，婚前，梅兰芳带孟小冬去天津的医院见过王明华，王明华与福芝芳不和，因此很喜欢孟小冬。把自己的戒指脱下来给了孟小冬，嘱咐她好好对付福芝芳。这种说法没有当事人的回忆，尽管写入很多著名传记，但是很难采信。不过，有一点倒是真的，在王明华之后又来个“兼祧两房”，这让福芝芳怎么能接受？福芝芳和孟小冬之间的争风吃醋也是人所共知的。

在冯耿光冯六爷的主持下，孟小冬与梅兰芳结婚了。一时间，大江南北的报纸杂志纷纷写诗文祝贺，并流传至今。婚后，孟小冬没有能住进梅宅，而是住在北京东单附近的内务部街，金屋深藏。嫁给梅兰芳以后，孟小冬深居简出，也很少登台唱戏，孟小冬除了做点自己的事情，就是每天晚上等待梅兰芳演戏归来。

这里我们不能不介绍一下促成梅兰芳和孟小冬结婚，并最终又促成二人分手的冯耿光。

冯耿光，字幼伟，因为排行老六，人称冯六爷。1882年生人，早年留学日本的时候，与蔡锷、蒋百里、唐在礼等是士官学校的前后期同学，也认识了孙中山。回国后曾任清禁卫军骑兵标统，他因此与冯国璋有很深的私交，可以想象后来冯国璋做了上将军，做了大总统之后，冯耿光的势力有多大。1915年，袁世凯复辟帝制，蔡锷通电反袁，冯耿光受梁启超之托，去南京策反冯国璋通电逼袁世凯退位。冯国璋代理总统期间曾邀请冯耿光做陆军次长，冯耿光觉得官场险恶，又不懂军事。后来，冯国璋对他说：“不愿做官，办银行如何？我请你担任中国银行总裁。”于是，冯耿光出掌中国银行，成了大银行家，20世纪30年代受宋子文入股中国银行排挤，转任新华银行董事长。新中国成立后，任中国银行董事、第一届全国政协委员。

可以说，梅兰芳出名并红火起来，成为“四大名旦”之首，乃至后来号称“一代完人”、“人民艺术家”，都有冯耿光的操纵扶持。有人简单地归纳：梅兰芳的“艺”离不了王瑶卿的传授，梅兰芳的“剧”少不了齐如山的编写，梅兰芳的“钱”离不了冯耿光的资助。其实，人在江湖中，比钱更值钱的是人脉和资源。梅兰芳四处演出，远到欧美，哪里不需要顺风顺水？至少早期、中期的梅兰芳在这方面受到冯耿光很大的帮助，甚至可以说，冯耿光是对梅兰芳一生影响最大的人，他一生中的事业和婚姻都得益于冯耿光丰富的社交阅历、非凡精准的世事洞察和老到周全的事业筹划。其实，冯耿光同梅家的交往从梅雨田时期就开始了，算是世交，梅兰芳不听他的也说不过去。

孟小冬晚年回忆，把当时同意嫁给梅兰芳说成“一时冲动”，作为晚年看是对的，毕竟青年时期会有很多非理性的选择，这也符合后人对于他们婚姻的评价。但是，至少在当时，在梅兰芳耀眼的光辉下，孟小冬也是情愿的，没有被忽悠和诱惑成分的。

第六节　名伶本非笼中鸟

梅兰芳与孟小冬，一时号称梨园界中生、旦最佳“搭档”，通过几次堂会戏的合作配对，做了一阵子舞台上阴阳颠倒的假夫妻，一旦变成生活中的真夫妻，所谓的良缘就完全不是那么回事了。

梅兰芳是什么性格？他突出的是谦和温雅、包容大方，然而难免失于决断。他的工作是什么工作？要经常出去演戏奔走，收入有，名誉有，地位和权势却没有。孟小冬是什么性格？她突出的是明快大方、果决利落，然而难免失于霸道和自主。孟小冬是什么工作？也是演戏的工作，也要经常出去演戏、奔走，也有好的收入和名誉，也没有地位和权势。但是，一旦不演戏，这仅仅有的收入和名誉都没有了，而长期演戏、奔走虽然辛苦，但是也多了自由和见识，配上孟小冬自主、自立、果决甚至霸道的性格，就有了问题。我不是笼中鸟，我也要看外面的世界，我有收入和名誉，凭什么花你的钱只看你的风景？

你或者可以说孟小冬是新时期新女性，或者可以说她不是只愿相夫教子、甘为人后甚至不思进取的女人，至少年轻气盛的时候不是。

随着时间的推移，金屋深藏的生活让孟小冬备感单调刻板和空虚寂寞，她这时候想起师傅仇月祥的话：一旦和梅兰芳结婚，就意味着舞台生命从此结束。如今有了亲身经历才知道此中真义。和大多数年轻人一样，旁人劝导的话都不听，她非要实践、体验，但是实践失败后就难免要经历艰辛和困难。这很公平，权利和责任从来都是同行的，你不能只享受自由选择的权利，却不想承担选择的后果。

如今，高高的围墙锁住她，几乎与外面世界完全隔绝，中国式的院落再美，也只能仰观建筑重围中那一小片天空和流云。至于梅兰芳，婚后照常忙乎他的老本行，营业戏、堂会戏的邀约雪片般飞来，他甚至忽略了孟小冬如今的无所事事，忽略了孟小冬像离开了水的鱼儿一样，再精美的氧气罐也不能弥补她的失落和不适。孟小冬从小就像是一只不幸的天鹅，翅膀刚硬，就被师傅用线绳牵在手里，到北京刚飞起来，又被关进了梅兰芳的金丝笼。

有一天晚上，梅兰芳照旧很晚回到家，孟小冬帮他挂起大衣和帽子，向深爱的男人表达了自己要重新演戏的愿望：“兰芳，我还是要出去演戏，在家闷死了！”可是梅兰芳还是老样子劝她：“男主外，女主内，你现在自由自在多好。若是出去唱戏，朋友会笑我梅兰芳连自己的太太也养不活，你叫我这脸往哪儿搁？”孟小冬没有办法，次数多了，也就安心做起了看家太太。

她在高墙内，外面的世界却关注着她，这些关心她的人最终还是知道了她的现状和住址。有的老板想找她演戏，有的戏迷想一睹芳容，当然，也不排除对她爱慕的年轻人。为了她的安全，经冯耿光同意，为她更换了新的住址，坐北朝南的两层砖木结构小楼，看上去蛮好，但正对着小楼的却是那堵青砖高墙。冯耿光又让自己比孟小冬小一岁的小姨子过来做伴，实际上有些“监护”味道，另外又派了老妈子烧饭做菜，男佣看家护院。可见，冯耿光对梅兰芳的照顾真是到位，至少从梅兰芳这个角度说，是相当够意思的。

梅兰芳倒是也没有不关心，还特意为孟小冬新购置了一台手摇留声唱机，还有余叔岩新灌制的全套唱片，也买了几张孟小冬本人在大中华公司所灌的唱片，让孟小冬打发日子。为了教她学戏，还曾想请余叔岩上家里来教孟小冬，余叔岩没同意，也就请来了鲍吉祥。其实我们也知道，学戏是需要检验和展示的舞台的，这是激励也是必需的进步条件，仅仅在家学习，没有舞台和观众，孟小冬对学戏也是没有兴趣的，而做了太太，基本上演戏的可能就断绝了。

但不管怎么样， 孟小冬的心总算能安定了，每日上午，洗漱打扮后，吃早饭，然后跟上门教学的鲍吉祥学戏，鲍吉祥主要是教她身段、打把子，主要是说余派戏。院子内还算宽阔，叫天井，再宽阔那也是井，不过一个人练功还是够用了。她还开始时髦地学起骑自行车。午后，阳光暖暖地洒在东墙上，她靠在窗前，悠闲地听着手摇留声机里传来的余叔岩唱段，手里捧本小戏考，翻翻各名伶所灌唱片的剧目唱词。

梅兰芳夜戏结束，大多是回福芝芳那边，只在下午一两点钟来小冬这边看看，睡个午觉，3点过后在楼下客堂开始吊嗓，准备晚上的戏，孟小冬有时也随便吊上一两段，她只是为了解闷。

孟小冬是个很爱上进的聪明好学的人，不是蹲在金丝笼里就安然享福的人。她看到，那么多名伶，包括梅兰芳、程砚秋、荀慧生、尚小云、王凤卿、余叔岩为什么都善于画画？看自己，不但不会画画，字也写不好。一天，她偎在梅兰芳怀里撒娇："兰芳，我要学画画，学写字，你能教我吗？"梅兰芳听到这个，当即表示支持。很快，小楼上准备了一间书房，临窗买了一张红木书桌，笔墨纸砚、书画用具都置备全了。书架上还添置了不少书籍、画册、戏本以及大小字帖。孟小冬每天多了件事——按时临窗习字，读戏本也读白话小说。梅兰芳还手把手地教她画梅兰竹菊，或谈论梨园掌故，或推敲戏词字韵，可谓其乐融融。孟小冬曾聘请一位老师学书法，补习文化，孟小冬没有白学，果真写得一手好字。

当时，至少在一年半载的短期时间里，孟小冬还是能接受这样的安排的，二人世界虽不能时时刻刻厮守一起，总还是有点乐趣乃至甜蜜的。梅兰芳有一张照片，照片上他穿着白色对襟便装，右手叉腰，左手几个指头非常投入地在变戏法。在照片右上端一竖行是孟小冬所写："你在那里做什么啊？"左上方一竖行是梅兰芳所写："我在这里做鹅影呢。"

第五章 劳燕分飞各西东

第一节　仇月祥一语成谶

影片《梅兰芳》中孟小冬的扮演者章子怡这样说过孟小冬：“这个女人是很坚韧的，她对爱情的态度是非常伟大的。”无疑，单就一个女人自身而言，孟小冬的这次婚姻选择失败也好，错误也好，她的态度都是值得肯定的，那是绝大多数纯情的青年男女面对爱情婚姻时特有的纯净和坚定，而孟小冬显然更大胆，更彻底。

但是，善良的愿望不能改变坚硬的现实。

当孟小冬要嫁给梅兰芳的消息传来，最反对的不是孟鸿群、张云鹤老夫妻俩，倒是师傅仇月祥。父母不是不疼自己的女儿，他们也曾担心女儿做小妾，可是既然有介绍人，而且是很有地位有势力的介绍人信誓旦旦地在他们面前保证：孟小冬嫁过去可以和福芝芳平起平坐，就是“两头大”，他们也就没有深究梅兰芳的“兼祧两房”在现实中能不能落实，也没有想后来这两个“兼祧两房”的夫人能不能合得来。毕竟当时的病中原配王明华是认可自己女儿的，何况孟家老夫妇又从媒人那里收了聘礼，也就爽快地答应了。

仇月祥是孟小冬的姨父兼养父兼启蒙老师，相伴多年。虽然在她还小的时候，仇月祥直接收了她很多演出的收入，但是，从养父的角度看，也不算很过分。就是在今天哪个孩子不是到了大学毕业才经济独立的呢？更不要说现在啃老要啃到三十多岁的新一代房奴。当孟小冬要嫁给梅兰芳的命题摆在仇月祥案头时，仇月祥果断地投了反对票，但是，终究无法挽回养女孟小冬毅然决然的意念。

仇月祥反对的原因有几个，并不是像一些文章说的那样，片面地认为是仇月祥害怕断了来钱的路才反对，那是选择性失明，是不稳重的评论。

实际上，在仇月祥看来，孟小冬先天条件太好了，这样的坯子，是可遇而不可求的。那么聪明的女孩，很多戏很多技法，她一点即通，又好强上进，以后遇到名师指点，能步入更加辉煌的艺术舞台。过去她迅速蹿红的经历也证明，这个女孩子天生就应该是唱戏的，完全是天造之才。何况这时她才19岁，这么年轻就自废武功告别舞台，实在是太可惜了。我想，任何一个稍有职业责任感和良心的做过教师的人，都会有类似的感受。

而且就算仇月祥有经济方面的考虑，那也在情理之中。仇月祥一手将孟小冬培养出来，四处走江湖，在那兵荒马乱的年代里，带着女弟子更要操心。日日夜夜倾注了大量心血，弟子成名走红，师傅脸上有光，同时有了经济保障，有什么难理解的呢？

另外，阅历是比才华和知识珍贵得多的财富。虽说孟小冬也跑过很多地方，见识过很多人，但是，一方面，她的人生阅历比起仇月祥还是太单薄了；另一方面，一些人生道理和教训必须亲历才能信服。还有一些感悟和经验，必须到一定年龄和一定的人生阶段才能理解。以仇月祥这几十年的见识看，嫁给名人的女子多半并不幸福，何况孟小冬这样倔强要强的女孩呢？

最终的事实证明，他的反对是英明的。

当时的孟小冬还不能体会师傅的良苦用心，即使她体会到了，也很难会遵从师傅的意愿，作为情窦初开的少女，爱情让孟小冬失去了理性。她沉醉于和梅兰芳在一起的感觉，尤其是当她消除了“做小”的担忧后，更完全什么都不在乎了。文如其人，但是戏并不一定如人，在舞台上她扮演的足智多谋、机警善断的大男人，一碰到现实情感就土崩瓦解了。

妇女解放运动的伟大先驱罗莎·卢森堡曾坚决主张男女平等，认为女子也应该有在外工作的权利。而另一位国际劳动妇女节的推动者、“国际妇女运动之母”克拉拉·蔡特金的话更让现在很多拜金、不思进取的女孩为之羞愧：“妇女只有参加劳动才能取得经济上的独立。”

孟小冬毕竟还是女人，有着女人特有的感性，靠直觉活着。她也有中国传统女人的依赖性，作为一个生活在不发达的、女性受教育权被剥夺的社会里的女人，她指望依附一个有能力又爱她的男人，更被传统戏词中山盟海誓的纯美爱情所陶醉。甚至“甘愿做男人背后的小女人”的传统观念她也能接受，殊不知，躲在阴影里虽然避过了风，但是同时也少了阳光和自由。或者也可能，她当时还没有对艺术产生深刻的理解和挚爱，只是把它当做挣钱养家的手段，没有把唱戏作为生命的一部分，没有把自力更生作为一种不可或缺的追求女性解放和男女平等的途径。

百般劝说无效后，仇月祥痛心极了，只好离开北京重返上海，居住在上海法租界白尔部路（今重庆中路）合兴坊。不知道孟小冬有没有亲自到车站送一送多年教导的老师。多少年的师徒情分，终究抵不过男女之情爆发时炽烈的冲击。

可叹的是，这对师徒似乎从此脱离了关系并且恩断义绝。很多年过去了，孟小冬和梅兰芳婚姻失败，多少次她从北平到上海，却没有去关心一下年逾花甲的仇月祥的晚景凄凉。很多人都以为孟小冬会去看望恩师，并接济一下仇月祥，但是，她没有。有人不甘心，直接告诉她，你的老师仇月祥生活困顿，希望她念及师恩帮一帮。可是孟小冬的态度令人无法理解——上海某报在一篇题为《孟小冬冷淡开蒙先生》的文章中这样写道："……小冬含糊其辞，好像没有这样一位授业师一般。"

写到这里，不能不让我们想起并重温空想社会主义先驱傅立叶的睿智格言："在任何社会中，妇女的解放是衡量普遍解放的尺度。"我想，这也是区分文明种群与蛮荒种群的尺度。

第二节　李志刚血案起波澜

梅兰芳与孟小冬在北京居住的一个住所叫"缀玉轩"，位于东城无量大人胡同的一所四合院里。梅兰芳的许多朋友经常聚集到这里谈古论今，评论梨园典故，倒也热闹。

然而，平静的日子怎么可能长久，一天下午，一场凶险经历改变了孟小冬和梅兰芳的一生，这场变故中的男主角叫李志刚。

当年孟小冬在北京正英姿勃发，名动四方，自然是蜂争蝶簇，追求她的公子、帅哥堪比"青松环峙、绿柳成行"。追求倒没什么，就怕执著到走火入魔。这时候，一个读法律的大学生对孟小冬的痴恋就到了这个程度。这个大学生叫李志刚，他几乎只要是孟小冬的戏都场场不落地去观看、追捧。可是孟小冬结婚后，告别了舞台，刚开始说是暂停一段时间演戏，后来还是没有现身，他急了。于是启动"人肉搜索"，百般打听终于得知，孟小冬纳于梅兰芳门下，地点也摸到了。

1927年9月14日，下午两点多钟，他穿上笔挺的西装，开始在北京无量大人胡同孟小冬住所门口守候，期待着见到孟小冬。可是，在这里徘徊很久也没有见到孟小冬，不免内心十分沮丧。到晚上9点左右的时候，梅兰芳的司机发动停在门口的汽车，要到东四九条35号冯耿光家，去接在那里为黄秋岳祝寿的梅兰芳。李志刚见了，哪能错过这个机会，拼命在后面追赶，一直追到冯耿光家。司机在车内看到，感到有些惶惑。到了冯家就把这个奇怪年轻人追踪的事情说给大家听。大家走到门口问李志刚，你是家里有急事向梅老板求救吗？他说不是，就是要见梅兰芳。大家一看这个人衣着整洁，面目清秀，也不像个坏人，问清姓名就回去通报梅兰芳。梅兰芳说，我也不认识这个人啊。这时，在座的绰号“夜壶三”的《大陆晚报》经理张汉举很热心，说我先出去看看。

李志刚见到张汉举，先是脱帽鞠躬，然后就说，他不认识梅兰芳，但是他爷爷跟梅兰芳有交情，现已逝世三天，没有钱下葬，所以来求梅兰芳资助一下。说着说着还显露出很悲伤的样子。张汉举说，你跟梅兰芳又不相识，他怎么帮助你呢？你把情况写清楚，我跟他说说试试。李志刚还真的从口袋里掏出一封信交给张汉举，然后还跪下了，请求大人一定帮助送呈梅老板。张汉举心思一软，就把他扶起来，拿了信到上房给梅兰芳及在座的人看。

众人读了信也觉得挺可怜的，就凑了约两百元，让张汉举转交李志刚。张汉举一想，可怜倒是可怜，但是还是到他家看看是不是真的有丧事，毕竟当时的北京还不像现在这样交通不便。如果是真的，再把钱交给他。到了门口，李志刚说他饿，张汉举又让佣人拿些吃的给他在门口吃。

李志刚在清冷的夜里等到11点，冯府筵席终于散了，张汉举与画家汪蔼士及李志刚一同乘汽车往西城李志刚的家驶去。当车行至东斜街路口，马上就要到李志刚所说的家了，这时，李志刚忽然从身上掏出一把旧式左轮手枪来，目露凶光，向张、汪二人说：“别动！乖乖听我的，我前面说的都是假的，现在你们必须带我回去，我要向梅兰芳要5万大洋！”三人吓坏了，马上汽车掉头开回冯宅。可是，这时候梅兰芳已经回自己家了。

李志刚不让张、汪二人下车，命令司机进去报告。冯耿光拿了500元出来给司机转交，李志刚不收，开口怒喝："你们都听着，少跟我玩花样，5万元一块也不能少。"就这样来来回回谈判几次，都没有谈成。这时，两个巡警由西口走来，李志刚感到不妙，认为不可在车内久留，马上挟持张、汪二人进入冯宅。后在与闻讯赶来的军警的对峙中，汪蔼士借机得以逃脱，张汉举却被李志刚开枪打死，李志刚也丧命军警枪下，随后李志刚被枭首示众。后来人们才知道，原来是梅兰芳出门见情况不对，于是从后门溜走报案，这才来了大批侦缉队军警。

李志刚事件轰动了当时的整个北京城。李志刚与孟小冬到底有没有关系，孟小冬跟他有没有来往，我们没有找到扎实的证据，只能把正反两方的信息立此存照，供方家审慎论断。

一方面，当时的报纸上确实报道了这样一条消息：一天，一辆黑色轿车在挂着李志刚人头的高杆前停下，车上下来一个戴着黑纱的女子，神情凄凉，停留片刻后，她才上车离开。

是狗仔队跟踪眼见，还是小报记者胡编吸引眼球呢？

另一方面，孟小冬、梅兰芳分手后，1933年9月孟小冬在天津《大公报》第一版上曾连续发表声明，文中对这个事情有详细说明，作为当事女主角的说法，毕竟更可信：

"抑冬更有重要声明者：数年前，九条胡同有李某，威迫兰芳，致生剧变。有人以为冬与李某颇有关系，当日举动，疑系因冬而发。并有好事者，未经访察，遽编说部，含沙射影，希图敲诈，实属侮辱太甚！冬与李某素未谋面，且与兰芳未结婚前，从未与任何人交际往来。凡走一地，先严亲自督率照料。冬秉承父训，重视人格，耿耿此怀惟天可鉴。今忽以李事涉及冬身，实堪痛恨！自声明后，如有故意毁坏本人名誉、妄造是非、淆惑视听者，冬唯有诉之法律之一途。勿谓冬为孤弱女子，遂自甘放弃人权也。特此声明。"

另外，还有传言说这个凶手不叫李志刚，而是时任北平市长的公子王惟琛，至于这个分歧，笔者认为，在没有足够多、足够可信的旁证的情况下，还是应该以当事各方的证词为准。孟小冬在声明中所说的是“李某”，而非王惟琛，此外，当年将罪犯枭首示众的京师军警联合办事处在张贴的布告中也明文指出，这个凶手是李志刚。该布告全文如下：

“为布告事，本月十四日夜十二时，据报东四牌楼九条胡同住户冯耿光家，有盗匪闯入绑人勒赎情事，当即调派军警前往围捕，乃该匪先将被绑人张汉举用枪击伤，对于军警开枪拒捕，又击伤侦缉探兵一名。因将该匪当场格杀，枭首示众，由其身边搜出信件，始悉该犯名李志刚，合亟布告军民人等，一体周知。”

目前的旁证都不够有力，无法采信用来推翻现有主流说法。比如袁世凯的女婿薛观澜，他笔下的案犯穿着浅灰色西装，文质彬彬，面色惨白，年约20岁左右。后经他打听来的消息是，案犯的名字叫王惟琛，是原京兆尹（相当于市长）王达的儿子，于北京朝阳大学肄业。据说薛观澜也住在无量大人胡同。事发当天，袁世凯的三公子袁克良也曾偕同夫人孙一清来薛观澜这里拜访。

梅兰芳躲过一劫，热心人张汉举却死得太冤枉。他上有七十老母，下有幼子小女，还有一妻二妾。张家人过后就到梅兰芳家门前嚎啕大哭。梅兰芳宅心仁厚，包揽了张汉举的后事，还赠送给张家位于麻草园的房屋一幢，当时市价约二千元。

这场血案闹到这个沸沸扬扬的境地，对梅兰芳的影响是很严重的。当时的梅兰芳虽然还没有像后来那样几乎成为“文化完人”的代表，但是其名气也是很大的，舆论的压力能让阮玲玉选择去自杀，可以想象很看重名誉的梅兰芳当时的心情一定也是很痛苦的。梅兰芳在一封给关心他的朋友的回信中这样写道：“寒夜事变，实出人情之外。兰平日初不吝施，岂意重以殃及汉举先生，私心衔痛，日以滋甚。以戏院暨各方义务约束在先，不能不强忍出演，少缓即当休养以中怀惨怛，不能复支也。兰心实况，先生知之较深，正类昔人所言，盛名之下，其实难副，此时岂有置喙之地！已拟移产以赙张公，唯求安于寸心。至于流言百出，终必止于智者。兰在今日，只以恐惧戒省为先，向不置辩。”

后来有人说，这件事情严重影响了梅兰芳和孟小冬的关系，以致分道扬镳。据说某一天福芝芳对梅兰芳说了句：“大爷的命要紧。”这促使梅兰芳痛下决心离开孟小冬，回归家庭。

爱情那一瞬的浓烈往往被人们认为是最美的，但是，爱情终究会平淡下来。而平淡的爱情能不能持久，就要看其是否具备婚姻幸福的客观条件。梅兰芳、孟小冬显然并不是完全具备的。

第三节　擅自津门登舞台

李志刚血案发生后，舆论沸沸扬扬，梅兰芳的粉丝很多都是有闲阶级，自然在这个富有刺激性的话题上少不了口舌。爱惜梅兰芳的人就给出了很多建议，当然不免会有人提醒他远离这个“红颜祸水”，保证后院不起火。梅兰芳怎么想的，有过哪些思想斗争，我们不得而知。至少可以想见，旦角演得出神入化的梅兰芳，时间长了，人戏久了，他的性格在温文尔雅的背后就是非常阴柔，胆子也小了。何况，主掌后院的福芝芳也是恶语相向，什么“狐狸精害人”之类的言语不时涌入梅兰芳的耳畔。总之，事实上，这此后梅兰芳就很少回孟小冬那里了。

梅兰芳不仅回家了，还总是和夫人福芝芳出双入对。独守空房又饱受指责的孟小冬这时候的心情跌到了冰点，偏偏这时候有人火上浇油。1928年初，天津《北洋画报》突然刊发这样一条消息：“梅兰芳此次来津出演中原，仍寓利顺德饭店。但挈其妾福芝芳同行，则系初次。”读报的人一看就知道了，这次梅兰芳到天津演出，带着的女人不是孟小冬，而是妻子福芝芳，这无疑是向社会公众发布文告：他的妻子是福芝芳，他们夫妻关系很稳定，他们家庭也很幸福。

在王明华生病到天津住院后，福芝芳主持后院家事，梅兰芳对福芝芳也确实很好。当年，福芝芳幼年家贫，没有读过书，梅兰芳就给她请来先生，一直教到她能读小说。福芝芳也为梅兰芳牺牲很多，放弃了演艺事业，天天在家里操持家务，为他生了好几个孩子。虽然福芝芳结婚时没有孟小冬那样事业成功，但是年纪轻轻做这样的取舍还是要下点决心的。

话说孟小冬看到这个报道后气坏了，她感到，这无疑是福芝芳在向她显摆，我才是梅兰芳的妻子，是梅兰芳的最爱，你是梅家的扫把星，克夫妖孽，或者这也是梅兰芳在向她表明自己的态度。这让她怎么受得了？她觉得，我这样把自己圈在小院子里，大门不出二门不迈，我这样年纪轻轻就这么牺牲自己的事业和未来，到底为什么？再前思后想，这以后的日子怎么过？梅兰芳以前经常来，现在甚至半个月一个月不来一次。

孟小冬越想越气，越想越觉得委屈。她心中一狠，凭什么你们夫妻公开地四处逍遥，让我一个人独守空房？我有什么见不得人的？我也出去。索性，孟小冬简单收拾一下行李，跑回了娘家。

孟鸿群这对老夫妻一见女儿回来，非常高兴。可是进屋后，发现女儿表情不对头。本来闹出那么一件事，老两口也没想太多，总不至于女儿就此和梅兰芳就闹掰了吧。听孟小冬详细一说，孟五爷觉得这位女婿是有点过分了，过年时候推脱说忙，都没有来露个脸。孟小冬的母亲也跟着唠叨："这倒好！没有和他结婚前，冬儿唱戏家里日子一点不愁，常有结余。现在一点进账也没有了！还让你受这番委屈，真是何苦？"孟鸿群也说："不光是对咱们小冬这样，前几天王毓楼来，说是他妹妹王明华在天津病重，梅兰芳却带着福二到天津游逛，连医院都不去一下，真是无情无义！还听他说，以前他妹妹未生病时也常受他们的气。”小冬说：“我现在真不知道怎么办才好。”孟五爷说：“有什么不好办的？你先把你的日子过好，他能去天津唱戏，你为什么不能去唱？”小冬一听，也有道理。可是，两年不登台，刀枪拿不动，马鞭也嫌重。于是孟鸿群就在家里带着女儿排练，同时也去信跟天津的好友联系演出。为了演出成功，他们想，找曾经合作过的雪艳琴合作更能稳妥。

雪艳琴，本名黄咏霓，回族，北京人，雪艳琴是她的艺名，当时号称“坤旦领袖”，比孟小冬大一两岁的样子，与孟小冬在台上和谐，台下感情也好，这次一见孟小冬来访，非常高兴，姐妹亲热得不行，当然就答应和她一起去天津登台演出。

天津方面听说孟小冬要重新登台，梨园界一时传为盛事，主办《天津商报》“游艺场”的沙大风更是竭力宣传，开辟“孟话”专栏，一篇文章中竟然称孟小冬为“吾皇万岁”。当时有位署名“斑马”的人曾作一首题目为《读商报游艺场孟话感赋歪诗一绝》的打油诗：“沙君孟话是佳篇，游艺场中景物鲜。万岁吾皇真善祷，大风吹起小冬天。”这样的造势算是给孟小冬提前暖场了。演出期间，春和戏院非常火爆。据记载，三天的戏码为：第一晚，小冬与雪艳琴合演《四郎探母》并带“回令”。第二晚演压轴戏《捉放宿店》，大轴为雪艳琴的头二本《虹霓关》。第三晚，雪艳琴演压轴《贵妃醉酒》，孟小冬演大轴《失空斩》。

孟小冬这次演出还吸引不少外国人前去观摩。这些外国人看一个女人演男人像模像样的，实在惊奇，就邀请她到西湖别墅，也就是欧洲一些国家的驻天津办事处赴宴，向她讨教中国戏曲表演艺术。

孟小冬在天津期间下榻有名的大华饭店，各种交际场合应付自如，赢得赞扬一片。有人向她询问与梅兰芳的关系时，她一律不作回答。这是不是说明，她还是爱惜梅兰芳的名誉的，做人比较仗义，或者也许当时还对他们的感情抱有希望。

孟小冬这次针锋相对地回应梅兰芳带福芝芳出游，让梅兰芳感到了后怕，他也还没有忘记孟小冬，就到孟家接回了孟小冬。孟家的门虽然不够高贵，孟五爷夫妻俩总的来说还是劝和不劝离的，但是梅兰芳难免要被孟五爷话中有话地修理一下。

这一年，发生了一件家庭大事，对于梅兰芳，发妻离他而去，回想创业艰难，不胜感慨。对于孟小冬，当年喜欢她支持她的大姐去了，让她在梅家更没有了依靠，如果梅兰芳疏远她，她就连一点心理的依托都没有了。

1928年9月下旬，王明华在天津井上医院病危，梅兰芳和孟小冬没有同时去，梅兰芳先到的。王明华弥留之际，问在北平预定的棺木运到没有。梅兰芳在她去世后马上电报打给北平，把棺木运到天津。梅兰芳扶着棺木痛哭失声，孟小冬也非常感伤。梅兰芳亲笔写下挽联：

三年病榻叹支离，药灶茶炉，怜我当时心早碎。

一旦津门悲永诀，凄风苦雨，哭卿几度泪全枯。

发妻的离去再一次唤起梅兰芳的柔软心肠。他想起对孟小冬这一阵子确实冷淡了，为了修补疏远的感情，这一年的11月下旬，借着去广州、香港演出的机会，他背着福芝芳带孟小冬随剧团一起南下，一直到第二年2月中旬才回到北平的家。孟小冬还是少女情怀，一次出游，心情就大不一样了，这从她的一幅“修到梅花之孟小冬自沪北归后最近造像”照片中可以看得出。演出回到北平，梅兰芳和孟小冬的关系算是正式对外公开了。1929年2月16日天津《北洋画报》登出一条新闻：“孟小冬业已随梅兰芳偻游返平，有公然呼为梅孟夫人者，适梅之讯从此证实。”

第四节　与福芝芳争随赴美

梅兰芳在中国文化史上重要地位的奠定，很大程度上有赖于他的几次成功的出访演出，让世界第一次领略到了中国独特的京剧艺术魅力，提升了中国的国际文化地位，传播了中国的文化形象。

早在1919年和1924年，他曾两次赴日本演出，都大获成功。但那毕竟是日本，观众的欣赏心理习惯和中国差异还不是非常大，日本的文化样式也直接间接地受到过中国的影响。比如，日本古典戏剧深受唐朝歌舞《兰陵王入阵曲》的影响，日本的“能乐”和中国的京剧都源自于韵文艺术的顶峰——元曲的影响。所以，梅兰芳在日本演出《天女散花》、《黛玉葬花》、《游园惊梦》等戏都大获成功，这并不是很难。美国就不同了，加之远隔重洋，饮食、风俗、法律、社会都相差太大，费用也很高，不能不做全面系统的准备。

经过六七年之久的筹备，1929年10月，梅兰芳赴美演出正式对外发布消息。12月下旬，梅兰芳起程离开北平，乘火车先到上海，福芝芳随同访问团成员一直送到上海，而孟小冬只能在北平寓所门前与梅兰芳合影送别。

这一走看似风光，可是，此间梅家却因此经历了巨大风波。那就是到底是带福芝芳去，还是带孟小冬去？结果是，两个人都不带。

其实梅兰芳也不是不想同时满足二人的赴美愿望，除了身份的尴尬，还有一个原因就是经费紧张。

据梁燕著、学苑出版社出版的《齐如山剧学研究》一书披露，这次访美是梅兰芳的御用编剧、兼具商业与戏剧才华的实干家齐如山从头到尾幕后筹划。他最初的设想是，筹集一笔钱款以供梅兰芳出国演出、游历考察之用，他为此多方奔走，四处筹款，曾经找到当时的燕京大学校长司徒雷登，向他借款十万美元，司徒雷登表示为沟通中美两国的文化，愿意促成此事。之后，司徒雷登与校方同仁商酌，自己向学校代借五万元，同人们承担五万元，后因种种缘故未能成功。梅兰芳也因此忧心忡忡，齐如山鼓励道：“您只管在戏剧上用功！不要因此扰乱心思！”齐如山的执著、坚定给了梅兰芳以极大的信心，也使梅兰芳能够集中一切精力，专心于赴美演出的各项准备。1929年春天，齐如山求助于当时的教育界官员李石曾，希望他能玉成此事。李石曾认为：“这有两种说法，若是梅君以营业的性质出去，为赚几个钱，那就无需帮忙，也无从帮起；若是以沟通文化的公益的性质出去，则不但帮忙，并且应该尽力地帮忙。”于是，他出面邀请了周作民、钱新之、冯幼伟、王绍贤、吴震修一些银行界人士和司徒雷登等人作为董事，以创办戏剧学校的名义筹措资金，并且计划由李石曾、周作民、王绍贤、傅泾波、齐如山几位在北平筹款五万美元，由钱新之、冯幼伟、吴震修诸人在上海筹款五万美元。当北平的五万美元款项顺利筹得时，美国方面传来坏消息，由于金融危机，物价上涨，十万美元的经费不足应付赴美之行。仓促之下，上海方面在冯幼伟的鼎力支持下，银行界共筹得十余万美元的款项，最终促成此事。

这样波折的筹款，自然要求组团务必精兵简政，总人数控制在20人左右。不只是一位夫人也不带，即使是团内的一些已经很有名气的琴师等工作人员也要身兼多职，比如琴师徐兰沅就得在《打渔杀家》中串演大教师。

当然，梅兰芳如果自己提出带一位夫人同行，谁也不好说三道四，1919年第一次访日演出就有王明华夫人。但是王明华不只是做夫人去的，她什么都能做，什么都愿意做，担任服装管理，还照料丈夫生活，而福芝芳和孟小冬却是为了争取一次赌气成功的机会，出去了搞不好大家还要照顾这两个女人。

本来，梅兰芳是打算带孟小冬一同赴美的，可是，这又怎么向福芝芳交代？他犹豫了，说是兼祧两房，可福芝芳毕竟是公认多年的夫人，孟小冬的身份算什么呢？如果到了美国一夫一妻制的社会，被人问起，也说是自己的夫人吗？这年年初，他曾经带孟小冬在广东、香港玩了一圈，他又想再平复一下福芝芳的不满，于是又想带福芝芳出去。

在两个女人眼里，福芝芳认为自己才是正宗的妻子，何况梅兰芳刚刚和孟小冬同游了香港，这次也该轮到她了。但孟小冬不这样想，她认为，那是梅兰芳冷落她并且还带着福芝芳去天津游玩后应该的补偿。何况，你福芝芳此时已有孕在身，怎么适合长途旅行？长期在国外演出，那不是游玩，任务将会很繁重，带着孕妇怎么方便？原来，福芝芳怀孕是梅兰芳曾想带上孟小冬赴美的主要原因。

可是，福芝芳不是一般女人，她很有“魄力”，既然认为我怀孕不方便，那我可以堕胎！

话说到这个份儿上，就不免血腥了，逼得梅兰芳干脆谁都不带了。

孟小冬也是争强好胜的人，她一定要争取最后的胜利，可是梅兰芳就是不改弦更张，孟小冬一生气，又跑回了娘家。但是，她这次没有等到梅兰芳像上次那样去接她请她，却在等待的日子里看到了《北洋画报》上一则梅兰芳、福芝芳夫妇同游北戴河的消息。北戴河，中国避暑胜地，皇家海滩，碧蓝的海水里，向海的深处走出去一公里，都淹不过顶。银白细软的沙滩，凉风习习的夏夜，听海浪歌唱，这让孟小冬心中好生嫉妒。那篇作者署名“二郎”的文章《戴河琐语》写道：“台上的梅兰芳是人人看得见的，下装的梅兰芳是人人想一看的，穿着海水浴背心，曲线美毕呈的梅兰芳，更是人所不得见而极希望见的。当梅氏与其夫人到北戴河作海水浴的时候，海滨居民旅客，空巷往观，真有眼福。”文章以欣赏的眼光赞美梅兰芳与福芝芳的海滨魅力，更让孟小冬心中醋坛倾倒，妒火中烧，她这回算是明白了什么是“妾”。她开始深深地怀疑那“兼祧两房“、“两头大”的空头许诺。

但生气归生气，既然看到福芝芳也确实没能成功赴美，孟小冬也就接受了现实。

福芝芳在上海目送梅兰芳登上“加拿大皇后”号后，返回北平。她不知道，梅兰芳一行20余人在上海逗留了半个多月，赴美之行差点泡汤。梅兰芳最后还是下了决心，按原计划从上海乘英国“加拿大皇后”号轮船，途经日本、加拿大，次年2月8日抵达美国纽约。

梅兰芳的这次美国之行非常轰动，至6月下旬演出结束，在美国演出72场，场场客满，他还获得南加利福尼亚大学和洛杉矶波摩那学院授予的“文学博士”学位。有美国观众说：“梅这次演出是1930年美国‘戏剧季’的最高峰，也是自意大利著名演员爱丽奥诺拉·杜丝的演出，以及莫斯科艺术剧院演出契诃夫戏剧以来，任何一个‘戏剧季’的最高峰。”

结束在檀香山的演出后，1930年7月，梅兰芳一行乘“浅间丸”号轮船回到上海。7月18日，上海五百多人前去码头迎接，梨园界周信芳，诗人徐志摩，社会闻人李石曾、杜月笙、黄金荣、张啸林，银行家钱新之等都亲自前往。梅兰芳在上海逗留了一段时间，算是休整，随行人员确实太辛苦了。

8月5日下午3点，梅兰芳的“通州”轮船抵达天津太古码头，北平梨园公会派代表谭小培、姜妙香等人专程欢迎。孟小冬的舅父张桂芬也来迎接，很是忙碌地帮着买各式点心请客。这时，梅兰芳接到了伯母去世的噩耗，他的伯母，也就是梅雨田的老伴。对梅兰芳而言，这位伯母和他母亲一样亲，对自己有着深厚的养育之恩。梅兰芳于是立即奔回北平的家。

他哪知道，一入家门又是平地惊雷。

第五节　戴孝奔丧拒门外

梅兰芳风尘仆仆赶回北平后，马上张罗搭设灵堂，请来高僧，筹备一切丧仪。事实证明，丧事远远比喜事难办。来客非常看重在逝去者眼中的位置和分量，也很在乎有表达哀思的足够机会。

三天里，前往无量大人胡同梅宅吊丧的人络绎不绝，梨园艺人有四大名旦中的程砚秋、尚小云、荀慧生，还有有着“五大名旦之一”之称的徐碧云，以及王蕙芳、姚玉芙、魏莲芳、王少楼、王少卿、王幼卿等。每个人都身着孝服进了灵堂，烧了香，磕了头。梅兰芳的弟子也都穿着白衣孝袍。尚小云身穿深褐色长衫，垂着头，很是悲哀。

可是，当孟小冬特意剪了短发，头插小白花，在下午三点多钟的时候神情哀伤地来到梅家大门口时，却被人拦了下来：“请孟大小姐留步！”孟大小姐？孟小冬厉声申辩：“我是梅老板的夫人孟小冬！凭啥我不能进去？”佣人还是客气地说：“这是夫人吩咐下来的，大小姐请回吧！”作为梅兰芳的夫人，她连门都没能进。

为什么？因为在别人眼里她不是妻子，是妾，或者说身份不明。长期金屋藏娇，第一次来到梅家，人家怎么能让她进去呢？但孟小冬不这么想，她不认为自己是妾，死者是梅兰芳的祧母，而她孟小冬就应该是祧母的媳妇，媳妇给婆婆戴孝有什么不可以？很理所当然的嘛。她站在门外，看着那些仅仅是好友或者远亲的人都有资格进去拜祭、哀悼，自己作为梅兰芳的妻子竟然不能，肯定是福芝芳从中使坏。

确实，在福芝芳的眼里，梅、孟二人所谓的婚姻，从来没有被承认过，要不为什么躲躲藏藏住在外面，为什么不敢带到家里来？为什么没有明媒正娶堂堂正正娶进门？至于什么“两头大”，从来就没有人打算落实过。

北方有句贬损人的歇后语说，卖不掉的高粱——矗那了！孟小冬被堵在梅家大门口，引来很多人围观，真是丢尽了脸面。孟小冬再怎么大声抗议要求面见梅兰芳，佣人都是用套话搪塞：“梅大爷连日哀伤过度，身体不适，现正休息。”孟小冬一听，大声说：“既然兰芳身体不适，我更要进去看看！”说着便要往里冲。

这时，正好杨宝忠、王少楼、王少卿、王幼卿等人走了过来，杨宝忠一看，原来是自己教过戏的孟小冬，就上去安慰她，说："小冬你先在这等等，我去请梅大爷！"不一会，梅兰芳在齐如山陪同下，慌慌张张走了出来，却面有难色地说："小冬，你就先回去吧！过两天这里忙完了，我就过来，这里就用不着你操心了。"小冬气愤地说："这叫什么话？就算是一般亲友，为老夫人磕个头也是应该的，你到底把我看做什么人？"这一问把梅兰芳问住了，什么人？孟小冬又对齐如山说："齐先生！当初不是你说过'两头大'吗？"齐如山支支吾吾说不出话来。杨宝忠不愧是老江湖，忙把梅兰芳拉到一旁耳语道："要不我进去跟二奶奶求个情，就让小冬磕个头吧！"梅兰芳进来对怀胎十月的福芝芳说："你也劳累一天了，要不回房歇着？"福芝芳说："我还行，不累！你去忙你的，甭管我。"梅兰芳只好明说："不看僧面看佛面，小冬已经来了，我看就让她磕个头算了。"福芝芳唰地一下子站了起来，厉声说："这个门，她就是不能进！否则，我拿两个孩子，肚里还有一个，就和她拼了！" 梅兰芳非常无奈，就请帮着张罗丧事的孟小冬的舅父张桂芬来解围。在舅舅和琴师王少卿的劝解下，孟小冬泪水横流，一口气跑出梅家大门，发疯似的奔回了娘家。孟小冬太伤心了，这个曾和自己耳鬓厮磨的深爱的男人竟然不帮她说话，她备受打击，自尊心彻底瓦解了，原来自己不但不是最亲密的人，连一般人都不如。

什么"名定兼祧"、"两头大"，纯粹是忽悠。这一人生选择的重大失败，让孟小冬一下子大病不起。正像后来孟小冬在回忆中提到的那样："当初的兴之所至，只是一种不太成熟的思想冲动而已。"

病好后，她天天打不起精神，真像歌词里唱的那样："拿起那筷子端不起那碗"，茶不思饭不想，身体大不如前。一天，邻居朗贝勒的妻子带着两个格格来探望孟小冬的病情。朗贝勒是清朝没落皇族，他的妻子，也就是大福晋，曾经认孟小冬为义女，她看着小冬很心疼，就对她说："小冬，你这样不行的，要不去天津找个好医生，用中药调理一下吧！我那边有亲属在英租界，房子大，住处没问题。"孟小冬一想，也好，远离这个伤心地，母亲也表示同意。1930年8月10日，孟小冬到了天津，寄居在姓詹的一位没落皇族家中进行中医调治。她在那里天天看着詹家女主人笃信佛祖，心想，自己的第一次婚姻就这么失败，是不是前世作孽啊？她心灰意冷，懒得和福芝芳斗气了，于是就和詹家女主人一起焚香诵经，在木鱼声声中消磨光阴。

8月12日，梅兰芳把祧母灵柩安葬到南泡河梅氏祖坟后，到孟小冬的父亲家来找她。孟五爷中风了，正在床上养病，一见梅兰芳，气不打一处来，厉声责问："你现在更红了，美国也去过了！望你不要得意忘形，我们冬儿哪点配不上你？三番五次欺人太甚！往后冬儿万一有个三长两短，我这条老命就和你拼了！"梅兰芳送来的一大包果品也被扔了出去。梅兰芳吓得只好出门上车，上车前，孟学科告诉他，姐姐去天津治病去了，地址他也不知道。

这段时期的梅兰芳，风光至极，为祖国争得了荣誉，所到之处，备受欢迎。但是，家庭的事情处理起来远远比事业更难。偌大个天津，上哪里去找孟小冬呢？他抱着一线希望给《天津商报》记者叶畏夏写了封信，请他帮忙打听一下。

两个月后，也就是1930年10月下旬，天津闻人朱作舟等发起举办为辽宁水灾急赈募款义演。梅兰芳、杨小楼、尚小云、孟小冬、小翠花、谭富英等都接到了邀请，孟小冬与著名坤旦华慧麟还在明星戏院合演了全本的《探母回令》。孟小冬露面了，叶畏夏顺藤摸瓜就找到了孟小冬的住所。叶畏夏曾想从中促和，但是孟小冬受伤太深，加之这时候的孟小冬已经回归了理性，她知道根本问题不解决，一切的道歉和亲昵都毫无意义，梅兰芳后来只好默默地回了北平。

第六节　梅兰芳雨夜黯然归

北宋年间，有位京城名妓叫聂胜琼。是她，让一个本不出名的京城小官——宋朝礼部郎中李之问为后人所知。

聂胜琼，天生丽质、冰雪聪明，李之问到京城出差一见就爱上了她。李之问离开京城的时候，胜琼依依惜别，二人在莲花楼喝酒，临了她唱了一首词，结尾是："无计留君住，奈何无计随君去。"仅仅看这句话的意思就知道是悲苦真情的流露。李之问深受感动，又留住京城一个多月，后来家中妻子急切督促归家，他才和聂胜琼依依道别。

不到十天，聂胜琼又写了一首词寄给李之问，词牌名《鹧鸪天》，这首词流传千古，后来经黄霑谱曲后，被邓丽君以《有谁知我此时情》的歌名唱红天下，这首词是：

玉惨花愁出凤城，莲花楼下柳青青。樽前一唱阳关曲，别个人人第五程。

寻好梦，梦难成，有谁知我此时情。枕前泪共阶前雨，隔个窗儿滴到明。

李之问在半路上收到这首词（另据清代《词林纪事》记载，是李之问到家后聂胜琼写给他的），珍藏在小箱子里。后来被妻子知道了，就询问李之问，李之问也是丈夫情怀，不搞小聪明隐瞒妻子，将实情告诉了妻子。他的妻子很爱才，也有包容的情怀和善良的心地，就拿出自己的私房妆奁与积累的家资，让李之问到京城娶回了聂胜琼。

聂胜琼到了李家，脱却华服，节省日常妆饰开支，以主母的礼节敬奉李之问的正妻，一家和悦。因为李之问的坦诚，更因为李之问的妻子宽宏包容，当然，聂胜琼也很懂事，成就了一段旧时代和谐家庭的千古佳话。

相比之下，梅兰芳的三个妻妾就不同了，她们是斗翻了天。最终，孟小冬和梅兰芳的婚姻走到了尽头。

梅、孟真正分手，是在1931年7月，当时梅兰芳第三次率团赴香港演出结束，专程到上海参加了6月9日至11日三天的杜月笙祠堂落成典礼，然后回到北平。孟小冬风闻梅兰芳的死党们正在研究决策她在梅家的去留，这让她不寒而栗，她冷静地告诉自己，是到了抛弃最后幻想的时候了，用她后来的话说就是“脚底下抹油，滑了！”不过这一次孟小冬没有马上跑回娘家，而是在一天晚上，提前打扮好，约梅兰芳作了一次开诚布公的谈话。

孟：兰芳，坐下，咱们有好些话要谈一谈。

梅：小冬，这几天你为什么老是愁眉不展的？难道还有什么心事不成？

孟小冬（板起脸来）：兰芳，你不要开玩笑了！我要和你谈正经事。

梅：正经事！把我吓了一大跳。真不知道你要谈什么。

孟：兰芳，我已决定和你脱离家庭关系。

梅：（跳起来）你疯了！这是从何说起？

孟：说来话长。反正现在报上都已公开说我是你的“妾”。我听人说，“妾”在法律上无配偶地位，是不受法律保护的，因此我们也就不需要办理什么手续了。

梅：那都是别人说的，你何必非要计较这些呢？

孟：别人这么说的，你们也是这样做的。我连你家大门都让人堵住进不去，这让我还怎么有脸见人？

梅：你虽然未进梅家门，但总已是梅家人了嘛！

孟：真是笑话！梅家人却进不了梅家门？

梅：难道你不知道，我是真心爱着你的。

孟：你能不能不这样一面爱一个人，一面又让她受气。

梅：你这话怎么讲？你又听说什么了？

孟：为了你的“终身幸福”，你的那些智囊团早已不知商量过多少回了。

梅：商量了什么？

孟：你不要再装聋作哑了，冯六爷不是已经替你作出了最后选择吗？他的话你从来说一不二，还装什么糊涂？

梅：这次我就没有听他的嘛！齐先生也是支持你的。

孟：这我知道。其实冯六爷是对的，他保住了你一个完整的家，正房的太太和众多的孩子。

梅：可我是舍不得离开你啊！

孟：那是迟早的事，过两年我人老珠黄，还是逃脱不了被抛弃的悲惨下场。所以我不能再跟你生活下去，现在我马上就走。

梅：那不是太痛苦了吗？

孟：我们在一起不也是很痛苦吗？与其痛苦地相聚，不如索性分离。

梅：我们能不能冷静下来再想一想？何必这么急着要走？

孟：我也没啥想不开的，毕竟比人家迟来了一步。长痛不如短痛，与其这么不死不活地拖着，还不如快刀斩乱麻！

梅：我还是希望你冷静一下，人生就像棋子，是不能走错一点点的。

孟（微微冷笑）：这我知道，我就是一步走错满盘皆输的。

梅：你不能再走错了，我不让你走！你不许走！

孟：你不许我走也没用（走进里屋，取出一个小提包）。我只带自己几件换洗衣服，你的东西我一件也不要，现在不要，以后也不要。

就这样，梅兰芳又劝了几句，还是挽留不住孟小冬，他忽然想起来孟小冬还不宽裕，就说：“等等！我去拿些钱来。你这样就要走，叫我怎么能放心？”孟小冬仰起脸对他说：“请你放心，我不要你的钱。我今后要么不唱戏，再唱戏不会比你差；

今后要么不嫁人，再嫁人也绝不会比你差！”梅兰芳只好苦笑：“那好！那就好！”

为什么孟小冬这时候终于提出彻底分手？有传言孟小冬在梅兰芳访美演出的那段时间红杏出墙，也没有证据。如果真是那样，为什么没有在梅兰芳回来后立即与他提出来？

争论这个已经没有意义，何况对逝去的人也欠尊重。那么，梅兰芳出国期间到底有什么新的突发事件促使孟小冬作此决断？在很多版本的有关传记和回忆文章中，都没有找到可信的说明。也许只有他们两个人才知道吧！总之，孟小冬对梅兰芳最初是喜欢、崇拜的成分居多，感情冷淡了，最后崇拜也没了，爱情和婚姻也就到了终点。他们的分手是这几年来很多大大小小事情综合作用的结果，而促使梅兰芳和孟小冬最终仳离的是梅党骨干们的操持鼓弄，这个分析总还是靠谱的。

梅、孟分手，对于梅兰芳来说，也许是件好事，他从此可以安心与福芝芳专心于自己的家庭稳定和事业攀升。

上面孟小冬提到的“为了你的‘终身幸福’，你的那些智囊团早已不知商量过多少回了”，这里的智囊团，就是梅兰芳粉丝团的几位中坚人士和亲友，他们经常为梅兰芳的家庭纠纷集中研讨，想要帮他在“福、孟”之间作个决断。大家七嘴八舌总也拿不出个最能被接受的方案，这时候梅党“领袖”冯耿光作为银行家，就像证券交易所里的抛卖股票一样，来了个数理分析一样的理清头绪，最终他“一锤定音”。因为他才是梅兰芳的后台靠山、精神主宰，梅兰芳这一辈子对冯耿光冯六爷都是言听计从。他是这样分析的，为什么要梅兰芳舍弃孟小冬而留下福芝芳？理由很简单，他说：“孟小冬为人心高气傲，她需要‘人服侍’，而福芝芳则随和大方，她可以‘服侍人’，以‘人服侍’与‘服侍人’相比，为梅郎一生幸福计，就不妨舍孟而留福。”他这个说法符合婚姻的核心要件，把那些支持孟小冬的所有阐述都压下去了。其实，还有个不是很重要的原因，就是孟小冬花钱很散漫，梅兰芳出国前给她和福芝芳各留一笔钱，回国后发现孟小冬已经花光了，而福芝芳才用了一点点。这让人感到孟小冬不是个过日子的人，甚至不适合婚姻，至少当时是这样。

两人谈话结束，梅兰芳见孟小冬去心已定，话说得那么决绝，知道无可挽回了，多日来忙于福芝芳的分娩，又忙于和余叔岩等人筹办国剧学会等事情，今晚爱情的巨变，让他浑身疲软，一屁股坐在椅子上，不觉竟然睡着了。孟小冬一看他这样子，又不好叫醒撵走，就出去了。梅兰芳听到关门声时，才发现孟小冬不见了，这外面下着雨，她会去哪里呢？赶忙出去找，门外已经不见孟小冬踪影。他怕再出意外，便向北一路小跑，赶到小冬家，看门人海公段说她已经歇着了，“大小姐吩咐过，不管谁来也不准开门！梅大爷您还是请回吧！”海大伯一边说着，一边关上了大门。

梅兰芳又走向东隔壁敞开25号的大门，出来开门的是何淑纯，也就是孟小冬三弟学科的媳妇。他刚收了雨伞跨进屋门，就听到何淑纯着急地说：“大姑爷！你们是怎么回事？大小姐刚才回来大发脾气，现在还在二老房里痛哭不止，我们劝了好一会了。她发誓说，从今以后再也不要看到梅兰芳！”梅兰芳想去劝劝，可是何淑纯说：“不行！大小姐的脾气您不是不知道，再说老父亲也正在火头上，您去了准不合适。还是过几天再说吧！”梅兰芳无奈，就说：“那就请你告诉小冬，就说我来过了。”

梅兰芳走出孟小冬家门时候，大雨还在纷纷洒洒，他感到丝丝凉意，而此时的孟小冬心里比身子冰冷得多，正是“兜头凉水怀抱冰”。梅兰芳心里很是悲伤，俗话说“一日夫妻百日恩”，如今就这样分了，确实难以接受。这时候他想起孟小冬种种的好处，想起他们恩爱的那些镜头……这样想着，心里暖和了一些，他就那么在雨中站着，期待着奇迹出现，吱的一声，房门开了，小冬像当年那样款款走来，暖玉温香依然满怀。不知不觉，雨停了，东方天空现出黎明的鱼肚白，梅兰芳这才悻悻地往家走去。

电视连续剧《夜深沉》中有一首范琳琳唱的歌曲《未了情》，歌词非常感人：都说那有情人皆成眷属，为什么银河岸隔断双星……早知春梦终成空，莫如当初不相逢，恨重重，怨重重，人间最苦是情种，一步步追不回那离人影，一声声诉不尽情。

这也许非常符合梅兰芳当时的心境吧！

唐朝女道士李季兰写过一首《八至诗》，对人生的理解非常深刻、独到，“至近至远东西，至深至浅清溪，至高至明日月，至亲至疏夫妻”，诚如是也。人生并不是完美的，一个人拥有的如果都是美好的，那么别人就得不到那些美好了。

第七节　大亨斡旋垫四万

话说梅兰芳的家庭矛盾越来越尖锐，吵闹不休，为了梅兰芳的未来，他的亲友催促他必须迅速作出鱼和熊掌之间的单项选择。没有不透风的墙，好事不出门，坏事传千里，曾有一次，杜月笙的好朋友杨志雄，偶然参与了梅兰芳的亲友的聚会，他曾亲耳听到冯耿光力排众议，让梅兰芳舍弃孟小冬而保住福芝芳，远在上海却门徒遍四海的杜月笙应该也知道了这件事。

孟小冬在分手后也曾想过绝食至死，后来亲人拼命劝阻，她也就放弃了轻生念头。孟小冬没有想到，自己一心爱着梅兰芳，结局竟如此凄凉。感情来如风，去似箭，一切都像还没有捂热。她是骄傲的，天生美人胚子，又年少事业有成，备受追捧，发自内心的骄傲让她虽然要爱情，但绝不乞求爱情。但是，这次人生重大的挫败，不能不说对她内心造成了极大冲击。她后来坦然接受了另一个仰慕她的男人的多年资助，并成为了他的女人，这个男人就是大名鼎鼎的杜月笙。因此，有业内人士评论，在独立人格这点上，她不如刘喜奎和袁雪芬，包括在对待与梅兰芳的关系上，不能说没有一点少女的虚荣浮华成分在作怪，台湾甚至有人公开谴责她是梨园罪人。

孟小冬在与梅兰芳分手时说了那两句掷地有声、颇有骨气的话，因此回到家，她请求家人和义母从此以后再也不要和她谈论婚嫁之事，大家都知道她的性格，也就没人再提此事了。

过了一些日子，她想来想去总是觉得憋屈。极力追捧和崇拜孟小冬的《天津商报》记者沙大风得知孟小冬的婚姻变故后，害怕她就此沉沦告别舞台，那太不值得了，就对孟小冬说："冬皇，您的婚姻已经人所共知，既然分手，总要通过法律让社会知晓，来去清白，正大光明啊！切不可草率从事，以免处于被动，给好事者留下话柄。"他建议，就聘请上海有名的女大律师郑毓秀，定能妥为解决。1931年秋孟小冬去了上海，面见郑毓秀，要向梅兰芳讨个说法。

孟小冬是先找姐妹姚玉兰商量的，姚玉兰当时已经是杜月笙的夫人。这姐妹俩自打1925年在北京分手已经阔别多年，这次相见姚玉兰自然很高兴，仰慕孟小冬的杜月笙更是格外欢迎。此前，浦东高桥杜家祠堂落成，举行盛大堂会，四海名伶荟萃浦江，可专门请孟小冬都没请到，这次不请自来，肯定是有要事了。姚玉兰听孟小冬说了来由，就劝她说："打官司挺累人的。我看就让杜先生出面解决一下算了，还请什么律师。"小冬说："怎么好意思麻烦杜先生。"姚说："没关系！这点小事，对他来说小菜一碟！"姚玉兰说得不错，法律程序中看不中用，相当繁琐，在中国的文化环境内，"经官"也不是什么光彩的事情。打官司的过程必然饱受媒体关注，尤其是他们这样的名人，闹得满城风雨，一来对他们二人都不好，二来官司程序相当熬精力，谁也耗不起。

果然，一场一触即发的民事婚姻纠纷，杜月笙只抽根烟的工夫就解决了。一天上午，杜月笙往北平给梅兰芳挂了个长途电话，把孟小冬来上海邀请律师打官司的事情都告诉了梅兰芳，杜月笙说："好合不如好散，公了不如私了。不是我偏心，好男不跟女斗，真要闹起来，大家面子上都不好看，以后的路还要走。要不我来做个和事佬？请梅老板拿出个3万5万的，算做离婚补偿，从此脱离关系。郑大律师那边也由我去打个圆场。梅老板，您看怎么样？"

杜月笙摆平事情时候说话就是这样，非常周到，总能给人多方共赢的感觉，让你无法拒绝，还貌似很低调的语气，却以自己的实力告诉你，这就是决定。梅兰芳一想，自己确实也有很多不是，他内心是绵软的，本来也想过送点钱给孟小冬，只不过当时孟小冬正在气头上，一口回绝，还放下狠话。现在杜月笙又出来做说和人，怎么能不买账呢，马上顺着台阶下来了，就在电话里满口答应："好吧！就按杜先生说的办，给4万！""好！梅老板真爽气。这样吧，4万块钱，我杜某先垫上，以后梅老板几时方便，从银行转个账就是了。"梅兰芳马上表示感谢："可以！就这么办！只是家里一点小事要叨扰杜先生了。"

杜月笙在新中国成立前夕到了香港后，经济非常窘迫，那时很多人欠他的钱不还。但是，以梅兰芳的知名度，以杜月笙当时的势力，梅兰芳是不敢欠这个钱的。1937年的法币，100元可以买一头牛，有人估算，1931年时的4万元，折合今天的人民币至少40万元。梅兰芳名气是大，但名气未必马上能转换为金钱。他从美国回来后，交际和应酬多，这一年来就没怎么唱戏，身边需要养活的剧团和家人却要很多钱，经济也不宽裕。梅兰芳后来没办法，为了拿出这笔钱还给杜月笙，卖掉了他心爱的无量大人胡同的花园住宅。按法律说，不要谈不是法律保护的异性关系，即使是合法夫妻，除非严重伤害，否则分手根本没有赔偿或者什么赡养条款。但是孟小冬收了钱，却似乎并不领情。后来面向社会发启事，还着实伤害了一次梅兰芳，这是后话。

据已故园林学家陈从周先生说，梅兰芳的这座住宅，居室内部很华丽，宅东北大洋楼住着家眷，楼前有林木，长廊环绕，像颐和园的长画廊一样，廊南有石山，小溪潺潺。宅西北是梅兰芳的读书室，南有大客堂，悬挂有很多古玩书画，梅兰芳经常在这里待客，这就是所说的“缀玉轩”书斋。

笔者在撰写这部传记的时候，深深感到写孟小冬之难，写杜月笙与孟小冬就更难。梅兰芳、孟小冬分手了，可是梅兰芳本人著述《舞台生活四十年》（包括《梅兰芳文集》），只字不提这段情感，似乎他与孟小冬的四年恩怨就不曾发生过。梅兰芳之子梅绍武生前有《我的父亲梅兰芳》一书，作为儿子更不好秉笔直书。

“九·一八”事变之后，日军逼近北平的咽喉——山海关，北平危在旦夕，剧院也都关门走人。既然北平的房子已经卖了，1932年春，梅兰芳带着夫人福芝芳等一行登上了开往上海的火车。

据说，杜月笙去世后，孟小冬寡居在香港，梅兰芳路过香港时候和她见过一次，孟小冬还把梅兰芳请到楼上房间坐了一会，但两个人已经无话可说，估计只有一些寒暄和问候。梅兰芳当然不知道，在孟小冬的房间内晚年只放着两张照片，一张是恩师余叔岩，另一张则是前夫梅兰芳。

感情就是这么复杂，不同时期对感情的感觉和态度就更是复杂。

第六章 禅院钟声与浦江闻人

第一节 “别人存铜钿，我存交情”

杜月笙在用钱方面号称民国第一大手笔，如果有人说，那是因为他的原始积累是暴富的黑金，自然敢花，那么他后来杜绝烟土买卖，跻身工商业和金融界以后，赚钱已经没有那么容易了，但他仍然豪迈如初，就值得深思了。

其实，杜月笙天生有一股子义气，早先是江湖义气，后来有了民族大义。他最初在十六铺也曾乞讨，每当讨到食物都愿意和小伙伴分享，只要小伙伴受到欺负，他都会招呼大家一拥而上帮忙。

黄金荣的老婆桂生姐曾经在杜月笙初次立功时给过他2000元，也是想贴补一下这个穷小子，当时，杜月笙并不明白背后的原因。当晚桂生姐把这件事告诉黄金荣时，黄金荣担忧地说：“月笙一个孤小孩，给他那么多铜钿做什么，还不是胡乱花掉。要给也要喊他存起来。”桂生姐其实是要考验他怎么处置这笔钱。

得到钱的当晚，杜月笙就揣着2000块钱先去看望当初的好友马祥生，甩给他100元。马祥生很惊讶他竟然有这么多钱，又问杜月笙，“有了这么多钱，你准备买房子开店，还是成家立业？”“没想过。”杜月笙摇摇头，兄弟聊了一会，他起身说：“我要去十六铺看朋友。”他到那里感谢了袁珊宝，把150块钱塞到袁珊宝手中。袁珊宝死活不要，杜月笙生气了，“客气了！你我弟兄向来有福同享，有难同当，忘了早前我把你衣裳当了下赌场，你躺在被窝里等着我赢钱给你赎回来。可那时运道差，逢赌必输。”两个人又一起去隔壁探望国生哥。到了当年的潘源盛水果行，一阵寒暄之后，杜月笙把王国生拉到后房：“国生哥，我以前做了许多对不住你的事……”说着，拿出200块钱硬塞到王国生手上。随后，杜月笙找到老头子陈世昌和爷叔黄振亿，请两位前辈下馆子吃了午餐，又送上自己孝敬的钱。两位前辈很高兴，都说自己没看错人。下午，杜月笙又找到当年在花会做“航船”时被他吃掉赌本和彩金的赌客，给了双倍的补偿。

晚间，杜月笙请王国生和袁珊宝在餐馆吃饭喝酒。“总算无债一身轻了。”一落座，杜月笙就大发感慨。

这一天时间，杜月笙2000大洋用了一多半，十六铺一带的朋友几乎都走访了，逢人便送上三十五十。王国生听他这么一说，很担心地劝他：“月笙，我晓得你把朋友看得比自家重，可你这一晌场面多，手条子不能太宽。”王国生真诚相劝。“是啊，月笙哥，你现在用钱的地方多，要晓得手头上不能没铜钿，不能像早前总是花脱了底。”袁珊宝也跟着劝说。

“好，我会记得。”

实际上，他记得也是做不到的。后来的一些事情让黄金荣逐渐对他刮目相看，黄金荣看重的就是他的豪爽、义气。尽管黄金荣一辈子钻在钱眼里，但他也深知，只有舍得用钱、会用钱，才能广结人脉，成就大事。

黄金荣没看走眼，号称上海是冒险家的乐园，但闯入上海滩的芸芸众生，多半都烟消云散，杜月笙能迅速从一个小瘪三到一个大流氓，再到一个帮会领袖，最后变成一个绅士领袖，与金融巨子、工商巨子、社会名流、政界高层称兄道弟，就是得益于他的眼光、远见，得益于他会花钱，会办事，会交人。

骈文巨匠，民国黎元洪总统的秘书长饶汉祥，曾给杜月笙写过一副楹联：

春申门下三千客，小杜城南尺五天。

那我们就从他接待民国大总统黎元洪说起，一页页翻看这位“江湖春申君”对铜钿和交情的态度。

前文提到，1923年6月13日，北洋政府的总统黎元洪被逼下野，先到天津，后来努力复位无望，决定南下到黄金荣家里去作客。一方面联络上海方面势力，一方面避避风头。当时黄府上下七嘴八舌，同意接待的不多，杜月笙却坚决支持，一方面，黎元洪毕竟是民国的开国元勋，功劳和声誉是不可抹杀的，接待他会提升自己的地位和声誉，同时也是对卸任总统的慰藉。黄金荣觉得这小子说得很有道理。黎元洪走时，对黄金荣、杜月笙的接待非常满意，说这里是最好的“居停主人”。

随后，他又担着风险，迎着政治风浪保护和接待了到上海的徐树铮。

徐树铮，是民国历史上与白崇禧、杨宇霆、周恩来齐名的“小诸葛”一样的谋略家，是段祺瑞的心腹军师、大将。要扳倒段祺瑞，必先去其肱骨。1922年皖直战争，直系军阀针对的就是当时的陆军总长、参谋总长徐树铮。7月17日皖系兵败，段祺瑞通电下野，总统徐世昌下令全国通缉徐树铮。徐树铮刚开始抱着侥幸心理到北京东交民巷日本军营躲藏了90天，很快，在巨大的压力下，这里也躲不住了，后来徐树铮被装进一只柳条箱里，在日本军人的保护下逃往天津，转赴上海。徐树铮后来周游列国回来，托人向杜月笙寻求保护。

这个活计要承担巨大风险，徐树铮这次回国，随时都可能遭到追杀，以上海青帮的这点实力，想保护住这个烫手山芋，怎么不难上加难？

在密商的时候，黄金荣和张啸林就很不赞成。黄金荣认为，徐树铮的公馆在大英地界，以法租界的力量担任保护工作，怕是鞭长莫及。张啸林当时和奉系军阀正打得火热，在皖系走背运的时候，为这个皖系的首脑公然担事，他觉得完全犯不上。

可是，杜月笙却坚持自己的见解，他说："（皖系的）卢督军和何丰林，多年来和我们的交情不错，患难之中，派人来请托，这是他们看得起我们；这件事就人情上来讲，我们不便推脱。再则，尽管徐树铮住英租界，我们一样可以保护他，正是我们露脸的机会。还有……"他看着张啸林说："锦上添花的事让人家去做，我们多来几次雪中送炭，这才是江湖上所讲的义气。"

黄金荣赞许地点点头，张啸林没法拒绝了。徐树铮到上海吴淞口的时候，黄金荣、杜月笙和张啸林乘一艘小火轮靠近了徐树铮的船。徐树铮在意大利和墨索里尼谈判归来，感到了自己政治生命的转机，到了上海又有迎接、保护，自然是满面春风。

三人一路护送徐树铮到英租界南洋路住下，自此轮班守护，夜以继日。五省联帅孙传芳也开大会隆重欢迎徐树铮。住了一天，孙传芳和徐树铮专门去南通，拜访张謇。

12月初，徐树铮从南通回上海，他要到北京去见段祺瑞。此去凶险，段祺瑞打电报来叫他暂缓动身，避避风头。他不听，19日乘顺天轮离开上海。24日徐树铮到北京跟段祺瑞相见，两人抱头痛哭。他在北京住了五天，29日他忽然又想南下，段祺瑞等皖系骨干劝他不住，30日，徐树铮最终死在廊坊，死于冯玉祥部下的枪口。

和黎元洪和徐树铮这两位政治败将一样，来找杜月笙的还有张学良。1931年，张学良在抗战中稀里糊涂背上了不抵抗的骂名，实在窝囊得很。1933年热河抗战失败后，3月7日，张学良电呈中央引咎辞退。随后，张学良带着夫人于凤至、密友赵四小姐、副官长谭海以及大批的参谋、副官和卫队，自天津乘船抵达上海。为了这次上海居停的安全，出行前张学良找到了杜月笙。

杜月笙和张学良没有深交，对于他坐失大好河山，和其他国人一样愤慨。但是，一位"封疆大吏"失去领土毕竟不是单方面的原因，不明真相的群众攻击谩骂让英雄末路的张学良也挺可怜，这唤起了杜月笙的慈善之心，于是他力排众议，毅然宣布，张学良寓沪期间他全程负责安全和服务，把福煦路181号布置一新，作为张学良一行的住所。

张学良对此很感谢，曾带着于凤至到杜公馆拜谢。早春的江南非常阴冷，于凤至的貂皮大衣一脱，里面只有一件小绸衫，在有暖气的东北还行，在这里自然不停地喊冷。这期间威胁还是找上门来了，张学良住所门口被放了恐吓炸弹，虽然取去了引信，但炸弹上附有警告信，信上写的是："请张学良即日离开上海，否则的话，第二颗炸弹送来，保证爆炸。"

杜月笙大惊，一方面让手下瞒住张学良，一方面派出大批人马追查肇事者，原来是职业杀手王亚樵干的。王亚樵，斧头帮的帮主，连杜月笙对他都要忌惮三分。但是，杜月笙还是鼓起勇气，先派人去跟他"讲斤头"。王亚樵的回答是：我这么做，不为什么，只因为张学良是国家民族的罪人，我是中华民国的国民，我要对他加以制裁。

谈判期间，张学良得到了消息，他请来杜月笙，让他亲自出面调解，如果王亚樵的那个组织需要活动经费，他愿意尽力帮忙，予以接济。杜月笙笑了笑说："请少帅放心，你是我的客人，一切就该归我负责，我断乎不会使你破费。"

王亚樵也忌惮伤了杜月笙的江湖面子，就提出条件请杜月笙转达张学良，第一，马上回到北方，重整兵马，和日本人决一死战；第二，如不能战，请返东北，自杀以谢国人；第三，既不愿战，也不肯死，那么，请将全部财产交出，购买军火，接济关外的义勇军。三条路必选其一，否则吃炸弹就不可避免。

杜月笙摆平事端的时候善于分析事理，他代表张学良这样答复：这样不行，你们不能逼人太甚。张学良果若有罪，国家自有法律，你要私人采取行动，张学良是我杜某人的客人，我有保护之责，义不容辞。那么我们便以私人对私人，行动对行动，你若伤了张学良的一根汗毛，我必将发动上海青红两帮弟兄，管教你的徒子徒孙一个也活不了。

摊了牌了，王亚樵开始软化，三项条件合而为一：请张学良限期离开上海。杜月笙又叫人去说：你放心吧，张学良已经在发奋振作洗心革面了，在上海疗养院戒毒完成，最多不出一个月他就会出洋考察。

张学良本来富于文人气质，但是后来长期指挥战争，面对战场上的残忍厮杀和遍地的死难士兵遗体，内心恐惧和长期紧张，在民国时期上层吞云吐雾的氛围中开始吸食鸦片，以求麻醉。这次看到了杜月笙的义举，很是感动，在宋子文、吴铁城劝说下决心戒毒。

杜月笙为了按期完成对王亚樵的许诺，想方设法，帮助张学良尽快戒毒成功，终于挨到了1923年4月张学良毒瘾全部戒绝，少帅重现多年前英姿勃发的美男形象。4月10日，张学良谢过杜月笙，对他说："对于这一次的治疗，我固然受了不少的痛苦，但是我也从此获得了新生，杜先生，你为我所尽的心力，我统统知道，此时此刻，我只能告诉你一句，我对你唯有万分的感激！"随后他带着亲眷远游欧洲。杜月笙这一义举，朝野上下交口称誉，都赞道："杜月笙这个人倒是很够义气的！"

实际上危险不只是来自王亚樵，杜月笙对张学良封闭戒毒，被东北军将领误以为是对少帅软禁甚至暗杀，扬言要来诛杀当事人。

后来，从南京来的军政要人，各地封疆大吏，只要去找杜月笙，多半由他亲自奉陪。他又成了达官贵人的上海常驻“义务保镖”。这些人甚至很自然地当别人面提起他：“杜月笙也是我的好朋友。”好像很光荣的样子。

除了接待中央要员和封疆大吏，杜月笙对地方将领也是有难必帮的。

范绍增，字海亭，四川渠县人，抗日名将，新中国成立后历任中南军政委员会参事，河南省体委副主任。他本来是杨森的部将，后来改投刘湘，深受赏识。他在四川帮会组织“袍哥”中地位很高，部下的官兵也多是“袍哥子弟”，打仗剽悍勇敢。

2009年上映的电视剧《哈儿传奇》中樊孝钦的原型就是范绍增，他生性豪爽，小事糊涂而大事精明，就外表上看来有点大而化之，所以他外号“范哈儿”。1931年，范绍增跟贺龙在洪湖沿岸打了一场硬仗，右腿受了重伤。杜月笙在上海得到消息，马上派徒弟张松涛赶到洪湖前线把范绍增接了出来，送进上海最好的医院，点名要请最好的医师救治。虽然一条腿还是有点儿跛，但范绍增命是保住了。杜月笙在他病好后，陪着他一天到晚花天酒地，范绍增在花花世界尽情挥霍，留下了许多传奇。临走，杜月笙还送了他能装备一个营的英国军需品。

范绍增从此成为杜月笙一生之中最要好的朋友，当时一点也没有明确目的的一次交际，奠定了抗战八年杜月笙移居重庆后，仍能在西南后方得心应手开展抗日的人脉基础。

杜月笙的手越伸越远，逐渐成为了全国性的人物。黄浦江畔芸芸众生，千百年来文不拜相，武不拜将，竟然出了一个能和公卿将相称兄道弟的杜月笙。

杜月笙对待知识界最敬重，因为他内心有深刻的自卑和警醒。他对文人墨客的谦恭和礼遇不是装出来的，否则向来“一身傲骨，目空四海”的章士钊不会瞧得起他，洪宪称帝的幕后策划、扬言“生平愿为帝王师”的杨度也不可能为他所用。

他结交一代国学大师章太炎，还得到了“杜月笙”这个响当当的名字。

当时章太炎有个侄子在上海，和一位有势力的地头蛇发生了房屋纠纷，事情归法租界管辖。这个生性轻狂，时称“民国之祢衡”，连袁世凯都奈何不了的老头子还真的没了章程，不得已，在别人的建议下，章太炎就给杜月笙写了封信。

章太炎何许人也？鲁迅称他为“有学问的革命家”，胡适称他是“清代学术史的压阵大将”。许寿裳在《章太炎传》中说他：“在清代三百年学术史中没有第二个人，所以称之为国学大师。”

接到章太炎的信，对于敬仰已久的国学大师、同盟会元老，杜月笙真的是受宠若惊，他急不可耐地抽出信笺，一看，“炳麟谨上”的落款让他激动万分。他不仅迅速摆平这件事，还专程到苏州拜见章太炎。章太炎对这个传言中的帮会领袖很惊讶，他不是文身、墨镜、青面獠牙的啊，而是温文尔雅、谦恭有礼，还有些瘦弱，心中就没有了提防甚至厌恶，一见如故，两人倾谈良久，从此建立了他们“平生风义兼师友”的深厚交情。一次当杜月笙拜访完章太炎走后，章太炎发现在杜月笙用过的茶杯下面，压着一张两千银元的庄票，当时比较拮据的章太炎没拒绝，明白这是对他的敬礼。后来，杜月笙干脆每月送一笔钱到章公馆去。杜月笙算的是精神上的账，他这样就成了章太炎的朋友，于是顺利完成了一生交游三步骤——网罗武角色，访求书生辈，最后是敬礼当代耆彦。不能不说杜月笙是一个有远见、有系统人生规划的人。

杜月笙本名杜月生，这次登门，章太炎根据《周礼·太司乐疏》中“西方之乐为镛，东方之乐为笙”，为其改名杜镛，号月笙。杜月笙接到这个名号高兴得合不拢嘴。

杜月笙对杨度这个狂狷才人也是倾心相待，吃喝招待不用说，杨度爱看的报纸，杜月笙的手下人会坚持每天给他买到手。等到杨度终于想起来曾经答应过梁启超编著《中国通史》一事，到了要动笔时，杜月笙更是帮着收购了大批典籍史料，连全国各地的州府县志，都几乎搜集齐全。在杨度笔下，杜月笙是个游侠式的人物。《杜氏家祠记》中他如此写道："其行谊如古之游侠者流，慷慨好义，重然诺，能与人共患难，轻财货而重交游，宾客甚盛，车骑日集。其门人有请求，无不立应，因是其名重于大江南北。"

杨度曾利用杜月笙好友的身份，掩护过不少共产党人，自己也经潘汉年介绍，周恩来亲自批准，秘密加入了中国共产党。1975年冬，周恩来在病重时特意提到，重新修订《辞海》时，一定要把杨度晚年参加共产党一事写进去，并叮嘱道："他晚年参加了党，是我领导的，直到他死。"

杜月笙后来还结交了大批新闻界人士，这些才高八斗、含英咀华的才子们手握舆论大权，却愿意与杜月笙交往。从《申报》总经理史量才到一般记者，只要成为杜月笙门下客，不但职业有保障，日常工作也方便得多。

早在当年出道不久，杜月笙倾心结交英租界的有力人士，不出半年，连"静观自得"的黄金荣都不由自主地向他伸出大拇指："月笙真正了得！" 对于黄老板的极口夸奖，杜月笙的反应是低调地笑笑，谦卑至极。

杜月笙还把钱洒向地方建设。1932年，吴铁城接任上海市长，他非常赏识杜月笙，他曾提到，在自己任职的五年半间，"于私，我甚为感谢杜月笙先生友谊的匡扶襄助，于公，我更佩服杜先生努力于地方建设和政府设施。像杜先生这种爱国家爱乡土的热情和赤忱，求之于社会贤达之中，实在是凤毛麟角！"

杜月笙将钞票洒向四面八方，他却并不一定对人有所求。在他手头"吃俸禄"的人，上自达官贵人，下至鸡鸣狗盗。杜月笙的热心，帮会大亨里没有一个可以与他相提并论的。连乞丐上门，他都会吩咐账房拿出些钱打点，账房先生那儿专门有一笔钱，是用来打发按月领取奉银的乞丐的。家人、朋友都劝他：“整天自家的事都忙不来，还要给人家管闲事，倒贴钱，这是何苦呢？”杜月笙的回答却很有意味：“人家来托我办事，就是看得起我，信得过我。就冲这一点，我就应该帮他们把事体办好。”这样的名声传出去，前来拜访的人也越来越多。三四十年代的上海名医陈存仁介绍杜家祠堂落成典礼的日子里食客之盛时说：“杜祠所占之地，不过两亩，但是落成之日，四乡男女老幼都要来参拜。杜氏听到这个消息，决计不问乡人送礼与否，大宴三日，估计四乡来祝贺吃饭的人，在二十万以上。”

总是这样花钱无度，日子难免亏空。1927年，国民党叛变革命后，黄金荣归隐在家，每月各种产业收租无数。张啸林也不差钱。唯独杜月笙，后来到了巴望着“三万五万元到手多少也有点用处”的地步。1927年的夏天，杜月笙的负债高达300万大洋。

浙江嘉善人苏嘉善，是杜月笙最要好的朋友之一，看不下他这样东挪西补的日子，私下张罗全上海的烟土行老板开会，为杜月笙筹了300万元。后来又积极筹划帮助杜月笙自己办银行，初步定名为国民银行，资本额50万元，择吉日开张，这是杜月笙首次正儿八经办的事业。这银行，就是杜月笙最主要的金融事业——中汇银行的前身。

抗战胜利后，杜月笙的经济更是入不敷出，倒也不是穷，就是他花费的场面太大了。当时他的银行家朋友钱新之说：“就在这一年，阴历年关到了，杜月笙先生竟然穷得过不了年，拿了他仅有的房地产道契，托我转向银行借了30万元，这才过了个年。就是在这样的时候，他家里的账房还是按照他年年的惯例，预备着一些钱救济他的穷朋友，或经济情况不好的亲戚。所以他年年到了大年夜，还是闹穷”。

抗战胜利后的杜月笙，依然热心参加捐助，那么这些钱从哪里来呢？

曾任国民党中央党部组织部副部长、后到台湾任“总统府国策顾问”的吴开先是杜月笙的好友，他解释过杜月笙抗战后的来钱之道。他说杜月笙做生意根本就是外行，对于金钱的数值观念始终模模糊糊，他在许多朋友和学生的协助之下，确实办过一些企业，在华商电气公司和浦东银行等事业占了或多或少的股份，但是既然只是占有一些股份，赚到的钱难免微乎其微，绝对不够维持他出手惊人的庞大开销。至于他兼任金融工商机构三十四个董事长、三个常务董事，九个董事，那都不属于自己。抗战胜利后的杜月笙主要靠排难解纷、调停纠葛所得的谢礼支撑，尤其是调解遗产官司商业纠纷的感谢钱。再就是恒社社员的“压帖子钱”。

在当时的上海人中就有“黄金荣贪财、张啸林善打、杜月笙会做人”的说法，成功后的杜月笙经常感慨地说：“人有三碗难吃的面——情面、体面和场面。”“别人存铜钿，我存交情。”凭着这些“交情”，他的关系网可谓四通八达。但这些关系网除了确实为社会做出贡献、为弱者提供救急以外，很多从实用主义角度看仅仅是换成了面子。虽然他有很多被如今网民收入《杜月笙名言》的豪迈话——“钞票再多只不过是金山银山，人情用起来好比天地”，“锦上添花的事情让别人去做，我只做雪中送炭的事情”，“存钱再多不过金山银海，交情用起来好比天地难量”。但就是这样一个“民国用钱第一大手笔”的人物，死时却只有十万美金的遗产，这是怎样的凄凉人生？他是为了虚荣，还是为了面子？还是为了大义？我们慢慢拨开历史的迷雾。

第二节　五卅运动与英帝叫板

杜月笙有过邪恶，有过低俗，但是在爱国这一问题上确实没有含糊过，并在当时的历史条件下作出了一定的贡献。

人所共知的五卅运动，就曾出现过杜月笙与英帝国主义叫板的历史画面。

1925年5月15日，日本人在上海开设的内外棉纱厂劳资双方发生激烈纠纷，霸道狂妄的日本人竟然当场开枪打死工人顾正红，还打伤了8名工人。

一时工人恼怒异常，舆论更纷纷谴责，日本为了弹压，免得事情搞大，威胁新闻界，施压市政府，还勾结租界工部局弹压工人运动。

一开始似乎很有效，上海很多人还是不知道这件事情。但是，要想人不知除非己莫为。雪地埋死孩子，怎么可能长久？哪里有压迫，哪里就有抗争。被压迫的工人因为停工时间太久，生活困难，商请上海总商会出面调停，总商会却故意拖延。工人开始求助于上海学生联合会，21日在文治大学举行募捐演讲，又被巡捕房捕去数名学生。事情终于传开，工商学各界决定5月30日在九亩地举行民众大会，向日本人公开提出抗议。当时的中共中央也为此多次召开会议，研究对策，积极发动。为了提供安全保护和更广泛地发动社会各界，组织者找到了杜月笙。杜月笙听闻义形于色，慷慨激昂，当时便斩钉截铁地回答："我一定尽力。"

为了办这个"正经事体"，他取消所有赌局和应酬，召集徒众和可以联系到的所有很有实力的朋友，研讨和分配了任务，最大程度发动，并保护会场秩序。

5月30日，民众大会举行前，上海学生联合会发动了学生、工人与商界人士两千多人，组织了一个声势浩大的宣传队，在南京路、海宁路、老靶子路一带，与公共租界的巡捕发生冲突。南京路的老巡捕房，一下子抓了三百多人。英探目爱霍逊突然向围堵巡捕房的群众开了一枪，印度巡捕立刻又开了一排枪当场打死打伤30余人。

事情闹大了，群众愤怒了，公共租界的巡捕全体出动，更向吴淞口外的英国军舰求援，于是英国海军陆战队全部武装登陆，公共租界全面戒严。

这一血案传遍全国，立即得到各地的积极响应。杜月笙在家听着这些消息，气得不行，他破口大骂："外国赤佬真不是人！"

这时候，电话铃响，杜月笙亲自去接听，话筒里传来口头通知，晚上八点，在上海的国民党人马超俊、叶楚伧、刘庐隐，在法租界环龙路44号举行上海各界紧急会议，商讨援救被捕人士的办法。

刚放下电话，张啸林发了急，大声地劝他："你可不可以不去？""不可以！""要么，你派个代表去？"杜月笙坚定地说："不，我一定要自家去！"

张啸林之前劝过他多次，看他这么毅然决然，又惊讶又失望。在张啸林这样一个随着年龄增长和时代进步、地位提升，却没有脱胎转变的人眼里，这种事情毫不相干，得罪了外国朋友，好不容易开辟的财路断了，日子也完蛋了，犯不着的。

张啸林作为拜把兄弟最后还是劝他："开会的事情，多你一个和少你一个，那有什么关系？充其量，他们商量定规了怎么出钱出力，我们暗底下来帮助好了嘛！"

杜月笙定定地看着他，歇了半晌，最后，他加重语气说了一句："我们住租界，但是我们是中国人！"话说完，他上楼换衣服准备出门了。

张啸林耸耸肩膀，他向站在一旁看得呆了的万墨林说："你看，四十岁的人了，就跟个小囝一样！"他觉得杜月笙像个小孩子一样不懂事。

那次会上，连在公共场合很少说话的杜月笙都怒不可遏地大吼大叫了，群情激愤，最后一致议决，从6月1日起，全上海学生罢课，工人罢工，商人罢市，同时通电海内外，请求世界公理支持声讨。随后进行了具体的分工，各自组织准备工作去了。可是6月1日这一天，英国巡捕还是那么蛮横，又打死打伤十几名，逮捕几十人。上海交涉员许沅向上海领事团抗议，领事团不予理会。

上海工商学界组织了一个联合会，杜月笙和当时上海的一些各界领袖一起，提出了六大主张：（一）释放被捕学生。（二）抚恤死伤者。（三）向中国道歉。（四）取消印刷附律。（五）取消码头捐。（六）收回会审公廨，也就是收回司法权。

长期的罢市罢工，让上海全面瘫痪。为了保障这些商人工人能维持生活，最终拖垮租界方面，让帝国主义投降，杜月笙带头捐款不说，还发动各界的朋友，累计捐款约一百万元。8月12日，日本方面稍有让步，日厂赔偿伤亡工人一万元，补助工人停工损失十万元。这是在各界努力下，当时的北洋政府和有关国家领事交涉几个月得到的初步成果，可见问题是何等艰难。

英帝国最初坚持强硬，但是“五卅惨案”引起的举国一致的对英经济抵制运动，使英国蒙受惨重的打击。举例说：自6月1日起到10月31日，广州、香港及我国沿海每一口岸，都见不到英国轮船了。英商印度支那轮船公司被迫开始卖船应付支出。香港总督府混不下去了，向英国政府紧急借贷三百万金镑。英国商务大臣卜赖脱曾在当年一篇报告中这么说：“就目前上海方面与中国其他商业中心之情况而言，总罢工实已瘫痪对外贸易及大部分重要产业。目前抵制运动亦在实施，以其全面对付英国，部分对付日本。此外，过去中国在条约中给予英国的商业特权，如今且已提出必须撤销的要求。”在当时北洋政府的镇压和英日帝国主义政府的部分让步下，学生放暑假离校，商人逐渐恢复营业，工人开始上班。

在“五卅惨案”发生以及后来几个月的斗争、交涉中，杜月笙则自始至终参与其中。其实，在杜月笙从浦东老家农村出来不久，还没有出道的时候，作为一个小青年他就曾积极参与街头针对外国的游行和抗议等活动，只不过那时候他多半是漫无目的地跟在后面喊喊口号而已，没有实力联络人脉，更不要说捐钱、筹划、交涉，甚至发动了。1951年杜月笙在香港去世，五卅运动中参与组织活动的国民党人马超俊曾赠以挽联，写道：“义重鲁连风，东海长辞完大节；名高黄歇浦，中原待复迓归魂。”在杨度为杜月笙写的《杜氏家祠记》中，他这样评价杜月笙："凡利民之务，如兴学、设医、救灾、恤贫诸举，辄捐巨金以为倡导。"

五卅运动的意义非常重大，工人运动领袖邓中夏评价得非常富有激情："五卅运动以后，革命高潮，一泻汪洋，于是构成一九二五至一九二七年的中国大革命。"五卅运动还沉重打击了一战结束后已经喘息待定的大英帝国，1927年2月19日与20日，国民政府收回了汉口及九江的英租界。

第三节　中华共进会清共帮凶

杜月笙从帮会大亨摇身一变成为政治人物，并赢得蒋介石的看重和支持，还是从"四一二"反革命政变开始，并从此有了更多与政坛要人交际的资本和基础。

1927年前后，北伐战争进程中的国民党已经严重分裂。兵锋抵达长江中下游平原的蒋介石开始筹划在当时中国的经济重心之一的上海，发动一场清除共产党的暴力行动。

杜月笙和黄金荣敏锐地觉察到了这个信息，要说当时的他们有什么政治远见倒是谈不上，但是至少，随着他们深交的卢永祥、张宗昌、徐树铮等旧军阀的纷纷落败，再看到北伐军的节节胜利，他们要为自己各类生意寻找新的保护伞。而作为掌握军权，却在中国国民党和共产党的合作中不能具有党权和舆论权的蒋介石来说，也需要上海的帮会势力替他出头，做一些不适合他亲自去做的事情。

但是，在杜月笙决心与蒋介石合作之前，还有很多插曲。历史远远比我们知道的复杂和吊诡。

上海工人运动领袖汪寿华怎么会死于杜月笙之手呢？据中国共产党新闻网转发《百年潮》杂志文章《揭秘：四一二反革命政变前上海帮会有哪些动向》中说，当时黄金荣集团与汪寿华之间的接触是相当频繁的，在1927年2月28日至3月8日的9天内，仅杜月笙和汪寿华之间的会晤便达到8次。

1927年2月28日晚上7点，中共特委会在租界里秘密开会，出席者有中共中央总书记陈独秀，还有瞿秋白、罗亦农、赵世炎、尹宽等。特委会委员、上海市总工会委员长汪寿华曾报告了与杜月笙联络的结果："杜月笙我今天也见到，说他愿保护工会，要我们尽管到法界开会与设机关。前次王丰里被捕后，他即与总巡去说，总巡很生气，所以即把中国包探捕去数人。他又说我们可备叫子，如有人来被捕，可吹叫子。就（如）捕入捕房，他可想法释出。"

杜月笙为什么这么给汪寿华面子还积极拉拢呢？原来，二人在很早就熟悉，1925年五卅运动时，租界巡捕房要逮捕汪寿华，杜月笙获悉情报后，便在纸上画了一个八卦，送给汪寿华，汪寿华得到暗号后立即转移。因此汪寿华十分感激杜月笙。当年，上海工人中加入各类帮会的比例很高，甚至有人说汪寿华也加入过帮会。

首鼠两端押宝四方的帮会势力看到上海工人武装起义如火如荼，中共和工人纠察队的日益壮大，黄金荣等就积极拉拢共产党。据档案记载，1926年10月24日，上海工人发动第一次武装起义时，黄金荣等派出四卡车的人马从法租界协助共产党进攻徐家汇警察署。当时，共产党方面也积极争取上海流氓帮会势力，至少能使他们中立而减轻阻力。到工人武装起义时期，杜月笙作为黄金荣集团的代表，再三向汪寿华表示，"愿保护工会"，欢迎共产党在法租界进行活动，如果一旦有干部被捕，他们还可以设法保释。此后，黄金荣集团为中共提供了如下的协助：（一）筹款，资助上海市总工会扩大工人纠察队的武装。（二）介绍共产党与租界当局建立联系，安排汪寿华与法租界官员晤谈，以协调双方的关系。（三）提供情报，如有军阀要搜捕中共负责人的消息及时通知共产党。（四）派人保护法租界内的中共人员，协助设立共产党的机关，派人帮助安装电话，为中共在租界内召开会议提供会场等。

杜月笙也曾一再向汪寿华暗示，北洋军阀与租界当局都曾要求他们参与对抗中共的军事行动，但都被他们拒绝了。汪寿华后来被害，也是因为长期合作后，对当初的合作伙伴失去了警惕。

瞬息万变的国内形势变化得是这样急速。以至于今天我们看来都眼花缭乱，必须仔细耐心梳理。就在帮会与中共的蜜月后期，蒋介石来了一次上海。原来，是蒋介石的这次黄公馆之行，扭转了上海帮会头脑们的船舵。

1927年3月中旬，蒋介石特派代表王柏龄（第一军副军长）、杨虎（总司令部的特务处长）和陈群（东路军前敌总指挥部政治部主任）先后到上海，带着秘密使命化装潜入了黄公馆，先与黄金荣会晤，然后由黄金荣召集张啸林和杜月笙来密商合作反共清党事宜，并负责统一指挥。

他们打前站摸了底，3月26日，蒋介石随后到达上海，他的车队来到钧培里黄公馆，接着黄金荣与蒋介石到二楼密室单独会谈。寒暄后，黄金荣首先提出退还当年蒋的门生帖子，还表示今后绝不以先生自居。蒋介石当然高兴，但口头一再表示："我总是你的学生，过去承黄先生帮忙是不会忘记的。"然后从怀中取出一只金灿灿的外国金挂表，送到黄金荣面前说："这是我送给黄先生的纪念品，聊表心意。"这段话在黄振世的回忆录中就有记录。

接着，蒋介石下楼对在场的黄金荣、杜月笙等人说："将来有些重要工作，还希望借重你们！"以后的数天里，黄金荣又与蒋介石密谈了几次。在"三大亨"里，杜月笙最为坚决地支持蒋介石，他认为机不可失，只有参加反共，将来才有政治地位。

在这次历史重大抉择面前，最活跃的要数杜月笙，这直接决定了他后来的人生格局和后世评价。

接到"圣旨"，他们立即行动。帮会首先拒绝汪寿华方面的种种支持要求，并开始监视中共和纠察队；1927年4月，杜月笙与黄金荣、张啸林组织了中华共进会，作为蒋介石镇压革命运动的打手和急先锋，4月5日的上海各报纸上都刊登了中华共进会筹备成立的公告，地址在上海法租界格洛克路紫阳里7号。11日晚，他设计骗杀了上海工人运动领袖汪寿华。

这天晚上7点钟，参与诱杀汪寿华的人都在杜公馆里，这里气氛很是紧张。突然电话铃声响了，万墨林过去一接电话，知道是汪寿华。张啸林顺手接过电话，大声问："是寿华兄吗？""是，是。您一定是——嗯，张先生。""我是张啸林，今天晚上老杜请客，你要准时来啊。""要来的，要来的。"汪寿华接着说："我正是打电话来问问，杜先生怎么这样客气，是不是公馆里有什么喜庆？""没有，没有，只不过老杜和我，有点事情要跟你商议，请寿华兄过来嘛，比较方便一点。一小时以后，就只有你、我、老杜三个人。""好好，八点钟，我准时到。"原来，此前汪寿华接到杜公馆派人送去的请柬后，心想，去杜月笙家里总不会有什么事情吧？因此先打来电话询问。

汪寿华哪里知道，杜公馆外面已经埋伏好了杀手。这时候，杜月笙还是不放心准备工作，第一次杀害这样有名的政治人物，对于当时的杜月笙来说，不能不说是一场豪赌，风险很大。杜月笙声音有点哑了，脸色也不好。大家劝他上楼先休息，他忧心忡忡地走上楼梯，告诉家人不论出什么事情都不要出房间，然后回到自己房间等着。

一会，远远传来汽车马达声响，杜月笙紧张极了，7点58分，汪寿华果然如约而来。凶手们看汪寿华走向客厅，马上劫持了汪寿华的车子和司机，从此不知所踪。

汪寿华穿过杜公馆宽敞辽阔的庭院，一步步迈向大厅。他走进中门，偶一抬眼，吓得他急忙倒退一步。张啸林凶神恶煞地站在他面前，汪寿华看苗头不对，抽身便往回走。歹徒从四面蜂拥而上控制了他。这时杜月笙听见声音，一直跑到楼梯口，高声喊："不要'做'在我家里噢！""晓得了，月笙"，张啸林回过头来宽慰他说："妈特个！他们就要把他架出去啦。"汪寿华被他们挟持到枫林桥，挖坑活埋。

他们秘密处决了汪寿华后，共进会的成员兴高采烈，在4月11日晚上，以年龄为序，老大黄金荣，老二张啸林、老三王柏龄、老四杨虎、老五杜月笙、老六陈群，六人祭告天地，歃血为盟。仪式结束的时候已经是深夜。

杜月笙出卖并指挥杀害汪寿华，这后来成了他一生悔之不及的憾事。1949年以后，当他逃到香港，和孟小冬一起生活的时候，还不断地提及此事，这是后话。

4月12日凌晨，全副武装的青、洪帮分子15000人，在第二十六军配合下，向上海总工会纠察队的驻地闸北、南市、浦东、吴淞等处发起攻击，袭击并占领了闸北总工会会所湖州宾馆、闸北商务总厂等20余处。反动军队以调解"工人内讧"为名，全部收缴工人纠察队的武装，打死打伤三百多人，并抢去工会纠察队驻所一切物品。13日，上海20多万工人为抗议反动派的血腥屠杀，举行罢工和游行，并向二十六军第二师司令部请愿，当游行队伍冒雨行至宝山路时，遭反动军队开枪射击，死亡一百多人，伤者无数。14日，反动军队继续捕杀共产党人和革命群众，查封革命进步团体，如上海特别市临时市政府、上海特别市党部、上海学生联合会等，据不完全统计，在事变的三天中，遭杀害者三百多人、被拘捕者一千多人、流亡失踪者五千多人。这就是震惊当时的"四一二"反革命政变。

这次邀功请赏式的反动，让杜月笙此后相当长的时间内得到了蒋介石的支持。此后，杜月笙除了忙于原有事务外，还积极张罗清除共产党的事情。5月11日，陈群被任命为中国国民党上海地区的政治负责人，同军事负责人杨虎一道主持清党事宜，他们二人因为手段残酷被称为"狼虎成群"，陈群向杜月笙借调人马，杜月笙首先就把他的心腹大将芮庆荣推荐过去担任行动大队长。芮大队长很"能干"，一天之内捕获了共产党员和进步人士一千多人全部解送龙华东路军总指挥部扣押。

4月18日上午，南京国民政府举行国民政府成立典礼，同日，国民政府以秘字第一号令，通缉共产党首要分子鲍罗廷、陈独秀、谭平山、林祖涵、吴玉章等197人。而杨虎也在这一天奉派担任上海警察厅厅长。过了几天，杨虎来到杜公馆，要杜月笙陪他去宁波协助清党，杜月笙毫不含糊，第二天就包下了一艘“天安轮”，一行两百多人去了宁波，杜月笙下榻金廷荪家。

据当时上海市市长吴铁城说：“共产党秘密组织，因杜月笙的交游广，耳目多，不时得以破获。”中共被害被捕的早期领导骨干有中共中央总书记向忠发，还有罗绮园、杨匏安、卢福坦、袁炳辉、王云程、孙际明、罗登贤、廖承志等人，很多出自杜月笙的“手笔”。据国民党方面统计，一年之内，共产党员在上海被捕获的，计有中央委员65人，省委95人，以下机关职务若干。在全国各地共有4505名党员被捕，上海居第一位。

蒋介石铁血诛杀共产党员，给自己在国民党的权力争夺中增添了砝码，大大改观了资历过浅和赳赳武夫的形象。投桃报李，蒋介石下半年被迫下野后，11月10日从日本回到上海。24日下午，他抽了一小时的空，又来给黄金荣拜寿，这对黄金荣来说是最大的荣宠，这一年黄金荣60岁。当时，黄金荣大儿媳李志清挑开一角门帘悄悄向楼下张望，她不禁一惊，蒋介石正和她公公坐着聊天呢！蒋介石在黄公馆坐了不到一个钟头，走时黄金荣亲自送到大门口，连连作揖称谢。

杜月笙也没有白忙乎，受聘为国民革命军总司令部少将参议。

有一天，陈群赴南京公干，谒见蒋介石。返回上海时候，带回了蒋介石给黄金荣、杜月笙、张啸林的委任状。他说：总司令提起上海清共之役，黄金荣、杜月笙、张啸林见义勇为，出力甚多；而往后无论继续清党还是维持上海治安，都还要对他们三位有所借重，因此，总司令部决定委任他们为军事委员会少将参议；等到10

月10日国庆佳节，还要颁发勋章，以示激励。

这时候看看他们三人的神情：黄金荣颔首而笑，喜上眉梢；张啸林得意洋洋，手舞足蹈；杜月笙则表情肃穆，还有点伤感，其实他是感激、感动，又加上了无限感慨，他甚至发了一刹那呆。

回家的路上，杜月笙看着街景，那都是他饱尝过凄凉、饥饿、辛酸和恐惧的地方，他想起过去的那一幕幕，从浦东高桥流浪走来。他也曾在段祺瑞执政时期，被财政总长李思浩聘任为财政部谘议，也曾接受过孙传芳五省联帅总司令部的高等顾问委任状，但是那两张都随手放了起来。这次，他好不高调，又是做军装，又是拍照留念，还大宴亲朋热闹了好些天。他感到他是浦东河沟里的泥鳅，跳过了龙门成了鲤鱼。

没过多久，陈群捎话说，蒋介石希望杜月笙晋京一行，没有什么公事，就是见一次面，交换交换意见。杜月笙很是兴奋，到南京后下榻今中山东路的中央饭店。第二天，总司令召见。这一年，蒋介石41岁，杜月笙40岁。

蒋介石给他的这一系列虚衔虽然没有实权，但是符合他的帮会身份，有助于提高社会地位，就看杜月笙自己怎么发挥虚衔的效用了。这以后，杜月笙果然一顺百顺，陆续任法租界公董局临时华董顾问、公董局华董，这是当时华人在法租界最高的位置。

第四节　再次转型——“叫我杜先生”

1933年，杜月笙的“大达轮”举行下水典礼，新造成的“大达轮”被打扮得花团锦簇、美轮美奂，他亲自主持典礼。抽个空，杜月笙和杨管北依栏站立，心情很是愉悦。当轮船驶近十六铺的江面，杜月笙回想三十年前的苦难，遥望浦东家乡的方向。忽然，杜月笙踮起脚来望，回头指给杨管北说：“看！那就是我小时候读书的地方！那时候我继母帮人家洗衣装，赚钱维生，还要送我去读书。当时一个月的学费要五只角子，读到第五个月，缴不出学费了，只好休学！”

小时候失学并沦为孤儿，对他的内心和后来的人生路影响非常深远，尤其是他到上海后，越来越多地接触上层人士，随着人的成熟，年龄的增长，他越来越发现那些人不只是有钱有势力，还文质彬彬，内蕴深厚，很受尊重。他感到了知识和修养的重要，常常在别人敬称“杜老板”、“杜爷”的时候，郑重地提醒：“叫我杜先生。”

为了满足自己对文化的热望，同时在战乱年代尽可能帮助更多的人有读书的机会，他在大手大脚八方撒钱的同时，没有忘记投资教育。

1931年秋天，杜月笙筹办了正始中学。学校设在善钟路，地点就在法租界，闹中取静，交通方便。他聘请陈群当校长全责筹备，为了明确办学宗旨，保证办学之路顺畅，杜月笙对陈群说：“老八，办学堂不是做生意，我有这个决心多赔两钿进去，你要用钱，只管来问我要。我只希望正始中学办起来，可以培养一些有用的人才。学校能不能够办好，那就完全依靠你了。”

他明确办正始中学的原则，老师要请顶好的，待遇必须最优厚，学生素质要高，只要小孩子有天分、有志气，将来可能有成就，缴不起学费的免学费，买不起书本的送书本，家庭环境清苦的供给食宿。总而言之，无论如何，不能叫肯读书的学生没有书读。

陈群倒也认真负责，所聘老师都是当时一流的，也确实舍得给老师更好的薪水待遇，超过其他学校好几倍。只要专心任教，心无旁骛，钱不要紧。学生也挑根底最好的，家中没钱不要紧，衣食住行都由学校包办。正始中学重视学生体育，学生每个星期都有两小时的军训课程。学生纪律管理非常严格，杜月笙的大儿子杜维藩在正始中学读高中时，他约了一位姓顾的同学逃考。被杜月笙知道了，他甩手便是一巴掌，大声骂道：“我办正始中学，你们去读书，就该格外地守规矩，给所有的同学做榜样。再说，你们三兄弟进正始，你是我的长子，你又该做榜样给你两个兄弟看。你居然敢逃考！这还得了！”

十九岁那年，杜维藩读到高三，他奉父母之命结婚，婚礼非常隆重，但是陈群决不容许杜维藩因为结婚违纪。杜维藩求杜月笙很多次，陈群勉强给了两个多月事假，也要在家补习。婚假一满，立刻按校规剃光头去上学堂。

当时办这样一所中学一年要五六万块大洋。当时市面不景气，生意也不好做，杜月笙开支庞大，入不敷出，到银行借了一笔巨款，才捱过去。到了快要除夕的一天深夜，一点钟了，杜月笙电话请来杨志雄："我今天请老兄来，是要跟你商量一件事情，"杜月笙沉吟一会说："就是我办的那个正始中学，一年要用洋钿五六万，实在吃不消了。我想把它结束，你老兄的意下如何？"

杨志雄心想，他停办不停办不用找我啊，估计是另有意思，比如要扩张没钱，又不好出头。因此他当时就说，办学不像办别的事业，不能随便结束，缺钱包在他身上。

第二天，他找到徐寄庼，请他邀一批金融工商界的朋友筹募一下。虞洽卿、王晓籁、张公权、周作民、唐寿民等大亨云集。大家一听，原来是这个事情，异口同声说："兴学是社会大众的事。人人都该尽力。这一点钱，毫无问题，由我们这几位朋友分摊了便是。"钱到了，总会花光的，要加强管理，尽量节省。陈群毕竟不是很懂教育，后来请来陆澹做总务主任负责常务，规模越办越大。

正始中学办得成功，杜月笙却没有为他自己建立铜像。他在正始建的那座铜像是永安堂主人，以万金油、八卦丹起家的南洋华侨巨商胡文虎的。胡文虎父女俩可是在医药界和新闻界非常出名的，在当时，胡文虎、陈嘉庚财势绝伦，富可敌国。正始中学越办越大，要扩建新校，杜月笙打算将正始中学的高中部迁往靠近法租界的法华镇上。那附近有一座观音寺，多出五十亩空地，杜月笙很想把它租下来。这时，胡文虎为了感谢杜月笙的一笔人情，替正始中学买下了这块地皮，兴建图书馆、实验室、学生宿舍，然后拱手送给正始中学。杜月笙于是在正始中学为他塑了一座铜像。

正始中学是杜月笙的终生事业之一，办学18年间，他为学校赔了无数钱，投入很多精力，正始中学的师生也没有让他失望，一向是黄浦滩上著名的中学之一。据当时学生回忆，进正始中学容易，但升级却不容易，只要有两门功课不及格或品行分不足60分都要留级，所以初一往往有三四个班，每班三十多人，到初二就淘汰了一半，初中毕业时只剩下三十来个学生能升入高中。正始中学是私立学校，但学费比市立或省立中学还要低廉，每学期只收五元。当时上海市第一、第二两届会考，都是正始中学夺冠。

在办正始中学之前，当时浦东还有个泥水工人叫杨斯盛，晚年积蓄不少，也和杜月笙一样深恨自己文化不够，就在浦东六里桥兴建了一所“浦东中学”，附设小学两所，一所在浦东，一所在南市马家厂，黄炎培先生曾在那里主持。杨斯盛逝世之后，每年欠缺的经费，都是杜月笙筹钱补上，因此被推为董事长。

1931年6月，杜家祠堂建成之后，他的朋友和门人弟子集资十万，在祠堂旁边建立一座“浦东杜氏藏书楼”，附设学塾，当时这所藏书楼曾有一篇序，指出在杜氏家祠之侧建藏书楼完全是出自杜月笙的宏愿，杜月笙的125位朋友、门人和学生“公赠图书若干万卷，以成月笙先生之志，抑亦东南文献之盛事也”。

杜月笙捐资办学是好事，但是文化素养的事情不是一时能救急的，他曾出过几次洋相，这里要提的就是他在担任欢迎宋子文大会主席时候的糗事。

上海市总商会积极筹备欢迎出国回来的财政部长宋子文，决定推杜月笙为欢迎大会的主席，代表全市商业界致欢迎词。

他倒是高兴地接受了，但是回家一想，我能讲出什么呢？那可是大庭广众之下正式致辞，代表着上海工商界的形象。

找谁写稿子呢？杜月笙想一鸣惊人，以为有个好稿子就可以讲好，他当时对杨志雄说："要找，就找一个顶有学问的，你看，我请黄炎培先生代我打稿子，好不好？"杨志雄应一句："当然好了。"黄炎培是杜月笙的浦东同乡，黄炎培大笔一挥，写出了一篇基本是文言文的稿子，杜月笙连声道谢。拿回家一看，多一半的字不认识还在其次，要命的是那摇头摆脑讲古文的腔调，他怎么学得上来？当天，杨志雄来了一看，这样的稿子就算杜月笙能读得出来，人家也是不懂。于是再去请陈群写稿子，杜月笙还特意说在前头："老八，自家弟兄，帮帮忙。第一，大家都晓得我肚皮里没有货色，文章一定要浅些；第二，我打不来官话，最好就用沪白。"距离宋子文部长抵达上海还有十天，杜月笙手里拿着陈群的讲演稿，蹲在家里专心练习演讲。8月30日早晨，上海市商会欢迎宋子文大会隆重举行，杜月笙穿好绸长衫、单马褂，乘坐汽车准时到场，往主席台上一坐，一看台下黑压压的人头一片，吓得忙着默默背诵演讲词，再也不敢往下看了。叫到他致辞都没听到。人家提醒他之后，他站了起来，心中一慌，说了声："宋部长，主席，诸位……"下面就想不起来了。支支吾吾了不知多久，突然台下爆起掌声，不知道是喝倒彩还是真鼓掌，这时候杜月笙神志才恢复。当晚，在杜公馆摆一桌酒席，席间杨志雄忍不住问杜月笙："月笙哥，你今朝在台上，究竟讲的是啥？""是啥？"杜月笙大吃一惊："你自己不是也在台上么？难道连你都听不清楚？"杨志雄摇头苦笑："说老实话，我只听到嗡嗡嗡的声音。"

这次大丢面子让他时刻萦怀，他不断下工夫练习台前讲话，学习即席致词，慢慢地才有了致辞能力。

越是这样丢分，他越在意别人的称呼，上海人尊称黄金荣为"黄老板"，虞洽卿为"洽老"，但是称呼杜月笙只能为"杜先生"，能直呼其名的除了黄金荣、张啸林，就是达官显要。至于帮会中人，连大字辈的高士奎等长老当面都要喊他"杜先生"。

杜月笙不喜欢看电影，他嫌电影院里“漆黑”、“气闷”，故事“千篇一律，没意思”。他早期说的不爱看电影，应该是20世纪20年代，那个时候的国产电影确实是制作简陋、素材贫乏，自然不能和30年代以后的电影相比。不过等到后来电影事业发展起来了，他却因为事务繁忙和气喘病在身，更不敢闷在电影院里了。

但是，尽管不常被电影史提起，杜月笙却确实是中国早期影业的开山祖师之一。原来，1927年以前，上海的国产影业“天一”、“明星”和“联华”三家鼎立，“天一”就是今天人们所共知的邵逸夫的邵氏影业公司前身。“联华”是左翼文艺界人士的大本营。“明星”是三家中实力最强的。而明星公司的创办人如周剑云、张石川等都是当年杜月笙门下的学生，杜月笙曾给予多方面的协助，为他们筹措巨资振兴中国电影，甚至把杜美路的房子献出改建摄影棚。所以不但在明星公司创办人名单上杜月笙始终榜上有名，他更和影业人士关系密切，如胡蝶、徐来、阮玲玉这样的大牌明星都经常到杜公馆走动，很多明星都仰仗他的提携。

有一天，当时明星影片公司的三巨头郑正秋、张石川、周剑云来到杜月笙家，踉踉跄跄地走到杜氏烟榻边扑通就跪，杜月笙一见郑正秋，高声叫道：“四爷叔，啥事体？介紧张？有闲话尽管讲。”原来是明星公司因为花了很多钱到北京去拍了一部《啼笑因缘》，谁知道顾无为不声不响地向法院递了一张十万元提供担保状，说是他拍《啼笑因缘》在先，要禁止明星影片的《啼笑因缘》，那天明星刚在南京大戏院上映这部戏，忽然听说法院执行官员要来扣押影片。杜月笙很轻松地说：“不要紧！不要紧！”一面拉着郑正秋说：“先吸两筒烟，平平气。”接着张石川说：“如果我们拿出二十万元，本来就可以提供担保放映的，可是要是对方也跟着再加倍，那么事情就永无了结啦！”杜月笙明知顾无为是没钱的，就问张石川，顾背后是不是有某某人支撑？张石川频频点头。杜月笙当即提起电话打给这人说：“郑洽记四小开亲自来磕头，侬阿好让一步路拨伊走走？”随后，顾无为自动到法院取消了控案，影片扣押的事也就撤销了。

我们看这个经过非常容易，其实杜月笙背后贴了一笔钱，只不过绝不让郑正秋等三人知道，这是他的一贯作风，或许这样既让人更感激，又给人以他的面子很值钱的印象，满足了自己的虚荣心。

联华影业也有杜月笙的支持，1925年他就帮助中国电影先驱黎民伟成立民新电影公司，这就是联华影业的前身，好友李应生任董事长。1930年，杜月笙又亲任中国最大的影片公司“明星影片公司”董事长。

杜月笙对新闻出版业也非常看重，历任世界书局董事长（代理）、大东书局董事长，《申报》、《商报》、《时事新报》等报董事长，《新闻报》、《中央日报》等报常务董事。在当时的乱世，每份报纸都可能牵涉名人高官与外国势力，杜月笙的介入是大有作为的，他能绝对保障新闻界，至少是他在新闻界的弟子门人的安全。比如赵君豪，上海沦陷后担任申报总编辑，经常发表精彩的抗战言论，被汪伪通缉，大队日军占领申报搜捕，却哪知，赵君豪已经安全抵达重庆，这也是杜月笙保护新闻业的大手笔。

杜月笙是中国早期文化产业的支持者和领航者。抗战胜利后，汪宝暄担任中国国民党江苏省党部主任委员时，曾经规划江苏省的文化事业，筹组“江苏文化事业公司”。发展“文化”却还叫公司，这种想法直到现在国家主张促进中国文化产业大发展大繁荣之后，才被文化界和学术界接受，可见这是一个先行者性质的想法。中央党部财务委员会主任委员陈果夫认为汪宝暄的计划很好。汪宝暄提起江苏文化事业公司的资本额定为二十亿元，请求中央予以补助。陈果夫答应由中央补助两亿元，其余由汪宝暄自行募股补足，汪宝暄很满意，他就到上海去招募入股的第一个对象——杜月笙。杜月笙仔细听完，当场拍板：“这是江苏省的事体，我当然乐于支持。我也出两亿。”

仅仅有对文化和知识的看重和偏爱还不够，杜月笙做这些实事，与这些很有文化的，甚至在中国现当代文化史上执牛耳的人物打交道，并让人信服，终究是要有点基本学识和修养的。杜月笙的修养和学识从哪里来，那就是听书读报。

要说五花八门各种娱乐，杜月笙真正喜爱的还是听“说书”。很长的一段时期内，他每天请来上海最有名的说书先生替他讲《三国》、《水浒》、《东周列国》等大书。他很认真，开讲便决不停下，每天不论咋忙，这个时间总要先抽出来。听的时候他手中要拿一卷“大字本原著”，这样就能对照着帮自己识字。

杜月笙几次去南京拜会政要，看到他们满脑筋的国家民族，回来对吃喝嫖赌逐渐没了兴趣，这就是一种氛围的熏陶。人，外表看似乎都是一样，内心大不同，即使是都喜爱吃喝玩乐，但是政要与知识分子人群在吃喝玩乐之外还有高层次的情趣和追求。杜月笙感到了差距，他不是只会自卑，而是上进地从头学起。每天要习字，照抄三字经，一天一大张习字，书法师傅认真教，他更努力写，总算练成一手挺气派的行书。

后来知识多了，他就有了提问的能力，往往一问起来就打破沙锅问到底，甚至会钻牛角尖。这个阶段，给他读报讲书的人就难了，后来杜月笙干脆请学者教授来上课了。听书也不是听《东周列国》之类的了，要听政治经济、历史地理。这种习惯和兴趣伴随了他大半生，往后他到香港、重庆，都从上海大老远的重金礼聘说书先生来给他每天讲。

并不是每一个先低微后发达的人都有风雅之心，举目当下富裕男女，财势绝伦后有几个还真心学习？开名车，买名牌，养二奶，不亦乐乎，满足口舌肉体之欲而已。很多富裕后的“粗人”们甚至对知识分子产生敌视和仇视。杜月笙虽是粗人出身，但心里一直有对文化的向往和敬畏，在门厅高悬的对联是“友天下士，读古人书”。他非常注重仪表文明，对手下说，“衣食足，应该礼仪兴了，再不能让人一看就害怕讨厌”，“我这里也算豪门巨宅，如果主人只穿一件汗衫，我身边那帮红眉毛绿眼睛的手下人，都会向我看齐，甚至变本加厉，那么杜公馆就变成洗澡堂子了”。不论天气多热，他长衫最上面一颗纽扣也从不解开，并禁止衣冠不整、赤膊袒胸的徒众出入杜门。当然，他这样也是要把早年在胸背和手臂上的刺青掩盖起来。有时他偶不小心，在打牌时捋起衣袖时，旁人就能看到他左手膀上文着一只蓝色的小雀子。

杜月笙对待徒众和部下也不像当时的很多“老大”和军阀，在他一生中挨过他骂的门生弟子很少，受他惩处的就更少了。

翻起1911年4月18日上海《民立报》的一则关于杜月笙的新闻：“捕房假冒探索诈之杜月笙至案请讯。人和栈伙吕和生、茶房朱影心禀称，‘寓客带有烟具吸烟，杜月笙等二人前来，指商人栈中私售洋烟，言如能出洋五元，可免拘解公堂，否则定当重罚。商人系生意人，不欲多事，当给杜月笙五元，有账簿书明为凭。’杜供，‘小的与张阿四同去，实系张起意，现张不知匿在何处，小的分用一元，余洋均张取去是实。’”那一年，杜月笙23岁，根据这个新闻报道，可以知道那时候杜月笙不过是个搞些小拐小骗勾当的小角色。

两相对比，我们能看到此时的杜月笙有了着多么大的由里到外的质变化。

第五节　“中国人的忍耐有限度”

“不论对父亲有何评价，有一点是公认的：在民族大义上，他从来没有动摇过。父亲反日的立场是始终没有改变的，我想这一点跟帮会有关系，老一代帮会里的人对日本人有仇恨，帮会里有很多观念也传袭下来。但最主要的是，父亲有一个很强烈的‘中国人’的意识，所以他非常恨日本人。”这是杜维善回忆他父亲时的评价。

1928年9月16日，马上就要过中秋节了，等着回家看老婆孩子的法商电车公司司机吴同根，在深夜11点钟收班，当他开着空车回厂时，车行驶到法租界霞飞路和萨坡赛路口，忽然，五个喝多了的法国水兵拦住车，强行上车，比比划划地强令吴同根开车飞驶，他们要午夜兜风。

吴同根是个老实巴交的汉子，公司有规定，调车回厂时不能搭客，这也是至今都通行的惯例。吴同根苦苦哀求法国大兵下车，很多人围上来看热闹。当时法国虽然一战惨胜，势力大损，但是，法国大兵在中国还有着殖民者的余威。这几个法国兵感到很没面子，其中一名突然从衣袋中掏出一把弹簧刀，一刀刺向吴同根，老实敦厚的吴同根顿时血流如注栽倒在地。弹簧刀从左眼直刺入脑，吴同根死了。

行凶杀人后，五个法国兵大摇大摆走了。群众义愤异常，次日，各报刊纷纷刊载凶案，各组织纷纷发表声讨宣言，法商电气电车自来水公司也在疾呼：“吴同根是为帝国主义的铁蹄践踏而死……不仅是对他个人的侮辱，乃是对整个中华民族的侮辱！”

中国官方向法国总领事馆提出严重抗议，要求道歉、惩凶、赔偿，并且保证杜绝此类事情发生。可是，当时的法国总领事范尔迪只是把水兵拘起来，就没有下文了。吴同根一死，老婆和九个孩子被置于绝境，太过分了，法方的装聋作哑，让杜月笙也看得怒火中烧。

他要单枪匹马，以私人身份出面进行交涉。

杜月笙不打无准备的仗，他先派人出去调查惨案发生的详细经过，又让人写了一份长篇报告，译成法文。在场目击的证人，也挺身而出自愿作证。

人证物证齐全，杜月笙带翻译拜访范尔迪，一碰头，范尔迪的拥抱和问候就被杜月笙推掉了，他开门见山地说出此行目的，范尔迪满脸赔笑地说：“杜先生，这种事情你何必呢？”杜月笙的回答简简单单，却是大义凛然："我是中国人，当然要管中国人的事！"范尔迪眉头一皱，连连摇头说："杜先生，这件事情解决起来很麻烦。"杜月笙针锋相对地冷笑："这件事情不解决，我看只有更麻烦！""为什么呢？"杜月笙狠狠地放话："中国人的忍耐是有限度的！你出去看看百姓的反应，总领事，我希望你不要省了小麻烦，反而添了大问题。"

范尔迪愣了愣，半晌才说出话来："杜先生，你是准备替我说话，还是准备替老百姓说话？""范尔迪先生，你知道的，"杜月笙微微一笑，"杜某从来只替道理说话。"

一番激烈辩论后，范尔迪也知道了理亏，杜月笙顺势拿出调查报告和一大叠材料，范尔迪接过来看了看，对这样详尽的调查，这样高效率的办事能力很吃惊，心中不免有点发憷，知道这次杜月笙来是要有个结果的。他很认真地说："杜先生，我很佩服你。说吧，这件事你希望怎么解决？大家是老朋友，我愿意听你的意见。""范尔迪先生，我很领你这个情。"杜月笙很诚恳地说，但是，他话锋一转，说道："根据我掌握的情况，我们中国人有五点要求：第一，公开道歉；第二，高标准赔偿受害者家属；第三，保证以后不再发生类似事件；第四，取缔法租界只许外国士兵出入的酒吧；第五，取缔法租界只许外国士兵出入的妓院。"

"杜先生！"范尔迪有点急了，"你们中国政府都没有你这么多条件。"

但范尔迪转而又笑着道："好吧，杜先生。后面两条我们等等再说，前三条我现在就可以答应你。遇害者家属，我想以总领馆的名义，赔偿1000元，你看如何？"

"很好！但是这远远不够！"杜月笙笑笑："吴同根有一个太太和九个孩子，他的太太没有工作，九个孩子都还未成年，1000块钱恐怕不够维持生活。"

范尔迪脸上有点挂不住，忙解释："杜先生，这是我的权限范围内最大的数字了，如果再多，就得要开会商量……”没等他说完，杜月笙就哈哈一笑，“这样吧，范尔迪先生你也别为难，你们总领馆赔1000元没问题，我个人再送他们1500元。”

堂堂法国驻沪总领馆的赔偿还不如杜月笙一个人的馈赠，这下真的让范尔迪这个总领事面子上挂不住了，不过他急中生智倒也想出个办法。“我让法商电车公司也送1000元。”

“这样最好，我就知道你有办法。”杜月笙不忘夸他一句，接着又是一个大手笔。“现在有3500元，不算多，但我想当做吴同根九个孩子的教育基金大概也够了。他们全家的生活费归我，我每个月付给他们30元，一共10年。”

范尔迪只好服输，由衷地感叹：“杜先生，你让我很感动。”

杜月笙谢绝了范尔迪共进午餐的邀请，同来的李应生留下与范尔迪指派的领事馆工作人员交涉具体细节，当天便拿到了2000大洋现款。回到杜公馆，杜月笙命万墨林从账房处支出1500元，再加上第一个月的生活费30元；然后再让他乘专车去吴同根家，将吴太太接了过来。杜月笙将这几笔钱的来历对吴太太交代清楚，又交代她和万墨林，以后每月30元的生活费怎么领取。交代完毕，吴太太扑通一声，跪下就磕头，杜月笙赶忙把泪流满面的她扶起，吩咐手下送她回家。

第二天，上海各大报登出了通栏广告，内容是：吴太太鸣谢杜月笙先生慷慨解囊、法总领馆厚恤遗孤。

办对外交涉，掌握什么样的火候非常重要。而关键时候僵持对谁都不利，杜月笙关键时候宁可自己损失，也要把场子圆下来，让弱势一方得到实惠。他很喜欢受益者登报致谢。虽是登报图名，可是愿意掏实在的硬通货买名的毕竟不多。

杜月笙这个名字，与中国近现代的工人运动可以说一直如影随形，我们知道的著名工人运动领袖、曾任新中国首任邮电部部长、全国人大副委员长、民革中央主席的朱学范，就是杜月笙的门生。

1931年“九一八”事变后，张学良在一切听命于中央的指导原则下，放弃了积极的抵抗，丢失了大片国土，日本更加嚣张。但是，遍地烽烟起四方的东北义勇军却涌现出了马占山、苏炳文、李杜、王德林等大批民族英雄。

杜月笙在上海关注着局势，上海市抗日救国会成立后，杜月笙和虞洽卿、王晓籁、王延松、陈霆洸、陶百川等为常务委员。他建议从“禁止日货”入手，在各处成立检查所和保管所，呼吁市民全面拒买拒卖日货。周学湘指出：“一·二八”淞沪之役前后的上海抗日救国会，虽然拥有二十五位常务委员，不过其间最主要的人物却是杜月笙。

杜月笙还积极运用他在各领域的影响力，使上海各界积极捐助马占山的义勇军，帮助在关内四处流浪、遭受歧视的东北难民，仅仅第一笔汇到黑龙江前线的就有十万大洋。杜月笙组织了一个“东北难民救济游艺会”，设在新世界剧场，举办轰动一时的“名媛选举”，历时一个月，杜月笙每天都准时到场督导工作。这个活动筹得二十万余元，悉数解交赈济委员会，帮了很多流亡关内的东北难民。

杭州市长周象贤看杜月笙在上海搞得成功，也请杜月笙、张啸林代邀上海名伶名票名流到杭州演上十天。最后那天，名票客串演出，杜月笙演黄天霸，唱了一半，吃不消了，梅兰芳只好替他唱完。

1932年，上海“一·二八”事变爆发，午夜时分闸北枪炮轰鸣。在巷战中，日本没有占到便宜。杜月笙和十九路军方面的蔡廷锴军长通了电话，郑重表态：“但有用得着我杜某人的地方，万死不辞！”

他发动各方面力量，迅速成立上海市抗敌后援会，推举上海《申报》总经理史量才为会长，他拒绝担任副会长的职务，声称工作他一定跑在前面。他说：“我把名义给别人，别人要想不做事体，就不行了。”后来，众人一致推选他当副会长，他无法推卸，只好应允。

杜月笙通过他在新闻界的徒众，日夜宣扬十九路军的壮烈事迹，开展广泛的宣传鼓动和募捐。在各方面的大力支持下，十九路军和第五军的力御强侮，鼓舞了全国军队士气。

可是，2月24日以后，日军新任司令官白川义则大将亲自指挥，以江湾跑马厅为炮兵阵地，集中兵力包围十九路军第六十一师的江湾阵地，展开最猛烈的攻击，持续打了九天，中国军队顽强抵抗，绝不后退。日本遇到难啃的骨头，就想借道法租界，由真如和彭浦，侧击大场，直奔江湾、庙行一线十九路军的后路。这个阴谋要是得逞，那十九路军不但很快失败，以后还不知道要吃多大亏。

幸好杜月笙及时获知几千日军潜入日本侨民开设的商店及住宅，他马上通知上海市长吴铁城和十九路军军长蔡廷锴，十九路军立即加强江湾、庙行后侧的防务，吴铁城则十万火急呈报外交部。杜月笙则先去找法国驻上海总领事甘格林交涉。甘格林被他质问得无言以对，只好支支吾吾回答：“我想，中国军队不至于这样冒昧地炮轰法租界，同时，日本军队在租界上也不会耽搁得太久！”

杜月笙生气了，他说：“我是法租界公董局的华董，又是华人纳税会会长，保护居民生命财产的安全，我也有一份。日军混入法界，要出大事体了，不能再拖，我请你明天一早，邀请各国领事，和中日双方的高级代表，开一次会，大家商量商量，并且彻底解决这一大问题！”甘格林急了：“你一定要把这件事情全部公开？”杜月笙说：“当然！不公开一定会出大事体！”

法国只好在领事馆召集各国驻沪总领事开会，中国方面由上海市政府秘书长俞鸿钧出席，杜月笙准时赶来参加。

然而，开会时，日本总领事村井仓松却抢先激烈发言，满是威胁恫吓的话，各国领事噤若寒蝉不愿意插话，形势对中国一方相当不利，如果会上进行表决，可能会让日军利用租界为军事根据地的事公开、合法了。

这时杜月笙不知道哪来的勇气，猛地一拍桌子，脖子上青筋蹦跳。他本来不是个很爱发怒的人，公开场合更很少讲话，这次他挥起拳头，大嚷："好，东洋兵可以进租界、住租界、利用租界打中国人。你们尽管通过这个议案，不过，我杜月笙要说一句话：只要议案通过，我请日本军队尽量开来，外国朋友一个都别想走，我杜月笙要在两个钟头以内，将租界全部毁灭！我们大家一道死在这里！"

各国领事目瞪口呆，在座的人都深知，在宗族和帮会势力盘根错节的当时的中国，愣的怕横的，横的怕不要命的，一些地头蛇，动辄可以号召几万几十万人的会党，什么事情都做得出来。大家还在愣着的时候，杜月笙转身拂袖而去。

他走后，大家七嘴八舌，日本有更多全盘侵略计划的打算，犯不着为此役直接把事情闹大，当天领事团开会的结果不了了之。日本军队也没有再借道租界，潜入的日军偷偷撤离，同时白川大将两路夹攻十九路军阵地的计划也就流产了。

第六节　义粟仁浆布四海

慈善家，这个词汇经常会被人们特别是仇富一族看成是洗白赃钱的坏人的代名词，或者是暴富后谋取名声扮靓自己的人。这样的偏见也不是没有道理，确实这样的人太多了。但是，凡事总有例外，或者总有复杂性。杜月笙出身贫寒，在原始积累时期，也做过烟土、赌场等丑恶罪恶的生意，在他的所有捐助穷人的活动中，也未必没有一点私心杂念。但是，也不能说他内心一点没有人之初的善良和悲悯，这种善良和悲悯在特定的人生时期甚至可能无意中被放大被升华。杜月笙的慈善之路就是这样走过来的。

杜月笙的幼年处境，不只是贫寒，更像是无依无靠的狂风中的小树，那个时候的他简直是姥姥不亲舅舅不爱。可是，如前文提到的，他刚有一点钱就先撒给帮助他的人，一直没有规划用钱的意识。等到了条件稍微好一点的1918年，他开始每年夏天都买大量施德芝“痧药水”或者雷允上“行军散”送回浦东高桥，有时候他亲自回故乡，一户一户地发，告诉父老乡亲，这东西可以防止酷暑时期疾病传染。当时，疟疾等传染病是很厉害的，百姓不懂，就叫“瘟人”。冬天时候，他每年买些棉衣服送给老家的穷人。

小时候，他没有饭吃，经常坐在高桥沙港的观音堂前晒太阳，以此来挨过饥肠辘辘的白天。有钱了之后，他一次拿出7000元，重建了那个观音堂。后来又在老家的田野里修了23座石桥。

他曾向街上锦衣玉食、珠光宝气的富人乞讨过，但是他少年时期没有抢过路人，即使冻得要死的时候也没有，他立下的志向最多不过是“我要混出个名堂！”他曾经跟一起坐着闲聊的小伙伴说：“等咱有钱了，凡是遇到穷人，都要接济一下。”

穷人乍富，总是花起来没底。杜月笙跟黄金荣做烟土生意时候，有了钱他并不是胡吃海塞，对女人和美食，他的兴趣也不是非常旺盛，但是好赌博，此外就是好交往，四处撒钱。“积钱针挑土，用钱水流沙”，张啸林他们经常花露底，杜月笙更是背了一身债，他善门大开，好面子，心软，人家提出的要求，一般来说都不好拒绝，要打发满街的乞丐，还有按月到杜公馆拿钱的穷困的鳏寡孤独，即使像胡雪岩、牛子厚那样的财阀也不够用。

1929年1月11日，国民政府成立全国赈灾委员会，许世英当委员长。

许世英曾任北洋政府时期的国务总理，安徽至德人。许世英刚一上任，河北、山东就发生了严重旱灾，心急火燎的他找到了杜月笙。许世英的面子，杜月笙肯定要给，当场许下诺言：“我杜某人但有一分力量，绝对尽力而为。”于是，一个叫“上海义赈会”的组织成立了，许世英亲任主任，杜月笙做筹募组组长，很快募集了一大笔赈灾款。

在当时内忧外患的背景下，国家财力捉襟见肘，什么社会保障之类更谈不上，一有灾情就要向民间募捐以贴补财政的不足。那个年代的总统、总理、财政部长是非常难当的，北洋时期不说，孙中山的长子孙科曾经在“九一八”事变后当过一段南京政府行政院长，相当于现在的国务院总理，最后还是因为财政拮据，政府无法开张而被迫下台。1931年，长江又发大水灾，流域内十七省灾民超过一亿，许世英又去找杜月笙。杜当时正热衷于票戏，就向许世英建议用义演的形式来拉捐款，票价可以高一点。许世英表示支持，杜月笙就开始筹备起来，梅兰芳、金少山，再加上他的夫人姚玉兰，以及杜月笙的学生、上海著名票友赵培鑫，杜月笙和张啸林也跟着客串，节目分量也还不错。这次义演，梅兰芳、赵培鑫合作演出《四郎探母》、《打渔杀家》等剧目，梅兰芳、金少山合作了《霸王别姬》，杜月笙自己和张啸林票戏《落马湖》，义演在二马路新大舞台举办，很轰动。赈灾委员会募集了一大笔超过预期的捐款，也积累了义演的筹办经验。

抗战胜利后，杜月笙为了响应募捐救灾，还搞了一次“上海小姐”选举。

1946年春末，苏北连遭暴雨，洪水把300万难民轰出家园。天刚晴，接着就是一场大旱，田禾绝收，疟疾、霍乱等疾病流行，大批难民纷纷涌向南京至上海沿线城市。7月26日，抗战胜利一年后的上海各大报纸上刊登了一则醒目的启事：欢迎上海市的名媛佳丽报名竞选“上海小姐”。一时人们纷纷议论，甚至谴责：“老百姓这么苦，社会乱成什么样了，国内打仗还没完呢，怎么还有这个闲心呢！” 这里我们必须指出的是，这个事情初愿确实为了赈灾，但杜月笙确实有私心，他这样积极筹办这个事情，也是显示一下能力，希望在抗战胜利后被蒋介石过河拆桥之际，重新唤起蒋介石对他的重视。

当时，需要募捐赈灾款20亿，任务派给杜月笙，没想到他还真的敢于一口答应下来。

20世纪三四十年代的上海已经替代此前的哈尔滨、天津，成为中国的时尚之都，但人们还是对选美抱有成见，觉得这不是良家妇女参与的事情。因此，活动刚开始没几个报名的。后来，杜月笙索性亲自出来拉人、鼓动。他召集有自己弟子任职的各大报纸的记者，说明这次选美是为了赈灾，不是选花瓶那么简单，希望大家支持。《申报》、《新闻报》于是大量报道。8月2日，上海民立女中有一个叫高清漪的女生报了名。接着，在杜月笙安排下，新闻媒体立即抓住这个机会造势，宣传高清漪是一个非常清纯的女孩子，她的参加证明这次"上海小姐"的选举跟以往的选花魁不一样，并不是乌七八糟的。宣传的力量虽然隐蔽但是很有效，很快，报名人数突破3000。

由于是为了赈灾，京剧名伶言慧珠、童芷苓，电影明星白杨、周璇等演艺界名流也都报名参选。据当时的人回忆，选美对报名人的身高和长相都有一定要求，而且每个人要交一张四寸照片。与以往的选美不同，才艺表演新增加了游泳项目，它规定参选者必须身穿泳装出场，这在当时是惊世骇俗的。

选美在新仙林舞厅，以露天舞会的形式举行，一张门票两万，在当时折合美元大概是八九块。除了门票的收入，每位参赛选手的选票也是采用有价选票，就是观众想参与这个选美活动，首先要买选票。无论看好谁，只要参与就要掏钱。这场上海小姐引得美国米高梅电影公司也派人来到上海，拍摄了这次活动的新闻纪录片，记录中国的社会与风俗变迁。

决赛前夕，各大报纸对上海小姐花落谁家纷纷作出了预测。在民间，一个叫谢家骅的女孩子呼声很高，因为这女孩不仅漂亮，而且是复旦大学毕业，父亲是上海化工原料大亨，不差钱，社交能力强。

1946年8月20日晚上7时，上海小姐总决赛就要在新仙林舞厅开幕，当天入场观众达3000人之多，当时的颁奖嘉宾是梅兰芳。

深夜11时，上海小姐选举进行现场开票，由总监票杜月笙依次公布评选结果。王韵梅以超过6万张的选票当选“上海小姐”。可是这个王韵梅，公众之前谁都不知道，连报名材料上都没有她的资料。对于王韵梅，《申报》是这样报道的：“在筹选期每次开会都未见她芳踪，但销券募款之能力，则是胜过所有应选人。”后来，据小报狗仔队挖到的信息是，王韵梅原名叫王国花，曾在上海仙乐舞宫当过舞女，是范绍曾的情妇。范绍曾是四川有名的大军阀，是杜月笙的好友，也是杜月笙贩卖烟土时期的搭档。原来，总监票人杜月笙花了巨资为王韵梅助选。这样，原先被市民一致看好的谢家骅屈居亚军，刘德明获“上海小姐”季军，言慧珠获评剧皇后，韩菁清获歌星皇后，管敏莉获舞国皇后。

参加比赛的获奖“皇后”并没得到啥好处，筹集来的赈灾款到底是及时发给了难民，还是后来说的被金融寡头、反动政客们瓜分掉了，是一笔无头账。20世纪40年代后期的国民党已经彻底腐败，与刚建立时的二三十年代都不可同日而语，在上上下下对国家对政权抱着“弃船心理”的时候，即使杜月笙不贪，那些钱也要被层层官员扣下的。

虚荣、浮华害人至极，当年的上海小姐的亚军谢家骅随后步入影坛，但拍的电影都反映一般，后来嫁给富商荣梅莘，婚后就变成了黄脸婆，荣梅莘不许她再去拍电影，而是要她待在家里抚育大老婆的八个孩子，这对于知识女性谢家骅来说，当然不能接受。更糟糕的是，荣梅莘娶了谢家骅后还经常出去寻花问柳，谢家骅一再要求离婚都没成功，1948年7月，她吞服大量安眠药自杀。

而冠军王韵梅也逐渐消失在公众视线里，从此不知所踪。这个女人耗费了多少钱？事后范绍增一算，为捧王韵梅他个人投入四千万元，杜月笙还投入两千多万。

杜月笙好面子，也是为了笼络人，让人家服他。杜维善就回忆说：“我想父亲之所以能脱颖而出，是靠义气。在那时的中国社会里，‘义’字很重要。他出手大方，人家没钱了他给钱，兄弟没钱了他散财。父亲的门客很多，有的自己有职业，有的是靠我们家吃饭。”“其实父亲从来不是上海滩最有钱的人，但给人的感觉是他名气最大，在上海他也能够控制一些东西。”他兼任将近七十个地方性以至全国性的机关团体、事业机构的董事长、常务董事等职务，换了别人，不但要勒索薪金、红包、好处，即使应付赈灾募捐，也可以满口答应下来，然后往下摊派了事，老百姓懂得什么内情呢？但是，杜月笙不是，他也分摊，但分摊的数目会事先沟通，即使不沟通也要努力做到合情合理，让人家基本愿意接受。否则，如果杜月笙是一个总是勒索、摊派下属企业的吸血鬼，这些企业谁也不会去请他来当太上皇的。杜月笙兼任这些虚职，他也很小心，尤其是他开始注重政治影响和社会声誉之后，他觉得犯不着引起闲话，别人的事他全不干预，别人的盈亏他也假装不过问，别人的业务他更不伸手，安心做他的挡箭牌和保镖，他也赚到了面子，提高了自己的身价。

不论是抗战时期的积极抗日，还是组织参与各种募捐公益活动，抑或甘当官私机构企业的挡箭牌，杜月笙都可以说是义不容辞，到了1948年前后，杜月笙已经成为“中国的杜月笙”了。

第七章 立雪程门得真传

第一节　孟小冬东山再起

自从电影《梅兰芳》放映后，借助网络的强大推力，当年红透天的孟小冬这个名字才被人们从历史的长河中记起，人们发现，这个女子不只是一代红伶，更是一个在旧中国受封建传统文化毒害、历经坎坷的悲苦女人。有人说，梅兰芳开启了孟小冬的悲剧人生；也有人说，孟小冬使梅兰芳的清白人生留下了阴影。其实，悲剧的发生总不会是单方面的原因，简单地谴责一方是欠公允的。如果说孟小冬选择了梅兰芳是她人生的一场悲剧的话，那么造成这一悲剧的深层次的原因也许应当怨她是女人，一个靠感性判断执意为之的女人，一个活在伶人没有地位的旧时代的女艺人。这一切，决定了她难免的遭际。

孟小冬与梅兰芳分手后，分别在天津和上海生活，似乎两不相干，平静地各自生活。孟小冬长期在天津居住，除了照顾父亲的病，还有父亲去世奔丧，回过北平以外，都没回去，估计也是防止一旦登台，再遇到梅兰芳。

对于孤僻冷傲的孟小冬来说，其心理疗伤的过程或许比旁人要更漫长，分手后的孟小冬着实过了好一段凄凄惨惨戚戚的日子。孟小冬的侄子孟俊泉回忆说：他姑姑孟小冬很喜欢他姐姐，有一天，孟小冬让小姑娘在她身边玩，正玩着，她突然拿出手绢捂着脸大哭，是不是想，要是不分手，她和梅兰芳的孩子也挺大的了。她哀痛的哭声，给孟家姐弟留下了极深刻的印象。后期孟小冬留下的很多照片里，大多是神情淡然，清冷神秘，很少再有笑得阳光灿烂的表情。

就在孟小冬慢慢疗伤的那段时期，天津某报开始连载一篇小说。内中情节知情人一看就猜得出，这是编排的梅兰芳、孟小冬的韵事。如果仅仅是基本符合事实地重新演绎也就算了，可是这小说未免“虚构”成分太大，很多重要信息对孟小冬非常不利。实际上，写这类文章的人，当然要从女主角下手，因为女子的韵事更容易吸引眼球。比如，在提到李志刚“血案”时，小说作者有意无意地暗示此案背后的指使人可能就是那个坤伶。虽然不点名，但是也能让知情人一看便知。在名伶对坤伶的“赔偿”问题上，小说又说坤伶狮子大开口，向那个名伶敲诈。这文章说是小说，但读上去更像是社会故事，是有生活原型的，明眼人都不会把这当成纯文学小说来读。人们看了报纸，对梅兰芳和孟小冬的关系又开始嘀嘀咕咕起来，对孟小冬也是指责居多。

身在上海的梅兰芳估计是没有看到这篇小说，所以没有啥反应。孟小冬却是怒不可遏，再听听街谈巷议对她的指责，她如芒刺在背。本来女人就敏感，在这个时候就更敏感，怎么办，找作者，人家有没有说出名字，再说人家可以问你，你没有鬼，你干吗跟一个报纸小说较真呢，你为什么要自己主动对号入座呢？

貌似强大的人，一旦崩溃的时候其实更脆弱。孟小冬又想到了佛祖，于是她一口气跑回北平，住进了拈花寺，拜住持量源大和尚为师，皈依了佛门。多年后，她曾明白地对朋友谈起这段佛缘：“婚姻不如意，才促使我信佛的。”

佛学无法平复孟小冬受伤的心灵，也许她受伤太深，尘根不净，做不到迅速放下尘世纷争。这时候，好友和崇拜者都劝她，不要因为闲言碎语就年纪轻轻断送了艺术生涯。再说了，谎言说了千遍就可能成为真理。要想不让谎言成为真理，就应该及时揭穿谎言。你要站出来说话，不能再躲在寺庙里吃斋念佛了。

她接受了劝告，出来就一气呵成写了一篇“紧要启事”。启事刊载在1933年9月5日的《大公报》上，接着又连续刊登了两天。这启事对她是解脱，对梅兰芳却造成了很大的伤害。

启事原文说：“启者：……旋经人介绍，与梅兰芳结婚。冬当时年岁幼稚，世故不熟，一切皆听介绍人主持。名定兼祧，尽人皆知。乃兰芳含糊其事，于祧母去世之日，不能实践前言，致名分顿失保障。虽经友人劝导，本人辩论，兰芳概置不理，足见毫无情义可言。冬自叹身世苦恼，复遭打击，遂毅然与兰芳脱离家庭关系。是我负人？抑人负我？世间自有公论，不待冬之赘言……特此声明。”

读者可以看到，启事不仅述说了自己毅然与梅兰芳脱离家庭关系的前后，还评论道：“是我负人？抑人负我？世间自有公论，不待冬之赘言。”语气中充满对梅兰芳以及当初媒人的哀怨甚至责问。

对于有谣言称孟小冬与凶杀案主角李志刚有恋爱关系，导致梅兰芳险些遇害，她也在启事中严正澄清。

本来，民国时，法律虽并不禁止纳妾，但反对重婚，推行的是“一夫一妻”制。当初的“名定兼祧”只是民间说法，社会不知情的无法知晓，法律更不会承认。何况当时福芝芳就是以“名定兼祧”的名义，在王明华还在世的时候娶进门的。王明华去世后，福芝芳顺利扶正，成为梅兰芳真正的妻子。孟小冬的义愤毫无意义，公开宣泄情有可原，但是也让人看出，如此烈性和执拗的女子，对于男人，尤其是谦和、文静、内秀的梅兰芳来说，确实是难以接近和融合的。

其实，孟小冬最初的目的只是回应那个写诋毁小说的人，同时给舆论一点澄清，一时激愤就忘了高度重视梅兰芳的感受。梅兰芳是一个重视名誉胜过金钱的人，虽然也有责任，但是也并非无情无义之人，何况以他当时的名望和地位，如今却被人公开骂作“毫无情义可言”，这将给他的名誉带来怎样严重的负面影响。梅兰芳何尝不想：小冬，即使你有无限冤屈，那也不全是我个人原因啊！即使我有万般错，又为什么一定要向全社会公开呢？但梅兰芳是即使如何气愤也不会破口大骂、暴跳如雷的人，何况毕竟孟小冬也是他深爱过的女人，也就连驳斥都懒得驳斥了。从这里我们可以看出，梅兰芳着实是很有涵养的。

孟小冬的怨气得到了宣泄，心情一下子为之大变。在“启事”公开发表20天后，她重登舞台，在北平的吉祥戏园又唱了当初和梅兰芳首次合作的《四郎探母》，和她合作的旦角是坤旦李慧琴，她刚拜的老师鲍吉祥串演杨六郎，姜妙香配演杨宗保。这是孟小冬的正式复出。

天津的各家戏院闻听孟小冬重新登台，纷纷来邀请。孟小冬曾邀请名净侯喜瑞、名丑萧长华演出于明星大戏院，在天津演出期间，又经沙大风介绍，孟小冬拜谭派名票程君谋为师，程君谋曾亲自为她操琴。

孟小冬这次复出，只是在北平和天津演出，而且因为身体日渐衰弱，只能断断续续演出。同时，时局动荡，日军环伺北平，娱乐业不景气，也没有很好的收入。

后来，梅兰芳从苏联访问回上海参加赈灾义演，孟小冬和梅兰芳都接到了邀请，二人差点没撞上。

据说这以后，还有些人不死心，试图说和孟小冬和梅兰芳合唱一出《红鬃烈马》。这个八卦说法的背后，可能只是人们的一种愿望，希望唯美的梅、孟爱情传奇能够延续。但是，爱情就是爱情，不适合结婚的爱情就无法期望它开花结果养儿育女。至于梨园界有传说，孟小冬曾生下过一名梅兰芳和她的女孩，因对梅兰芳的怨恨而将孩子交予他人抚养，甚至有鼻子有眼地说容貌像梅兰芳的杜近芳就是他们的女儿。我们只能姑妄听之了。

《文化人的人情脉络》一文中说：“孟小冬登报声明，指责梅兰芳。杜月笙闻讯后，为讨好孟小冬，对来上海演出的梅兰芳处处为难，先是与上海各报馆打招呼，不准报道梅兰芳演出的消息，接着又在梅兰芳演出时起哄捣乱，弄得梅兰芳演出受挫，经济亏损很大，甚至连返回北平的路费都凑不齐，只得典当行头，才得以离开。”这个传说时间上就不吻合，梅兰芳1932年就已经定居上海，而孟小冬发启事是1933年，何来梅兰芳“返回北平的路费都凑不齐”？所以这传说是应当存疑的。

荣格说，性格决定命运。确实，有什么样的性格就有什么样的选择，有什么样的选择必然有什么样的后果，无法怨谁，也无法恨谁。而性格的形成又不是个人完全能够左右的。爱情不是个人的事情，他可能伤害对方，甚至更多的人，可我们又无法让每个人都足够理性，我们无法做到这一点。“人生不如意十之八九”，爱情也如此，这就是人生无处不在的困局。

第二节　半夜成了他的人

1935年夏天，长江中下游洪水泛滥，灾民四处漂泊。为了赈灾，杜月笙在上海发起成立了“筹募各省水灾义赈会”，并自任会长。黄金荣也配合义演，将他的黄金大戏院献出来供免费使用一个月。

按计划义演分两期进行。参加第一期义演的有大批名流、名票，名伶中还有梅兰芳。这一期里最引起轰动的演员是姚玉兰，毕竟义赈会是杜月笙发起的，他的妾侍姚玉兰自然引人瞩目了，不但一人独演了《逍遥津》、《刀劈三关》、《哭祖庙》、《李陵碑》等传统老生戏，还反串了老旦戏《钓金龟》。然后，她又和梅兰芳合作了《穆柯寨》、《四郎探母》。杜月笙也亲自客串过戏瘾。孟小冬没参加第一期的演出，参加第二期义演时和章遏云并挂头牌，演大轴。她实际上只演了8天，后面4天生病了就没演。孟小冬的身体当时已经很差了，那时候她才28岁。过去在北平演出时候她就常常演一场歇好几天。这次在上海，她天天登台，演的又都是很耗体力的戏。她的身体怎么年轻轻就糟践成这样呢，除了天生体质不好外，也是因为她孤僻冷寂的性格，使得和梅兰芳分手后郁闷的心情无处转移和排解，还曾绝食，信佛后又长期吃斋，和当时的京剧演员一样，她也喜欢抽大烟，各种原因导致身体越来越亏。身体不好也是因为她演戏太投入，一个字、一个腔都从不马虎，她唱一出戏的精力够别人唱好几出了。另外，嫁给梅兰芳后，她离开舞台四年多，这四年多，无法做到拳不离手、曲不离口，再上手未免费力费神。

身体状况曾让她深感悲凉，后来成为梅兰芳秘书的上海戏曲评论家许姬传在她生病时候曾去探望，孟小冬对他说："现在突然病倒了，我觉得此后不能长期演出，我的雄心壮志也完了。"

1937年5月，孟小冬再次南下上海。这次，她是应邀来参加黄金大戏院搬迁后的开幕典礼。

黄金大戏院（即今大众剧场）在旧法租界恺自尔路、敏体尼荫路转角上（今金陵中路1号，西藏南路口），是黄金荣创办的，1929年开始建造，1930年1月30日建成开幕，刚开始时候放映电影，到1934年演歌舞剧，1935年2月4日春节期间开始改演京剧。黄金大戏院首创对号入座，取消传统戏院的“案目”，服务更人性化，这是上海京剧演出场所的一大变革。

1937年，黄金荣把黄金大戏院租给金廷荪经营，于是要搞重新开幕的揭牌仪式，从北平邀来孟小冬、章遏云、陆素娟剪彩，孟小冬登台演出了几天，然后北平名角一批批地来演出。第一批角色有马连良、张君秋、叶盛兰、马富禄等。张君秋曾说自己第一次来上海献艺于黄金大戏院，指的就是这次揭牌仪式。当时名角荟萃的盛况正如杜月笙所说，“可称得上是一场‘群英会’了”。有人会问，这么多名角到场，怎么会单单少了已经在上海生活的梅兰芳呢？难道为了避开孟小冬？其实，梅兰芳当时去了长沙和汉口，随行的有萧长华、奚啸伯等，演出他新创排的抗战剧——大戏《生死恨》。

孟小冬是受自己的金兰姐妹、杜月笙的四姨太姚玉兰邀请来的，没想到，这成了她人生的又一次重大转折。

这位姚玉兰，曾经让杜月笙好一阵子沉醉。1921年，成名于天津的小兰英带领女儿姚玉兰、姚玉英姐妹到上海黄金大戏院演出，母女三人合挂一块牌，戏迷们一看，新鲜事啊，于是黄金大戏院场场客满。杜月笙当时已是比较老道的票友，他生旦净丑、文武场面样样都能整两下子，看上去还真像模像样的。这一天，他看了姚玉兰的戏就被吸引了，然后不管多忙，只要听说姚玉兰的戏要开始了，立刻啥也不顾驱车直奔黄金大戏院。他不光自己看，还拉上到上海的王柏龄去看姚玉兰，两人边看边谈，杜月笙突然一本正经地说：“我想娶这一位小姐，你看如何？”“好哇！”王柏龄很是赞同，他说：“你要是娶到了她，闺房里面对唱起来，那才是人生一乐。”

可是不管杜月笙怎么到后台套近乎，她们姐妹也只是笑笑而已，并且他一来，小兰英老太太就会出来应付他。

想起当年，杜月笙跟沈月英的结合，是相互中了意，又有黄金荣亲自撮合。讨陈夫人和孙夫人，那时候她们还小，她们家里也羡慕杜月笙的钱和势力，没有什么悬念。这次怎么这么难呢。也许杜月笙第一次尝到了恋爱的滋味。实在难以忍耐了，他就去求黄金荣的儿媳李志清，嘴里喊着“妹妹”道：“妹妹，你来，我有事情问你，小兰英阿是跟你蛮要好？”“蛮要好咯”。杜月笙这才吞吞吐吐挺不好意思地说了请她撮合的想法。

杜月笙当时就打包票：“你可以代我向她们说明，第一，我一定要跟姚玉兰正式结婚；第二，我绝不会把她当做偏房。”李志清从中一说和，那边的母女提出以下条件：必须正式结婚，必须和华格臬路杜公馆里的那三位夫人分开住。杜月笙一听，全没问题。二人就结婚了，杜月笙兑现诺言，在蒲石路另建一所新房子给姚玉兰住，姚玉兰一进来，这里就成了戏曲界的俱乐部。姚玉兰也守信用，婚后不再演戏，只在1931年一次赈灾义演中演了一次《刀劈三关》和《辕门斩子》。为了排遣姚玉兰的生活寂寞，杜月笙经常组织家庭内部排戏吊嗓，搞得这里像票房一样。章遏云拜杜月笙为义父，认亲仪式也在这里办的。

住在华格臬路杜公馆的沈夫人、陈夫人和孙夫人，对姚玉兰入门非常不开心，她们曾想组成联合阵线公开表示反对，被杜月笙知道后训了一顿，也就不再抗议了。姚玉兰进宅也有个好处，除了有了戏曲的知音和伙伴，杜月笙也有了可以抛头露面的夫人相伴。没娶她之前，那三位夫人都是旧式女子，大门不出二门不迈的，不懂规矩和礼仪，她们也懒得出去应酬。

婚后一年，她给杜月笙生了个女儿，也就是杜美如。美如满月那天，蒲石路杜公馆不仅大宴亲朋，而且演出堂会，梅兰芳、马连良联合演出，张学良夫人于凤至都来道贺，她后来一直在说：就那回在上海看到了一场好戏。

话说回来，姚玉兰这样受杜月笙宠爱，也很和谐，为什么要

英姿飒爽孟小冬

撮合孟小冬和杜月笙呢？原来，一方面，她知道杜月笙对孟小冬有意思，既然自己阻止不了杜月笙纳妾，何不主动些讨好杜月笙呢？既然主动，为啥不找自己熟悉和信任的人呢？另一方面，也是因为前三个太太都是苏州人，而她是北方人，在家庭中势单力薄，便把孟小冬拉进来借力。不过三个太太也未必都一样抵制她，据章君谷在《杜月笙传》中记述：三楼太太孙氏夫人比较豁达，她善于自己排遣寂寞，全部时间都投入在她的一对爱儿身上，长期陪儿子在海外学习，过着优游的岁月。杜美如也曾回忆："我爹爹和我的前楼妈妈（沈夫人）结婚的时候，我前楼妈妈喜欢我爹爹，所以她把所有的钱都给我爸。那么他们（杜月笙和沈夫人）结婚有一个结婚证书，后来讨了二楼妈妈（二姨太）和三楼妈妈（三姨太），这两个人欺负她。（杜月笙要娶姚玉兰的时候）她说：那也好，你讨姚玉兰可以，我把我的证书送给她做结婚礼。所以这样子呢，我妈妈算正式太太。但是家里面，大家都跟姐妹一样，都在一起搓麻将的。"清官难断家务事，我们纠结不清，只是把这些情况写在这里，以免读者轻信偏颇的评论。

孟小冬长期以来接受杜月笙的帮助和经济接济，适逢感情挫折后的脆弱期，这时候撮合也确实不难。多不为人所知的是，黄金荣也曾为此事鼓动过杜月笙。

一天晚上，黄金荣和杜月笙闲唠时说到了梅兰芳的困境，黄金荣忽然对杜月笙说："月笙，女伶孟小冬我看品貌既美，举止潇洒，行动大方，而且戏艺又佳，这是一个难得的妹子，不如将她设法讨了进来，纳为妾室。将来你开个戏院，她既给你为妾，又可给你唱戏挣钱，同管事务，这种一举三得的美事，你要趁他们走投无路的机会，设法及早下手，不怕她不入你的手掌之中。"杜月笙听了黄金荣的教唆，就鼓起了勇气。

这次，在孟小冬抵达上海后，姚玉兰以女人惯用的无限热情把她接进来和自己一起住。一天晚上，姚玉兰让孟小冬陪自己睡，半夜时分，姚玉兰出去了，进来的却是杜月笙。换了往年，孤傲的孟小冬怕是不会接受这个安排。但这个晚上，孤苦伶仃漂泊外地的孟小冬回想这些年杜月笙对她的种种好处，就没有拒绝。从此，“冬皇”成了杜月笙的人。

三个人成了一家后，姚玉兰对孟小冬说：“小冬，你留下来快活快活吧，都三十岁的人了，还只身漂流，要等到何时呢？你留下来，咱们姐妹合成一家，和那几个苏州女人斗，把家产都夺来，我们两人平分。”打此以后，孟小冬就留了下来，从5月到7月，三个人“一马双跨”同住了两个多月。很快七七事变爆发了，战火逼近上海，杜月笙和姚玉兰收拾行囊逃难香港。邀请孟小冬一起去时，她谢绝了，一方面，北平还有要处理的家事，另一方面，她没有名分，去跟着未必有好日子过。于是，她孤身一人返回北平。她对姚玉兰和杜月笙说的理由是：来上海4个月了，思念家人。杜月笙和姚玉兰也不好强留，委托姚玉兰送上金银首饰作为义演酬劳，孟小冬也谢绝了。

孟小冬刚刚离开上海，梅兰芳结束在外地的巡回演出后，返回了上海。

对于孟小冬与杜月笙同居，我们在这个阶段过多评论还为时尚早，在后面还有更多他们的故事，那时候再作评论也不迟。这里我们只想说，孟小冬对杜月笙因感激而产生了一定的感情，杜月笙对孟小冬非常体贴、怜爱，并且总是在最困难时伸出援手，不只是钱，而且很细致。名医孔伯华在北平经常给孟小冬看病，孟小冬有一次在上海患病，遍寻名医都没法治好，杜月笙特派小火轮接孔伯华来上海出诊。其实不是啥大病，孔伯华一看，不过是冬天进补吃多了，开了个通气的小方就治好了。杜月笙一高兴送了十万大洋，三十年代的十万大洋相当于今天一千万人民币。

他们因为共同的爱好和感情上的相通走到了一起，难得的是姚玉兰还算豁达，她也仰慕孟小冬，更了解杜月笙和孟小冬两人的心理。

从三十岁起成为杜月笙的人后，孟小冬一直在没有名分中与他交往。如果说她和梅兰芳的交往是出于爱情或者青春冲动，那和杜月笙是图的什么？仅仅是因为杜月笙的权势？孟小冬曾得罪过一个权势之人，这人为了报复，在她演出时，放出话要包下这家戏院，然后清空戏院，让她唱独角戏，羞死她。当然，他最终没有那么做，但对孟小冬来说，还是感到被羞辱了。于是，她也曾放出话来，以后要么不嫁人，要嫁就嫁更有权势之人。可是她后来还是嫁了梅兰芳，并没有选择督军省长之类。唱戏的再牛当时也就是戏子，下九流，何来的权势？孟小冬说到底还是很看重感情的。

或者说是像传言中的那样，杜月笙是霸王硬上弓，而孟小冬是因为惧怕他才委身的。但是以孟小冬的性格，她能惧怕谁？她性情刚烈，还曾一度遁入空门，有什么可惧怕，又有什么要留恋的呢？至于说图钱，也说不过去，前文讲过，杜月笙在上海也不是最有钱的人，在北平愿意在金钱上援助孟小冬的人有很多，为什么她一直只愿意接受杜月笙的馈赠呢？其实，在当时让她接受杜月笙的是，杜月笙知晓她最脆弱的软肋，那就是离婚独身女人才有的蚀骨的寂寞和无助，她需要男人，也需要依靠。

第三节　余叔岩："除孟小冬之外，我没有门徒"

从上海回来的孟小冬，走出了以前的情感阴影，心情好多了。1938年10月，她正式拜老生泰斗余叔岩为师，行了拜师礼，她正式成为余叔岩唯一女徒弟。

孟小冬这个拜师的历程是很漫长也很坚定的。

京剧老生余叔岩，1890年生于北京，湖北省罗田县人。字小云，官名叔巖，巖字笔画复杂，就常用“岩”代替。他是余三胜（第一代“老生三杰”之一）的孙子，余紫云之子。余叔岩小时候就用“小小余三胜”艺名出演于天津“下天仙”戏院，也是很红的童星。余叔岩小时曾拜师吴联奎学老生，姚增禄、李顺亭、钱金福、王长林、田桐秋、陈德霖、鲍吉祥等人他也都曾请教过。要说在唱念方面对他帮助最大的，应该属业余谭派老生研究家王君直和陈彦衡。

他常去汉口、上海、天津各地演唱，影响遍及全国。后来身体不好了，加上“倒仓”（戏曲演员在青春期发育时嗓音变低或变哑）就回了北京。1918年后，他长大了，嗓音恢复后就用“叔岩”这名字重新唱戏。辛亥革命后他就拜谭鑫培为师，学《太平桥》中史敬思、《失街亭》中王平的表演艺术。

陈维麟在《余叔岩生平回忆片断》一文中说，“那时我也在北京，和余叔岩、言菊朋三个人，结成一个‘观摩小组’，每逢谭鑫培有演出时，我们必去观摩。那时演出堂会很多，堂会并不对外公开，我们常常不知道准确的地点、时间，即使听见了消息，有些权贵显要的‘大宅门’，我们也进不去。所以我们就像着了魔一样，钻头觅缝地到处去打听演出的消息。打听到消息，如果是门禁森严，不容易混进去的地方，再挖空心思，想办法钻到里面去看戏。总之，只要达到看戏的目的，我们什么方法都想得出来。前面所说的，有一次冒充‘大人物’，坐马车硬闯堂会，就是我跟余叔岩的故事。”类似的余叔岩执著钻研京剧的轶事，梅兰芳在《舞台生活四十年》中也有记载。

他就这样一直用心观摩谭鑫培的演出，充分发挥他学谭鑫培后的心得，并与自己的特长相结合，他还多方学习诗词书画以及音韵方面的知识，从谭鑫培的艺术出发向博雅精深发展，逐渐成为“新谭派”代表人物，时人誉为“余派”，当时与杨小楼、梅兰芳并称“三大贤”，他们代表了20世纪二三十年代老生、武生、旦角的最高艺术水平。而在老生界，他和马连良、高庆奎并称京剧第三代的“老生三杰”。

1928年后，由于身体多病，除义务、堂会戏外，余叔岩不再演营业戏了，把很多精力投身于京剧的理论研究、社会活动和授徒工作。1931年与梅兰芳在北平成立了国剧学会。1932年，余叔岩在国剧学会作了关于京剧老生演唱法则的讲演，从多方面概括了余叔岩关于京剧老生演唱的艺术主张，这是余叔岩自觉对余派艺术进行理论总结的重要事件。

余叔岩先天禀赋并非多么优越，他音量小、中气弱，但是他刻苦努力，巧妙地结合提气等出色的气息运用技巧，使嗓音醇甜峭劲、清冽爽脆而无一丝一毫的凝滞，做到了高音清越，低音苍劲，立音峭拔，脑后音雄浑，擞音圆润，颤音摇曳多姿，化谭派的浑厚古朴为清刚细腻。余派艺术讲究一个“余”字：简洁含蓄，富于凝聚力，耐人咀嚼和寻味，余音绕梁，余味无穷，因此更擅长演唱苍凉悲壮的剧目。京剧界常用“云遮月”的说法来赞赏余叔岩的声音美，就是说他的嗓音主要不靠亮度取胜，而是有厚度、挂“味儿”。唱腔艺术处理上审慎精到，字斟句酌，唱起来，就显得端庄大方、深沉凝重，风骨清健而儒雅。

余叔岩娶陈德霖的女儿陈淑铭后生了余慧文、余慧清两个女儿，另一个小女儿余慧龄是继室姚夫人所生。

在孟小冬拜言菊朋为师时，言菊朋就曾向她提议应该拜余叔岩，因为他们的路子符合。但是，孟小冬知道余叔岩为人孤傲，很难接近。一个孤傲，一个冷傲，这样的两个人看上去确实难成师徒，可他们经过曲折，最终还真成了师徒。原来，余叔岩和孟小冬实际上都心仪对方。

从孟小冬这一方面来说，她到北方的最大目的就是要在艺术上真正再上一个台阶，她曾多方求艺，其中用功最多的就是钻研谭派艺术。只要听说谁对谭鑫培或余叔岩有个一知半解，她不管是专业演员还是票友，都要当面讨教，甚至不惜备上厚礼。那种对艺术的执著追求的精神也和余叔岩一样，在梨园内美名早传。从对艺术的纯情来讲，他们二人也很投缘，孟小冬学艺跟别人不同，完全是为了艺术，而不是名利优先，事后进入余门也证明，她能舍得放弃舞台生活和赚钱机会。孟小冬在长期的艺术实践和学习过程中经过鉴别比较，觉得还是号称“余派”的“新谭派”更适合她。她觉得余叔岩的唱念做表细腻深刻，决非其他派别能比，也就一直等着拜师余叔岩的机会。

在余叔岩这一方面，他对孟小冬的艺术才华也很欣赏。据孙养农记载，1935年，小生冯蕙林曾介绍上海一个票友拜余叔岩为师，被余叔岩一口回绝。冯蕙林走后，余叔岩对孙养农说：“有些人教也是白教，徒费心力。”孙养农问：“当今之世，谁比较好呢？”余叔岩回答说：“目前内外行中，接近我的戏路，且堪造就的，只有孟小冬一人！其余的人，你就是肯教，也是白糟蹋时间。”后来的事实表明，他真是慧眼独到。余叔岩一直关注着孟小冬的生活和艺术。据余叔岩的女儿余慧清在其撰写的《忆父亲余叔岩》一文中回忆：“在梅兰芳身边的‘捧梅集团’中，又因梅的两个妾的关系而分成‘捧福派’和‘捧孟派’。梅兰芳的夫人王明华去世后，在‘捧福派’和‘捧孟派’的较量中，前者占了上风。由于父亲当时尚未收孟为徒，但她已私淑余派，其天赋很为我父亲所看重。因此在梅周围的两派争斗时，父亲就偏向于‘捧孟派’。”

1938年10月19日，经大指挥家李德伦的父亲李育痒介绍，余叔岩收李少春为徒，在泰丰楼饭庄举行了隆重的拜师礼，高庆奎、尚小云和袁世海等多人应邀参加。就在这次拜师礼上，有人为孟小冬打抱不平，李少春一提出拜师你就答应了，孟小冬很早就提出拜师，你却始终不答应，你这是重男轻女之类的。余叔岩辩解说，主要是感到梅兰芳是自己的好朋友，而孟小冬是一个女演员，收这位女徒弟自己夫人也会反对。原来，余叔岩是梨园名角中唯一一个知晓梅兰芳和孟小冬婚事的人。梅兰芳婚后还带着小冬登门拜望，馈赠喜糖，余叔岩对孟亲切地叫了声“弟妹”！梅兰芳这次来访想请余叔岩上门教孟小冬学戏，以圆了孟小冬提出的愿望。到家里去教？余叔岩没有答应，不过推荐了另一位名师鲍吉祥。

在李少春拜师两天后，即10月21日，还是在泰丰楼，由杨梧山出面张罗，又补办了一个拜师礼，孟小冬正式拜师。

据说，这次拜师只是一个公开他们师徒关系的仪式，四年前已经私下拜过师，只是没有公开，也没有正式教授。1933年，孟小冬曾表示过拜余叔岩为师的意愿，可是余叔岩夫人陈淑铭大力反对，她担心余叔岩收这样的女人为徒会惹出麻烦。余叔岩无奈，通过中间人回绝了孟小冬。当年10月，陈淑铭因病去世。一年后，即1934年年底，北洋政府陆军次长杨梧山由沪抵平，北平警察局秘书长窦公颖设宴为杨梧山接风，特别邀请了余叔岩和孟小冬。吃饭时候有人重提孟小冬拜师一事，孟小冬也乘此机会请求拜师。余叔岩还是犹豫，一是顾虑夫人刚去世，自己孤身一人，再收个女徒弟，授人笑柄，另外担心梅兰芳有想法。孟小冬听到拜师不成也是因为梅兰芳，气坏了，竟当着面说了一句狠话：“如果你不收我，我就死了算了。”余叔岩一下子被吓住了。几天后，在杨梧山家举行了一个小范围的程序简单的拜师礼，孟小冬只磕了一个头。还是为了避嫌，孟小冬那次拜师后没有到余叔岩府上去学，而是到杨梧山家去学，那四年的学习与后来的五年比，孟小冬投入的精力并不多。直到1938年10月正式公开拜师前，他们的师徒关系除杨梧山等少数人，很少有人知道。

1935年1月19日的《天津商报画刊》曾刊登过孟小冬拜余叔岩为师的报道，只是没有直接说出名字。估计是泄露消息的人要求保密吧！文中用“须生大王某伶”代替余叔岩，用“坤伶皇帝某”代替孟小冬，还提到了梅兰芳，用“博士”代替。

自从这次泰丰楼拜师后，孟小冬就大模大样直接到余叔岩府上学习了，余慧文、余慧清算是伴读，但余叔岩虽然同意他们学戏，却不允许他们演戏。有时李少春也在一旁听教。李少春后来也知道，孟小冬磕头拜师在他前面，所以称孟小冬为师姐，孟小冬则让他叫“师哥”、“孟哥”，叫“冬哥”也行。梨园行称李少春、孟小冬二人为“余门双杰”。

余叔岩对这两位门徒很欣赏，把看家本事都拿出来了。余叔岩因材施教，因为李少春有武生功底，余叔岩就教他《战太平》、《定军山》、《洗浮山》这类戏目，丁永利教武把式；孟小冬没有武功根底，就教她《洪羊洞》、《搜孤救孤》这类戏目。余叔岩对聪明好学的徒弟李少春实在喜欢，曾对李少春说：“只要你肯学，我是百问不烦，有疑即解。我可以用五年时间，把我所知全部倒给你。你现在年纪还轻，要抓紧多学多练，希望你演出暂时停一停，或适当减少些。”可惜，李少春不能与有杜月笙支持的孟小冬比，李少春受父亲李桂春的管束，为家庭生计不得不到各地演出，挂着余派传人招牌，大出风头，且难免有旷课。不过也有资料表明，李少春家里也不缺钱。余叔岩觉得李少春辜负了他的期待，曾对他的好友张伯驹气愤地说：“他爸爸（李桂春）胡唱了那么多年，钱早挣足了，在天津大楼都盖了，你放心，几年不唱戏饿不死他，想胡唱挣钱，跟他爸爸学，找我干什么！”也许是积压着底火，一次，李少春的父亲李桂春从天津到北平来，被余家人看见了。第二天，李少春到余家学戏，余叔岩问起此事，李少春说父亲这次来没拜望老师，怕老师挑礼就说父亲没来。余叔岩认为徒弟说谎，把他轰了出去。

孟小冬学习条件优越得多，她就一个人，有私蓄还有外来支持，不差钱，不需要赶场子唱戏，可以慢慢学，不急着登台。经历沉痛婚变后，又经历佛门悟道，不免少了很多情欲，所以，她毫无牵挂，自然就能安心学习了。

当余叔岩的学生可不是件容易的事，拜师难，求学更难。身体尚好时，他仿佛专门跟太阳对着干，比一般的晚间演艺人员更离谱，每天傍晚才起床。孟小冬只好每天下午先请余叔岩的琴师王瑞芝给她吊嗓练唱，然后分别在晚七时左右到余府学习。到了余府也不是马上就开课，没有准确上课时间，也没有课程进度表。要余叔岩有时间，情绪好，兴致高，在深宵半夜，大烟抽足了以后，才指点徒弟。而且他所教的你要是没完全学会，他就不往下教了。所以，孟小冬早早到了余府，却要等府上各类客人聊天到午夜散去后才能上课，到凌晨才能回家，有的时候东方都露出了鱼肚白。所以很多想拜师余叔岩的，知道实情后都视为畏途。

但孟小冬坚持下来了，每天傍晚，都会有一辆包月车从东四牌楼三条26号驶往宣武门外的椿树三条，一连五年风雪不误，这就是孟小冬去学戏的镜头。

余叔岩最后两年因为癌症的折磨，每天疼得不行，据孙养农记载："后来余（叔岩）氏病势日深，到德国医院割治，孟氏帮同余氏家人，侍奉汤药，衣不解带者凡一月有余。后来出院回家调养的时候，余氏觉得她这种敬师之诚，情逾骨肉，为之感动；更因为自己知道，经此一场大病后，将永无登台的希望，为了不使绝技失传，所以就加紧教授，有时甚至不顾病痛，还要比划身段给她看。每授一戏，举凡唱腔白口，身段眼神，无不仔细讲解，先后约数十出。一直到1943年，余氏病故，前后五易寒暑，以孟氏之天资及根底，加以苦心揣摩，专心致力于艺术，并且得到余氏亲授时间如此之久，焉得而不成为余氏艺术的继承人呢？"

孟小冬像孝敬自己的父亲一样，日夜侍候在余叔岩身边。余叔岩自知在人间时日不多了，更真诚地教她，从医院回来后，余叔岩气喘吁吁大汗淋漓却还是坚持着让孟小冬扶着他，又唱又做。这感动得孟小冬泪流满面。

追随余叔岩学艺的孟小冬，就这样一出一出地学习了三十多出戏。《武家坡》和《击鼓骂曹》这两出，孟小冬在1920年就灌过唱片，却依然跟余师恭敬地从头学，直到实验演出以后得到老师批准。孟小冬非常尊重余叔岩一些近乎苛刻或者怪诞的习惯，余叔岩对自己的艺术高度负责，经余叔岩教授的《洪羊洞》和《搜孤救孤》，孟小冬在北京各演了两次。《洪羊洞》首次公演是星期日白天，第二次是晚场；《搜孤救孤》都是晚场，地点都在西长安街“新新戏院”。

此外没经余叔岩允许认为可以演出的，绝不轻易登台露演。她这种敬师重艺的行为，人人称道。她晚年在香港和台北向徒弟们传艺，每当学生请她传授这些戏，她总是严肃地说：“余师有言，没有演出过的戏切不可教人。我不敢违背老师的遗愿。”她高尚的人格受到众多同行的尊崇。

孟小冬和余家的人也相处得很好，时间长了就仿佛融入了这个家庭。据余慧清老人的谈话录记载：“孟小冬为人很聪明，不仅深知尊师敬业之道，而且在待人接物方面很会处世。入余门学戏五载，准时而来，准时而去，学戏很勤奋，也非常努力。琴师王瑞芝每天给她拉琴，吊嗓子并帮她记唱腔。往往一段唱腔要唱若干遍直到没毛病才行。”

孟小冬跟余叔岩的两个女儿处得像亲姐妹，对老妈子、下人、门房也常常赏赐，所以她在余府人缘极好，也可见杜月笙的支持是多么重要。孟小冬很会做人，每次去余府都会给两个“妹妹”带些礼物，不是上等衣料，就是高级饰品。当然，她更不忘常给师傅、师娘（姚夫人）带礼品。她不张罗生计，花钱还能那么大方，余家人人都不知道内情。翁思再先生在《余慧清谈孟小冬》一文中说：余慧清曾担忧地问过她，孟小冬对余慧清说：“不要紧，我有‘贵人’相助。”起先余慧清不知是何方贵人，后来才知道是杜月笙在资助她。

余慧文、余慧清都很喜欢孟小冬，提前告诉她向父亲学艺的注意事项。比如，师傅开始说话时，徒弟要站立；学唱时，师傅不说坐，徒弟绝对不能坐；师傅授课时，徒弟不能用纸笔记而只能用心记等。余叔岩发现这个女徒弟越来越懂规矩了，心中高兴。因为不能用笔记，来不及记下的唱腔就由余慧清帮忙先用简谱记下，下课后孟小冬再对照简谱复习，帮助回忆。孟小冬自然很感激，后来余慧文与刘如松结婚时，孟送了她满屋子西式家具，余慧清与李永年结婚时，孟又送了全部嫁妆。

她对余叔岩和姚夫人的女儿慧玲也非常好。她进余府时，余慧玲还在襁褓中。每次去余府，她都要抱一抱这个小妹妹。好多次，很讲究仪表的孟小冬被吐了一身秽物，甚至这个小妹妹还乱抓她的头发。以孟小冬的性格和习惯，能忍下来确实不易，这也让余叔岩对她十分满意。

1938年12月24日，余叔岩教给孟小冬的第一出戏《洪羊洞》在“新新戏院”公演。这天，余叔岩也到后台亲自指导她化妆，指导她的情绪和动作，这次演出自然十分轰动。

孟小冬立雪“余”门深得余派精髓。余叔岩曾告诫孟小冬：“我传授你的每一腔每一字，都已千锤百炼，也都是我的心血结晶，千万不可擅自更改。”孟小冬牢记一生，从不敢篡改。余叔岩总结这位女弟子的学艺成绩，认为她演唱为七分，念白为三分，这是余派弟子中得分最高的。所以后来，人们将她当做余派的“活标本”。孟瑶在《中国戏曲史》第三册中这样评价说：“假若余派的东西是真正研究院的玩艺，孟小冬倒真是一位唯一够资格的研究生。名贵则名贵极矣，然大好艺术不能广传，总是一件令人扼腕的事。”

孟小冬因为谦虚，也因为敬师，从不承认有“孟派”之说，对港台票友关于“孟派”的提法，她生前就坚决否定，认为自己是正规的余派。

余叔岩，是中国戏曲史上的一颗流星，人生短暂，可是每一步都是含英咀华地专注和执著。孟小冬在晚年为孙养农的《谈余叔岩》一书作序，对余叔岩和余派艺术有精准的阐述，也算是对恩师的一份郑重的纪念。

第四节　杜月笙资助学艺五寒暑

孟小冬在北平安心学艺的时候，中国的政治风云可谓起伏跌宕，战云密布，多方政治势力在这里你死我活地争斗，很难有哪个中国人不被卷入这场持续十几年的乱局。孟小冬在杜月笙的持续支持下，能躲进小楼成一统，简直是世外桃源一般的幸福了。

今天，从北京东城区轿子胡同东口进去的几十米处横亘了一条稍宽的小胡同，右拐往北走。不远处到头再左转，路北有一个大宅的红门，门旁写着：轿子胡同8号，轿黄府。这是一套20世纪初建造的中西合璧式住宅。平面呈“L”型，砖木结构，北房面阔五间，进深三间，四坡屋顶，清水灰砖墙面，屋内有廊通各个房间。南端房屋向东凸出半间，墙隅抹角，顶为攒尖式。这建筑房间举架高，室内地板比室外地面高出0.8米，下有通气孔。可以说，这是个设计非常精致和舒适的房子，在当时绝对是豪宅，这就是孟小冬当年在北京的住所。

如今，这个房子的主人是德籍华人花映红女士，2005年初她买下了这两个小院，卖房子的周老伯告诉她，这是他母亲徐友筠1950年从孟小冬的弟弟孟学科手上买的，房产是孟小冬的。花映红无意中买下这所老房子后，才知道这里是孟小冬的故居，她说，自己是从四十多个四合院中独独看中了它，她感到自己和孟小冬投缘，并致力于宣传孟小冬。她说：当时“就是看着顺眼，好像有某种缘分似的。我就想买下来拾掇拾掇。”她买下时候，孟小冬故居还是个破旧不堪“大杂院”，院内被杂房分隔，毫无老北京四合院的大气。从现在的建筑技术和居住水平看，确实算不上豪宅了，它有很多缺点：门外胡同太窄，院子不够宽敞，正房被隔成两套，院子的西南墙还缺了一个角。唯一还能算得上优点的，就是周边没有高楼，私密性较好。但是，在旧时代的中国，这样设计精良的房子毫不逊于一些洋楼。

原来，抗战爆发后，杜月笙为了安顿孟小冬，给钱让她在北平买个房子。日军占领北平后，孟小冬在1940年借母亲之名买下这所宅子，1943年搬入这里，从此就过起了隐居生活。后来她随丈夫杜月笙移居香港后，1950年委托弟弟把这所房子卖了。有房子比有钱还重要，那是你的窝，让人心安。孟小冬拜余叔岩为师，能成为余门弟子中学戏时间最长、得到真传最多的一位，实现自身艺术上的飞跃，不能不说有赖于杜月笙周到的安排。

花映红女士买下来重修了这座老宅子，又给这座自己亲手翻新的孟小冬故居取了一个雅致的名字——“轿黄府”，也就是“轿子胡同冬皇府”的简称，“冬皇”是当年京剧界、新闻界封的尊号，这年头用皇帝的“皇”字总不太好，就用“黄”替代了。如今我们再叩响铜环，门开了，听那一声低沉的吱哑声，好像真的看到孟小冬就在眼前。

房子再新，我们也能透过每一个墙缝、每一粒尘埃，感受到时代风云和人生遭际的气息。杜月笙对孟小冬的倾慕是持久和绵长的，从1919年初相见，到1937年同居，18年的等待，对于一般人怕是感情早已冷淡。换了别的风云人物，尤其是灯红酒绿见得太多、时时花团锦簇的大亨来说，更会迅速忘记旧人，毕竟有更多姿色倾城、又年轻又有素养的年轻女孩排队等待，那岂不是更有诱惑力。但是，杜月笙对孟小冬有深沉的倾慕和喜欢。他尤其喜欢女老生的艺术，对女老生的特殊风采有独到的理解：“一丝甜润潜运转，三分清韵在其中”，而孟小冬无疑是女老生的魁首，杜月笙自然特别欣赏孟小冬，远远不限于肉体和容貌。为了方便孟小冬向余叔岩学戏，杜月笙不仅帮她在北平置了房子、家具、汽车、司机和保姆等，还特地准备了一只大口的瓷缸，供她每天对着它喊嗓子。吊嗓子那不是正式唱戏，一嗓子一嗓子的，很扰民，对这个大瓷缸子喊，就拢音了，听起来自己的声音更真切，又不致扰民，这种细腻而专业的安排，让孟小冬大受感动。

有了杜月笙的社会势力和经济实力的笼罩，有了余叔岩的艺术底蕴和非凡才华的熏陶，孟小冬不但从她与梅兰芳的感情纠葛中彻底走出来了，还享受到战乱时期北平难得的自成一统的安静生活，同时，在艺术和感情两方面都获得了新生。其实，前文说到过，杜月笙交际非常广，又好显摆，四处撒钱，随着自己逐渐退出烟土和赌场生意，并且把精力花在社会活动和抗日锄奸上，经济也经常陷入拮据，背后还有那么多妻妾、家人和佣人，但是，他从来没有中断对孟小冬的经济资助。

女人通过男人征服世界，征服一个男人总比征服世界要容易得多。而孟小冬呢，没有主动征服，杜月笙就臣服了。杜月笙待她很好，在20世纪30年代的上海，他更像戏文里的架子花脸，骨子里的邪气、霸气，横扫着上海滩几十年；而在孟小冬的视界里，他不过是长久以来待她最温和的一个男人。从这一点看，我们总不能说孟小冬的后一段婚恋是失败的，最多不过是有瑕疵的。那么我们就来看看，孟小冬在北平刻苦又恬静地学艺的同时，杜月笙是怎样跃上了人生事业和声誉的最高峰，无疑那是充满艰辛和风险的旅程。

第八章 香港杜公的抗日

第一节 杜月笙——跃升中国帮会总龙头

杜月笙能迅速攀升到“中国帮会总龙头”的位置，至少有三大步走得很关键。第一步，出任法租界公董局华董，拥有更多办事的便利和资源；第二步，以操纵王晓籁并控制上海市总商会为标志，插足上海重要工商业和金融业机构，并结交上层社会，提高个人声誉；第三步，与戴笠合作从事毒品交易，并成为蒋介石中央政府的毒品交易代理人，从而进一步巩固了自己与蒋介石、戴笠和国民政府的利益共存关系。到了这个程度，他就是到了香港，也一样飞黄腾达。

1929年，时任法国驻沪总领事柯克林委托李应生到杜府上力劝杜月笙，请他递补吴宗濂走后法租界华董的职位空缺。杜月笙装做没有兴趣，但后来还是出任法租界公董局华董这一职务，并在法租界公董局全部华董中居于首席地位。

杜月笙认为，他将王晓籁从虞洽卿集团拉过来，可以说是赞助蒋介石屠杀共产党后的又一个重大收获。用钱能办到的事情都不是大事情，上海并不完全是功利社会，深入接触，杜月笙发现，这里有着森严的等级秩序。杜月笙不能不攀龙附凤，但是他又不是甘于人下的人，所以能操纵大资本家王晓籁，就自然不会让人小瞧他了。杜月笙从此才真正迈向上海的绅士阶层。

王晓籁何许人也？他长期以来跟杜月笙根本不是一个阶层的人。他比杜月笙大一岁，浙江嵊县人，1907年曾参加光复会，1910年在上海与友人王琳彦等创办闸北商团。辛亥革命后与陈其美、蒋介石等人常有往来。1926年当选闸北商会会长和上海租界纳税华人会主席。1950年初留在大陆，曾受到毛泽东、周恩来的接见和宴请，被指派为中国人民银行总行代表，列席各部委的有关会议，毕竟在当时中共方面的金融专家还很稀少。30年代的王晓籁豪富倾城，妻妾成群，号称“多子王”。每次家里吃饭，三十几个孩子吃饭像小学食堂一样，要开个四五桌。当时，他有浙江同乡虞洽卿的提携，交际圈里都是上海的大资本家、银行家、工商界高层人士，都是做“正经生意”的，远不是跟黄、赌、毒纠缠不清的杜月笙、黄金荣等人所能攀交的。别看这些人和杜月笙吃喝玩乐时候貌似关系不错，其实内心多半对杜月笙“鄙”而远之，因为杜的贫苦出身，也因为他的仪表和文化素养，还有他的社会身份和职业。

杜月笙和王晓籁能经常兄弟一样地如影随形，王晓籁可以借助杜月笙的帮会和工人的力量，他则帮助杜月笙结交上层人士。后来，曾留学海外的著名银行家钱永铭（即钱新之）也成了杜月笙的好友。钱新之也曾瞧不起杜月笙，早期他对杜月笙的后来好友、法学专家吕光评价过三大亨：“有些人凭恃着租界的势力，和当时国政的窳败，产生不少地方上不正当的力量。我们做银行业务的人，跟外间的接触甚多，但是对于这些势力圈中的人，老实说，既不能臭味相投，也不愿引以为友，更何况折节下交！”这就是上流社会对杜月笙之流的“疾恶如仇，避之有如蛇蝎”的态度。

经过长期的经营，尤其是后来打入工商界、金融界后，杜月笙在上海已经有了相当强大的势力和社会基础，也有了许多光鲜的身份。1934年前后，杜月笙拥有的头衔大致有：国民政府陆海空总司令部参议、上海地方协会会长、中汇银行董事长、上海市参议会议长、法租界纳税华人会主席、上海中国商业丝棉贸易协会主任、上海股票交易所成员、上海市商会常务监察等职务，以及《申报》、《时事新报》、《商报》和《新闻报》董事会主席。

正当杜月笙在上海风生水起尽得风光的时候，1937年8月13日，淞沪会战爆发。之前，日本人曾设法拉拢杜月笙，物质利诱加以恫吓威胁。土肥原贤二，是一个让中国人闻之色变、深恶痛绝的日本特务头子。1937年7月，土肥原贤二升任中将。他曾当面威胁杜月笙：“如果杜先生不肯为皇军效力，我们要列举你对皇军的敌意行为，然后施以膺惩。”杜月笙深知这个角色不是好对付的人，可是杜月笙住在法租界，土肥原一时拿他也没什么办法。土肥原贤二看威胁无效，还派飞机来盘旋威慑，让杜月笙看看，我说调得动飞机就调得动。杜月笙无奈，11月下旬的一天，乘坐外国邮轮逃难到香港。

这一年，杜月笙还有一个抗日壮举。1937年11月12日上海沦陷后，蒋介石为了阻止日本海军大规模沿江西上，就提出了现在看来很笨的封锁长江计划。杜月笙顾全大局，率先指令自己的“大达”轮船公司开出几艘轮船到长江上凿沉。在他影响下，其他轮船公司也群起响应，凿船沉江阻塞长江航道，拖延了日军的进攻。当时，很多轮船公司为了躲避政府和军方征调，纷纷加入外国籍，杜月笙却自动放弃载运大批逃难客的发财机会，将“大达”公司的“大达”、“大庆”、“大豫”三条轮船全部交由政府使用，对抢运中央、中国、交通三银行的库存、钞票、账册和人员抵达重庆起到了关键作用。

杜月笙在赴香港前夕还为自己的抗日事业留下了铺垫，这就是组建“苏浙行动委员会”和成立“苏浙行动总队”、“忠义救国军”。这是因为蒋介石看中了他在帮会和底层工人中的号召力，于是委托戴笠与杜月笙接洽办理此事。

戴笠，一个精干聪明、在抗日战争中立下功勋的人，同时也是一个臭名昭著的特务头子，他和杜月笙有着深厚的渊源。

原来，戴笠20世纪20年代在上海混得很落魄的时候，曾经拜访杜月笙。杜月笙宽慰他说：“雨农，我比你大几岁，你听我一句话。你脑子转得快，手段活，干起事来有种汉子气，我劝你还是从长计议，从大处着眼，成大事业。”戴笠沮丧地说：“杜先生有所不知，我现在是个穷光蛋，乡巴佬出身……”“穷光蛋，出身低微怕啥？”杜月笙一脸不屑地打断了他的话：“自古天下英豪，有几个不是穷光蛋，有几个出身高贵的？远的不说，这十里洋场的人上人朱葆三、虞洽卿、黄金荣、地产大王哈同，哪个不是穷光蛋？英雄不怕出身低！我杜月笙当年无爹无娘，穷得连裤子都没有，现在怎么样？只要有胆略、有智慧，抓住机遇不怕苦，就能改变自己。相反，那些公子哥儿、书呆子屁用没有！当然，我不是说读书人没有本事，读书人往往有大本事。我就是当初书读得太少，所以才只有现在的本事。不过，有不少读书人，我是能让他们为我所用的。”

杜月笙越说越激动，走到戴笠旁边，拍拍戴笠肩膀：“雨农，爹娘没给我们什么财富，但给我们一个好脑袋，这比什么财富都强。要干，就干出让世人都为之惊叹的事业来！”

戴笠组建蓝衣社后，没有忘记杜月笙的帮助。他曾经与杜月笙勾结贩卖烟土及其制品。比如，1933年蒋介石手下的人在汉口收了大量的吗啡，蒋介石让杜月笙在浦东开一个工厂来加工这些吗啡，然后向医药行业出售，用这个收入来资助蓝衣社，这笔收入约为每月54000元。但到了1934年，据说戴笠秘密特务活动经费增加到每月120万元。光靠这个钱不够了，蒋介石就动用其他资金来运作特务机构。

其实，蒋介石通过他的代理人与杜月笙的毒品生意合作规模很大，远远不只是支持特务组织运作这一点。南京国民党政府在1931年6月18日颁布命令：所有的官员都必须遵守法律，不得进行鸦片买卖，但宋子文和他的亲信仍然继续保持他们对鸦片交易的全国性垄断，预计这项垄断每年能给政府带来1亿元的额外收入。杜月笙还与戴笠在上海建立了一个“大运公司”。大运公司在经销“航空奖券”上赚了一大笔，并取代以前的三鑫公司成了最大的鸦片商。到了1931年，中国每年生产1.2万吨左右的麻醉性毒品，占全世界非法毒品供应量的87.5%以上。在鸦片及其制品的货源上，中国取代了中东，甚至控制了美国市场。事实上，美国的大部分海洛因依赖于上海和天津的实验室。政府已经开始有规律地把缴获的鸦片送到杜月笙那儿去提炼海洛因。

这样长期、浩大的利益分赃，让杜月笙与国民政府，与蒋介石和戴笠的关系更近了。

1937年8月15日，戴笠与杜月笙曾有过一次长谈，从当今时局谈到世界形势，从蒋介石的抗日打算谈到希望杜月笙发挥作用的想法。蒋介石想通过成立“苏浙行动委员会”这种抗日组织，把帮会头子和他的青帮门徒拉回到军委会的正轨上来，转为半军事化组织的骨干。之后的一两个月里，一支一万多人的队伍拉起来了，别动队由5个支队组成，每个支队有五百到三千人。9月上旬，蒋介石发出两次电令，颁给“苏浙行动委员会”和“苏浙行动委员会别动队”的番号。行动委员会下设参谋处、政训处、情报处、训练处和总务处。杜月笙、戴笠、刘志陆为行动委员会三常委，十五位委员中有宋子文、俞作柏、张治中等政府要员，还有黄金荣、王晓籁、张啸林、杨虎、梅光培、向松坡和陆京士。杜月笙硬把当时就对抗日消极的张啸林拉进来，据说也是为了拉住他，防止他下水做汉奸。

戴笠亲自担任苏浙行动委员会的书记长，行动队的总指挥是杜月笙推荐的刘志陆。这一万余名乌合之众由于组成太仓促，什么都没有，军用物资当地驻军只拨了一部分，杜月笙便征用民间的各种武器，各保卫团的捐献最多，上海金融工商界也捐钱买了一些。别动队与日军交手几次，尽管拼死战斗的成员不少，但毕竟缺乏正规军事训练，仓促组成，武器也七长八短的，难免溃不成军。大多数战败后逃往苏皖边界，后来被戴笠组织成了“忠义救国军”。

话说杜月笙到了香港后，刚开始人地两生，但是，他利用青帮、洪门等帮会在香港的关系，加上与蒋介石和宋子文、孔祥熙等国民政府高官的关系，继续拓展势力，开展抗日活动。这时，又一个机会来敲杜月笙的命运之门。

原来，不注重深入发动普通百姓力量共同抗战的国民党政府，一直希冀靠帮会的力量来联系部分群众。既然国民党政府有这个指导思想，军统局长戴笠也就想把海内外所有洪门、青帮等帮会，全部纳入一个组织下，这样就能把遍布各地的帮会人员团结在一个有较强号召力的人周围，发挥他们的攻击和破坏力量。他和杜月笙一谈，杜月笙敏锐地意识到这是个天赐良机，于是建议戴笠先与洪门、青帮在香港的头目接洽。1940年夏，戴笠请吴铁城出面，在香港请洪门领袖梅光培、上海青帮头目杜月笙等有头有脸的人物吃了一顿饭，大家一致同意成立“中华民国人民行动委员会”。

那么，谁来当这个“总舵把子”呢？许多人推举杜月笙，杜月笙本身言行谨慎，何况身在外地，深知“强龙不压地头蛇”，于是装做谦逊地连连说：“不敢当，不敢当啊！”最后决定采取集体领导制，由杜月笙、杨虎、杨庆山、张树声、向海潜、韦以黻、田得胜七人为常务委员，戴笠担任幕后策划。这里的张树声就是华北的洪门大爷，势力遍及全国。田得胜是四川袍哥领袖之一，重庆田大爷天下闻名，影响遍及西南各地。

“人民行动委员会”设在重庆香水顺城街37号，帮会头子唐绍武献出了一幢大宅子。重庆卫戍司令部稽查长赵世瑞担任秘书长，他是戴笠在人民行动委员会的影子和操作手。委员会每周开会一次，商讨如何支持抗战的问题。虽然设置7名常委，但是杜月笙以在重庆国民政府的强大后台和在上海的基业、声望，加之戴笠对他的推重和支持，还有前文提到的他在帮会头脑和资本家中突出的资助抗日的表现，无疑是这个国民党支持下的中国各帮会的联合机构的主要负责人。从此，杜月笙成了实际上的中国帮会总头目。

自杜月笙负实际领导责任以后，“人民行动委员会”也确实为抗日做了不少事，比如协助役政人员推行兵役，发动百姓救济难胞，以及从事种种地下工作，曾一次捐献飞机20架，还在重庆珊瑚坝机场举行过献机典礼。

第二节　铁血锄奸立战功

刚到香港的时候，杜月笙约钱新之一起暂住在九龙半岛饭店。日本军部接到杜月笙、宋子文、俞鸿钧等全部安全离沪的情报，决定对杜月笙他们进行严厉报复。杜月笙的门徒每天都有几位被日本便衣绑架到特务机关，严刑拷打，有的残废了，有的后来不知下落、人间蒸发。

杜月笙能在香港发挥作用的平台就是两个职务。一个职务是中国红十字总会副会长，因为会长王正廷当时在菲律宾，主持工作的杜月笙就委托红十字会秘书郭兰馨代办日常事务；另一个职务是中央赈济委员会常务委员，主管第九区的赈济工作，他把日常事务交林啸谷主持。这样，香港柯士甸道杜月笙的寓所，就有了“中国红十字会总会”和“赈济委员会”两个单位在办公。

上海沦陷后，国民党派中央组织部副部长吴开先在1939年8月潜入上海，处理敌后工作。杜月笙事先为吴开先安排好去上海的路线，指定留在上海的管家万墨林接应他，并为吴开先提供住处和汽车。吴开先在上海停留半年，工作打不开局面。1940年夏，吴开先到重庆述职途经香港，对杜月笙诉苦说，国民党在上海的派系众多，很难协调。杜月笙当即向国民党中央提议设一个总揽的机构，全面负责上海的地下工作。蒋介石决定成立以杜月笙为主任、吴开先为书记长的上海敌后工作统一委员会，统一指导在上海的国民党、三青团、军统、中统势力以及帮会组织。蒋介石还通过吴开先传达他的口信："上海的阵地是不能失的，以后请月笙先生多偏劳了。"

蒋介石这样依赖杜月笙，与他成功策反高君武、陶希圣有重大关系。

陶希圣，湖北黄冈人，号称国民党的理论家，曾为蒋介石执笔写《中国之命运》等著作。时任汪伪国民党中央常委兼中央宣传部部长，但是实际上没有什么实权。高宗武，浙江乐清人，时任外交部亚洲司司长，直接参与对日谈判事宜，后一度背离蒋介石，为汪精卫所用。

1938年12月，汪精卫一行潜逃到越南，发表"艳电"，公开投降日本。1939年12月，与日本特务机关签订《日支新关系调整要纲》。

1939年秋的一天下午，刚回上海的徐采丞突然又回了香港。杜月笙正在会客办公，见徐采丞神色匆匆推门进来，惊讶地问："你不是刚刚回去的吗，怎么又……""有一件紧急大事。"徐采丞喘了口气，从怀中掏出一张字条递给杜月笙。杜月笙接过来一看，字条上只有九个字："高决反正速向渝洽。"杜月笙忙问："这张字条是谁写的？""是黄溯初先生请徐寄庼写的。"徐采丞又说："高宗武后来跟汪精卫到了上海，一直都是负责办交涉的重要人物，但是不久他到东京，近卫首相把‘中日密约’（即《日支新关系调整要纲》）开出来，他一谈之下，发现东洋人所谓的‘和约’要比二十一条还狠。假使签订了这项‘和约’的话，那么整个国家民族的命运都要断送，为此他觉得彷徨苦闷，于是他跑到长崎晓滨村，找到了他父亲的朋友黄溯初，向他讨教。”

杜月笙听徐采丞这么一说，又喜又忧，问道：“高宗武是实责办理日汪交涉的人，他若反正，那么，汪精卫跟日本人订的密约内容，是不是可以带出来，公之于世呢？”徐采丞肯定地说：“那当然没有问题。”

杜月笙听闻霍地站起来，他高兴坏了，说马上要去重庆报告给蒋介石。1949年11月5日，杜月笙自香港直飞重庆。就在随后返回香港的途中，他经历了一次死里逃生，从此落下病根。原来，他到重庆后，得到了蒋介石支持，蒋介石还亲笔写了一封信，交给杜月笙，请他设法转交高宗武。他很兴奋，马上搭中国航空公司的飞机回香港。

穿过浓重的云海，飞机向香港飞去。可是，飞到半路就被日本军机追击，机长拼命盘旋攀高，机身激烈抖动，可以想见机舱里人的感受。当时的民航飞机没有空调，也没有如今的各种保证安全的设备。杜月笙在飞机上感到天旋地转，身子跟着上下翻飞。飞机爬到8000米的高度时，因为飞机没有氧气设备，而高空空气稀薄，杜月笙几次窒息，后来索性眼睛一闭，等死算了。最后，敌机没有追上民航飞机，就放弃了，飞机上这些人算是在阴阳界上走了一遭。抵达香港后，杜月笙被抬下飞机，虽然经过治疗调养保住了命，但是从此百病丛生。

杜月笙后来在重庆生活期间，由于当地气候潮湿，身体健康更日趋恶化，哮喘病越发严重。杜月笙常常自嘲地说：“我的身体像是一只寒暑表，每天天一亮，就可以晓得当日的气候如何。”

杜月笙回到香港，嘱托可靠的人携带蒋介石亲笔信去上海，接下来就是苦等高宗武安全南来。12月底，日伪就《日支新关系调整要纲》开始谈判。陶希圣一看日方提出的条件，拒绝签字，同时称病不出，暗中策划出走。他的这种态度早就令汪精卫、周佛海等人怀疑，在李士群、丁默村的极斯菲尔路76号监视下，他不仅做事很难，而且随时会有生命危险。陶希圣、高宗武两对夫妇当时就约定："如果不能逃出上海，只有自戕之一法。"

1940年1月4日上午，高宗武按照预定计划登上了美国轮船"胡佛总统号"。陶希圣则独自一人乘车到南京路国泰饭店前门，下车后，进入大厦，又从后门出来，乘一辆出租车直奔码头，也顺利成行。

1月5日下午高陶抵达香港，杜月笙、黄溯初等人总算放心了。1月21日，《日支新关系调整要纲》及其附件原文的照片在报上刊出，轰动世界。这让英美等同盟国放弃了对日本的幻想，蒋介石为此特拨款20万元给杜月笙，以示酬劳。不久，陶希圣困居上海的三个孩子也被杜月笙等人接到香港。

南京的汪精卫对杜月笙恨之入骨，他对同僚说："我跟他有什么难过？他竟这么样来对付我！"于是，汪精卫下达命令，要求76号特务机关的李士群必须快些筹划，除掉杜月笙。

杜月笙在香港的寓所开始鬼影重重，不得不加强戒备。最后杜月笙虽然没有遭到暗杀，但他安插在上海做地下工作的万墨林却中计落入圈套，遭受无尽的折磨。1942年3月，上海敌后工作统一委员会书记长吴开先也被日军逮捕。杜月笙对这两个干将都极尽能力打通关节营救。吴开先承认，杜月笙为了营救他"个人耗费三百万元以上"，最终吴开先被日本军方释放。

其实，在两国敌对的紧张状态下，日本人是不会给反日先锋什么面子的，钱更不好使。杜月笙之所以能花钱把人捞出来，是因为日本人想利用杜月笙与蒋介石的特殊关系，引诱蒋介石与日本和谈，所以在他们认为能让步的地方就故意对杜月笙"尊重"一点。

杜月笙也将计就计，与日本貌似合作，实际上利用机会为抗战采办紧俏物资。当然，他自己也发了一些国难财。1943年杜月笙筹设通济公司，从上海等沦陷区运去棉纱，再从国统区运进日军所需要的战略物资，派驻沪代表徐采丞就此与日本交涉时也没有遇到大的麻烦。杜月笙这么做是得到蒋介石认可的。

上海敌后工作统一委员会在上海做了许多有益的工作，成就最大的就是竭力劝导金融工商巨头和知识分子、专业技术工人转经香港抵达后方，充实抗战力量。无法劝导离开上海的，也至少让他们不跟日伪合作。通过做工作，迫使工商界大佬虞洽卿等人离沪去重庆，制止了黄金荣出任伪职。否则，这样有头有脸的人物出来支持日伪，影响是非常坏的。吴开先后来回忆："终汪逆之世，上海所有银钱业较知名之士，无一敢冒不韪而参加敌伪之金融组织者。此事第一由于孔庸之（孔祥熙）部长之运用得力，第二应归功于杜月笙先生之鼓励成功。"除此以外，在杜月笙和统一委员会的号召之下，上海的工商界和群众还积极认购1941年重庆政府发行的美金胜利公债，募集了相当大的一笔资金。杜月笙的恒社门生还护送大批熟练工人从上海安全抵达西南大后方，为战时工业的恢复和发展起到了很大作用。

杜月笙还在戴笠的直接指挥下，派门徒陈默去上海锄奸。1938年1月14日，正准备就任伪上海两特区法院院长的范罡，走到威海卫路155弄20号自家门口时被枪杀。紧接下来，伪"上海市民协会"负责人尤菊荪、伪"市民协会"主席顾馨一、伪绥靖第三区特派员中本达雄等都先后遇刺。这里面有不少还是杜月笙的老朋友，比如陆连奎，就是公共租界里跟黄金荣地位相当的青帮弟兄、巡捕房头目。再如，当时法捕房的副探长、杜月笙的原手下曹炳生，也在马路上被杀。还有当年杜月笙的知己心腹俞叶封，主持棉花资敌工作，结果被杜月笙的门徒用机关枪扫死在更新舞台的包厢里。

杜月笙的另一位好朋友，中国通商银行先前的大老板傅筱庵，1938年10月出任日伪上海市市长。杜月笙闻讯后通知以前的保镖，拿出两万大洋，买通了常到杜家走动的朱升源，在戒备森严的虹口市长公馆，一斧头砍死了傅筱庵。

到1939年底，陈默领导的行动小组铲除了62名日方军政要员及大汉奸。在军统局上海工作站指挥下，该行动小组实施过22次给敌人造成重大损失的破坏行动，比如焚毁日本运输舰等。

杜月笙派吴家元和李泽一，还有“松”机关（与“梅”机关、“竹”机关一样，是日本侵略者在中国设置的特务组织）中的朋友朱秀峰与陈兰，经常往返于港沪、港津，把好不容易搭起架子的伪政府班子拆得七零八落。经杜月笙之手接出来的容易被日本人盯上的政坛耆宿，主要有北洋政府时期国务总理颜惠庆、许世英，司法总长章士钊，交通总长曾毓隽，财政总长贺德霖，陆军总长吴光新和临时参政院副议长汤漪。这些人抵达香港之初，都是住在杜月笙家里。后来，他们有人要回内地，杜月笙为他们安排行程，送到内地后，又安排人负责到底；留在香港的，杜月笙就为他们租房子，还付给薪水，保证生活需要。

后来，日本发动太平洋战争，香港也战云笼罩。1941年12月8日，日本陆军分四路，越过深圳河进攻新界。12月25日傍晚，一辆挂着白旗的汽车由中环开向跑马地日军司令部。曾任大英帝国巴巴多斯总督的香港总督杨慕琦与日军代表签订了“停战协定”，他本人也被日军俘虏。这十几天，杜月笙心急火燎，要是日军攻占香港，他拉来的这么多重要人物，都是被敌伪恨之入骨的，一旦被抓到了非砍头不可，还有自己的妻子儿女一大群，怎么安排他们安全撤退呢？好在后来在国民政府的支持下，这些人都转移到了内地。

1945年4月，杜月笙在重庆受到蒋介石的召见，命其去东南沿海代为做准备工作，以便战争结束后接受日伪投降和抢夺抗战胜利果实。杜月笙于是赶往浙江淳安，一方面固然是想配合盟军登陆，为国民政府再作点贡献，进一步提高自己的地位；另一方面是怕离开上海多年，不及早回去收拢人心，抗战胜利后难以重现辉煌。1945年8月14日，日本宣布无条件投降。杜月笙对上海在抗战胜利后的一些重大善后问题，如伪军警之处置、伪币之流通以及严防汉奸乘机捣乱等都作了周密策划，并电告了蒋介石。

蒋介石最后让杜月笙到东南沿海布置接收事宜，看似是让杜月笙抗战时期的辛苦不白费，但实际上，这也就是杜氏所说的做“夜壶”命运的开始。

第三节 三大亨分道扬镳之黄杜隙离

黄金荣第一次见到瘦削的杜月笙就非常欣赏，觉得这人很有点气派，容了他。有了黄金荣撑腰，才有杜月笙后来煊赫的地位。黄金荣庆贺60岁生日那年，曾与杜月笙、金廷荪结为换帖兄弟。自从支持蒋介石搞“四一二”反革命政变后，黄金荣看着杜月笙这个小弟“火箭干部”一样地飞黄腾达，开始时为他担心，后来转为嫉妒。最初，他还以老大哥的身份向杜月笙传授自己和法国人相处的宝贵经验。杜月笙每次都装做洗耳恭听的样子，黄金荣也还算心态平衡。可是当杜月笙进一步掌握了上海市商会的控制权，他就不由地感到失去了师者的优越，两人渐有裂痕，只保持表面上的合作了。

为什么杜月笙能从黄金荣的跟班后来居上呢？据川军将领范绍增回忆说：“杜一向以善于出主意出名，在帮会中有‘军师爷’或‘诸葛亮’之称。黄金荣一直靠老一套强抢硬要的手法弄钱，杜却不这么干，凡到上海的外地军阀官僚等，他有机会便与之结识，当做朋友，充当保镖。所以他和新旧、南北军阀官僚政客结识极多，便是这个原因。”

而据曾任上海渔业公司总经理、中国渔业银行董事长兼总裁，也即黄金荣的弟子黄振世回忆，杜月笙的势力超过黄金荣，有三个方面原因：

第一，杜月笙、张啸林、金廷荪三人依靠黄金荣势力承包法租界烟、赌两行拿到了第一桶金。黄金荣身为法捕房华探督察长，不好公开出面经营烟馆和赌场，黄金荣只是坐地分赃。要说实权和抛头露面的机会，杜月笙和金廷荪就多一些。

第二，杜月笙跟国民党高层打成一片后，结交孔祥熙和宋子文，与戴笠结成利益集团。他又收罗国民党要员在门下，以重金聘文化名人组成幕僚团，抬身价，壮声势，出计策，这跟黄金荣收门生只为收钱大不一样。

第三，杜月笙逐渐转行从事那些“正路生意”——工商业，开设银行、商店、工厂等，影响面就更大。黄金荣谨小慎微，又躺在功劳簿上妄自尊大，从不肯出资与他人合营，除了早期在法捕房督察长任内经营的“共舞台”、“大舞台”、“大世界”等以外，只有一些房地产。

另外，“公关专家”杜月笙肯花钱、手面阔，能笼络人、利用人。黄金荣小富即安，只肯花些小钱，不愿冒一点风险，所以他搞的都是些不亏本的买卖。

杜月笙很会“做人”，有他一套拉拢人的手法。他善于揣摩人心，不同人不同对待，许多人和他见面后都感觉不错，爱与他交往。别人求他，他有远见，只要将来能有用，总是痛快答应下来，暂时赔点钱也无所谓。他常对别人说“要从远处着眼，不要只看眼前”之类的话，所以等到他要去利用别人时，也往往比较容易。

杜月笙对门徒和下属有耐心，绝不像一般的帮会头子或旧官僚一样。他处处表现得虚心求教的样子，一点也看不出表演痕迹，很自然。对一些自命清高的人更是非常恭敬，使这些桀骜不驯的人为他所用，甚至把他捧为“当代春申君”和“小孟尝”。

他也善于溜须，捧孔祥熙最投入，孔祥熙也就最给他面子。

1947年他的儿子维屏、维新两人在上海丽都花园同一天举行婚礼时，请了孔祥熙去当证婚人，孔祥熙当着介绍人钱新之、章士钊和去参加婚礼的贵客颜惠庆、徐寄顾、李石曾等一千多名门望族之士的面，说杜是“中国少有的事业家、有远大的见识和克己助人的人生态度……”

杜月笙办事思维缜密，严谨周全。往往是先听别人讲话，自己默不出声，等到别人讲完，他也想好了决策，说出来自然容易让人信服，他的方案基本都照顾到了各方利益。他的判断力很强，说过后从来不变。

从这些方面看，黄金荣比杜月笙要更符合黑社会头子、特别是传统帮会头子的形象，而步入中年后的杜月笙的形象就与传统帮会头目不大一样了。

军统特务沈醉在讲述杜月笙的发家史时说：“杜常说，他一生的事业，奠基在反共之上。既讨得帝国主义的欢心，又为蒋介石等所器重，还得到资本家的拥护，一举三得。”

当初，黄金荣为了露兰春把发妻林桂生赶出门，杜月笙就对黄金荣心有不满，毕竟林桂生器重过他。德孚洋行的买办薛恒夺走了露兰春后，大家就想，一个小小买办敢对黄金荣横刀夺爱，就在背后嘀咕，是不是杜月笙做后台？这话不会传不到黄金荣的耳朵里，只不过，为了共同利益，黄金荣当时没有表现出来。

杜月笙和黄金荣表面上一直很客气，但暗中斗争从未停止。抗战胜利后，黄金荣向交通银行董事长钱新之敲诈两亿元，钱新之不敢不从。杜月笙当时是交通银行董事，知道后就埋怨钱新之事前没告诉他。

南京国民政府成立后，黄金荣留心观察着新时期的官场、社会生态。当时的国民党还没有腐败到抗战后那种程度，而新政权总会有些新气象。黄金荣看到国民党派到上海来的各级干部，以及经常往返于京沪的国民政府要员，不像北洋时期的很多官员那样讲排场，这些人有的工作也很紧张，生活也还算简朴，来往南京上海坐三等车厢。黄金荣又听说某大官给太太买双丝袜，竟然还在国府纪念周上挨了骂，更有某政要买了一幢洋房，始终不敢搬进去，等等。黄金荣感到，自己的观念和老一套做法可能不适应时代了，被露兰春打击后的他，被“四一二”反革命政变后蒋介石的捧台刚刚唤起的一点积极性，也都烟消云散。他有了退休的想法，抽抽大烟，聊聊天，每天下午老朋友来陪他打打“铜旗”，他认为这蛮好的。

越是退休，心态越难平和，也更敏感于权势。他渐渐地感到，金廷荪能经常来陪他玩，杜月笙反倒看不到人影，即使来一次，没等屁股坐热，就说有事要走。

黄金荣的多疑加上周围好事人的挑拨，使得他经常对杜月笙冷嘲热讽。曾有一次，黄金荣当着众人面对杜月笙大声呵斥：“月笙，我劝你不要这样多用心计，免得短寿促命！”还有一次当着很多人的面倚老卖老：“我三十六岁的时候认得杜月笙，后来拨只赌台喊他去吃份俸禄。你们晓得他拿几个钱一天，哈哈！一天一只洋！一天一只！”“月笙，你现在做了几十家银行、公司的董事长、总经理，你记不记得？”这对于当时已经在上海滩炙手可热的杜月笙来说，好像是老子训儿子，但是杜月笙居然能赔笑脸，连声应是。其实，事后怎么可能一点不在乎。慢慢地，他也就懒得去黄公馆自讨羞辱了。

即使黄、杜二人不明着斗，但他们的门徒却经常起冲突。一天，黄金荣的学生陈培德突然被捕，抓他的恰巧是杜月笙的门徒，黄金荣新仇旧恨一起涌上来，他怒气冲冲地命人将杜月笙喊来。杜月笙踏进门槛，喊了声“金荣哥”，黄金荣却靠在床上抽鸦片，故意装做没听到没看见。杜月笙一看这不行，立即装成以前的小伙计一样，毕恭毕敬地直立在那里。

等他抽够了，对杜月笙大声骂道：“分明是你们在跟我过不去，要我黄金荣的好看！”“哪个敢呢？”杜月笙轻轻地说，“金荣哥，你好把事情说出来了，我在这里听候你的吩咐。”“哼！我问你，陈培德犯了什么案子？”

陈培德是黄金荣的门徒，犯了案被关进淞沪警备司令部，杜月笙根本就不知情，他听黄金荣这么一说，立即打电话回去命人查。不一会，电话打回来，原来确实与杜月笙没关系，是淞沪警备总司令杨啸天干的。但杜月笙没趁机埋怨曾经的老板，他放下电话，照旧温文尔雅地说：“金荣哥为什么事体发脾气，我已经晓得了。请金荣哥放心，我一定会去替金荣哥办好，我决不会让金荣哥失面子。”大家一看这情势，纷纷说和，拉起黄金荣往外走，同时七嘴八舌地说：“杜先生答应过了，老板还有什么不放心的。走走走，我们去打铜旗吧！”

黄金荣为了面子，一边走嘴里一边还嘟囔着：“这桩事体不给我办好，我就上南京见蒋总司令！”

黄金荣与杜月笙的明争暗斗还体现在争夺帮会影响力上。

据黄振世回忆，杜月笙的恒社曾经气焰极盛。1936年夏天，黄金荣就默许门生秘密组织忠信社，任务就是搞垮恒社，先从挑起杜门内部矛盾开始。他说，黄金荣在组织忠信社之前就秘密对几个亲信说：“你们可以搜集一些关于杜月笙的确实资料，由我亲自向委员长告发。”

可惜，忙活了一溜十三遭，没有搜集到杜月笙足够硬实的劣迹。淞沪抗战爆发后，这个忠信社也就烟消云散了。但是，黄金荣的恶气还是没有出。抗战后，杜月笙的恒社迁回内地，而且跟杜月笙关系密切的杨虎还搞了兴中社。黄金荣就把忠信社恢复活动，并改名为荣社，会址设在嵩山路振声里隔壁赵振声家中。1945年11月间，荣社正式举行成立大会，黄金荣当社长，杜月笙、杨虎、王晓籁等还被请来观礼。

1948年8月，蒋经国来上海打击投机倒把，社会上传闻杜月笙暗中策动搞垮蒋经国。黄金荣发请帖要请蒋经国面谈告发，可是黄振世去见蒋经国时，蒋经国谦逊地说，“请老太爷不必费心!”打算躲开这个乱局，经一再邀请，才答应赴宴。但第二天，只是派了吴绍澍、蒋恒祥两人为代表，蒋经国没来，这种事当然没法当外人谈起，搞杜月笙的计划也就流产了。其实很自然，杜月笙当时都已经被当局晾起来了，成了过气人物，黄金荣更不用说了。

江湖弟子江湖老。黄金荣在上海解放前夕没有随蒋介石去台湾，而是选择在上海做一个“宅男”。他不去台湾有几个原因：一是流氓具有极强的地方性，去台湾的话，他就失去了地头蛇的优势。二是他的财产大都是不动产，留在上海，戏院什么的还有收入。三是他八旬年纪又一身病，毕竟不像小他二十岁的杜月笙。黄金荣曾对杜月笙说：“我已经是快进棺材的人了，我一生在上海，尸骨不想抛在外乡，死在外地。”四是他知道蒋介石大势已去，就积极跟共产党暗中联络，曾把手下四百多名帮会头目的名单交给了中共上海地下组织。有了这个，青帮才规规矩矩，才有了解放后上海社会的稳定，因此，他觉得自己还有点活路。他不走，也是因为他离不开他习惯了的上海生活：吸大烟、搓麻将、下澡堂。他对人说，这“三件套”是他最大的享受，不管谁当权，都舍不得这三样。他家藏了大量上好的大烟土，据说足够他一辈子享受了。

杜月笙还记着一些黄老板对他的好，逃往香港之前，拖着病体去最后看望了黄金荣——这位曾经的忘年交、领路人，一再劝说黄金荣跟他走。八十多岁的黄金荣很感动，老泪纵横地对杜月笙说：“月笙，我老了，这些年来，我跟你的境遇不同，我是能不出门便不出门，能不动顶好不动。你算算，我今年已经八十岁，俗话说得好，人生七十古来稀，我活到了八十一，就已经多活了十一年，今日死或者明日死，对我并无多大的关系。”二人从此一别，天各一方。新中国成立后，尽管杜月笙自己在香港也很困难，还是给黄金荣汇了一些钱。

中共中央在上海解放前夕，就有对上海旧社会帮会势力的明确方针——只要他们不出来捣乱，不干扰上海解放后的社会治安，老实接受改造，就不动他们。但是，当时群众都纷纷要求杀黄金荣。

黄金荣担心政府随时会把他抓走，只好整日关在家中等死。

1951年5月20日，上海《新闻报》、《文汇报》刊出了《黄金荣自白书》，里面“俯首认罪”等话语反倒引出群众更大不满。据文史专家沈寂先生说，杜月笙那时在香港，管家万墨林念给他听这则新闻时，杜月笙听了一遍，说：“墨林，你再读一遍听听。”于是，万墨林读第二遍。当读到“四一二”政变的那段：“国民党北伐军到了上海。有一天，张啸林来看我，他们发起组织共进会，因为我是法租界巡捕房的督察长，叫我参加，我也就参加了……”“停！”杜月笙挥手让万墨林这一段再慢慢读一遍，他竖起两只耳朵生怕漏掉一个字。

听完后，杜月笙长长舒了口气，显得若有所思，轻声说：“我懂了，我懂了！”原来他听到黄金荣交待时没有提他的名字。但是，这么大的事情怎么可能疏漏？原来是中央人民政府通过这个方式传递一个友好的信息，希望杜月笙回大陆。杜月笙的政治敏锐性不可谓不强。黄金荣自白书的初稿与第二稿原件如今都保存在上海市档案馆，其中确实提到了杜月笙。一方面杜月笙当时在香港，黄金荣知道提他也不要紧，更何况，在当时的形势下，黄金荣不敢不如实招来。

打这以后，杜月笙一再拒绝了蒋介石邀他去台湾的建议，也确实动过回大陆的念头。1953年，上海市政府将“五虎将”、“四大金刚”等残渣余孽一网打尽，黄金荣生病加上惊吓，再也起不来了。一天，他把养子黄源焘喊到家中，口述了遗嘱，最后感叹道：“我的一生，都风扫落叶去了，唯有留下这个‘大世界’。不过，断气瞑目后，‘大世界’不可能再属于我了。”几天之后，他突然高烧昏迷，不几天就死了，时年86岁。

第四节 三大亨分道扬镳之刺杀张啸林

自从在黄金荣拨给杜月笙的宅基地上盖起杜公馆和张啸林的公馆后，杜张两家隔一道砖墙，穿过一道门两家人就可以走动，倒也过了几年和气融融的时光。

但是，时代的风云总是难免把个人卷入其中，好友如此，亲人也如此。

在五卅运动时，张啸林就很看不惯杜月笙积极参与并跟英国叫板的做法，还嘲笑他："靠四十岁的人了，就跟个小囝一样！"

"四一二"反革命政变那天，杜月笙和张啸林也发生过争执，因为张啸林感到，当天白忙乎了，懒得继续参与对共产党的剿杀，要闷声发大财去。作为政治投机心比较强的杜月笙，与只看重自己利益、只对"孔方兄"情有独钟的张啸林发生了激烈争吵。争吵后，杜月笙目送张啸林下了楼，回到大烟间。杜月笙双目茫然呆滞，他惊讶于这次深度交流后，发现他们江湖兄弟的思想产生了如此大的差距和裂痕。

张啸林说干就干，他要在上海开设一个空前绝后、规模全国第一的豪华赌场。杜月笙不赞成，黄金荣闷不作声，张啸林急了，唾沫横飞地说："时来顽铁成金，运去黄金变铜，人生在世，能有几次好机会？放着坦荡荡的财路不走，我们手底下万把个弟兄，不给他们找一笔财香，国民党真做出来（指张啸林担忧的国民党过河拆桥，有朝一日剥夺了他们的职务和特权），你叫他们去喝西北风？"

他用一个月四千两银子的租金租下福煦路181号大洋房，这座在法租界算是数一数二的私邸，一楼二楼辟为赌场，三十六门的轮盘赌枱，就有八张之多，环绕在中间大厅的四周，又有众多大小赌室。三楼设为赌客休息的地方，有许多迷宫般的大小房间，鸦片烟、名牌洋酒、咖啡、中西菜肴应该尽有。这样的销金窝很快引起全国轰动，一开张就冠盖云集，应接不暇。

但是，就这么红火，却也请不到杜月笙光临。一直到八月份以后，杜月笙才陪几个政府要员来捧场。他一是没有时间，另外也是要改变自身的社会形象。

张啸林的性格和思想却一直没有随着年龄、地位和时代的变化而变化。杜家祠堂的落成典礼相当隆重，上海《福尔摩斯报》说："张啸林君为剧务主任，虽华发盈巅而精神矍铄，奔波指挥，毫无倦容，剧终即在后台支床假寐，毫无傲贵习气，人皆称之平民化云。"虽然有拍马屁的意思，但是也确实看出张啸林是真心卖力气去张罗的。张啸林跟王晓籁两个大亨像个小科长一样奔波忙碌。但是，就在这喜庆的场合，张啸林还是没有控制住性子。当时，容纳一万多人的大剧场挤得不透风，警备司令部的参谋长挤得难受，穿过舞台去后台，想走后门请主人找个较好的角落，或者稍微松快点的座位。参谋长一脚刚踏上台口，就听一声断喝："妈特个，瞎了眼乌珠的，谁叫你到台上来，还不快快给我滚下去！"好在有人提醒张啸林这是参谋长，这才住了嘴。参谋长放下狠话："好，你是张啸林，我认识你。今天我维持秩序要紧，暂时放你一马，明天早上九点钟，你自己到司令部报到！"杜月笙在后台听到这个事，大喜的日子，真是上火，不停地埋怨："啸林哥怎么又惹出事体来！"谁都知道，在民国那个有枪就是草头王的时代，不招惹军人能平安就不错了。在杜月笙、虞洽卿、王晓籁几个大亨的连连打恭作揖求情下，那位参谋长总算是给了一点面子。张啸林这回遇到了硬茬，之后一段时间稍稍收敛了一点。可是，日本人到来后，他又骄狂得忘乎所以了。

杜月笙过去那些年为什么倚重张啸林？一是因为张啸林会说普通话，善于官场交际应酬，人长得也很有派头。二是张啸林是杭州人，便于巴结分管上海的浙江军阀卢永祥及其大将何丰林。这样的势力对于早期的杜月笙、黄金荣至关重要。

在军阀的庇护下，杜月笙、黄金荣、张啸林三个人的影响遍及全国，以他们的区区职务却能利用租界的特殊性，让总统、执政、内阁总理、督军、省长、护军使、镇守使、商界长老纷纷赏脸，确实是时代怪胎。

这样的顺利，让张啸林错误地选择与狼共舞，走上了畸形的巅峰。

1938年夏，日本驻华海军武官佐藤少将到黄家花园请黄金荣出任“上海大道市政府市长”之职。黄金荣知道日本人来拜访不是好意，不好硬顶，就在佐藤来之前，黄金荣让人打了一针“氯丙嗪”。一针打完，体温迅速降低，大热天都要穿上夹袄，身体看似很虚弱。佐藤来了，他推说：“我年老病重，你看，大热天穿了夹袄还怕冷，连路也走不来，哪能当好市长！再说，我也不识字呀！”佐藤后来就没信儿了。黄金荣不当汉奸也不是情操多高尚，第一，他要是做了汉奸，对与自己有师生之谊的蒋介石很不光彩；第二，他是老江湖，知道给人家做傀儡不好受。所以，他几次装病拒绝日寇要求。1939年9月初，汪精卫曾亲自登门拜访，后又设私宴请他，黄金荣还是装病，碰倒酒杯，趁机溜了。黄金荣不当汉奸，但是却私下与自己的汉奸徒弟闻兰亭、林康侯、袁履登等人保持着密切交往。

这件事情张啸林听说后，深为黄金荣惋惜，就请大哥把他推荐给佐藤，被黄金荣严词拒绝。张啸林的心情跌到了冰点。

张啸林看到“八一三”抗战开始了，就回到老家、避暑圣地莫干山，在自己的别墅里观望形势，在竹海中享他的清福。日本人拉拢黄金荣、杜月笙没有成功，就找到了他，他等的就是这个，于是立即返回上海。

杜月笙听说他回来了，还很高兴，兴冲冲地穿过杜、张两家中间的那扇月洞门，热情地打招呼：“啸林哥，回来啦！”可是客厅里的张啸林把鸦片烟枪一放，身子抬也不抬，侧过脸来，往杜月笙一瞥，十分冷淡地回一句："月笙，这一晌你大忙啊！"杜月笙还是笑呵呵地搭讪："倒是越忙精神越好。"

张啸林不搭理他，还是抽烟。杜月笙忍不住还要打破尴尬的气氛："啸林哥，最近前方的消息不大好。"直等到那一筒烟抽完了，张啸林才一声冷笑答道："干我屁事！"杜月笙很关切地问："啸林哥，难道说东洋人打来了，你还留在上海？"

说到这，张啸林把烟枪"咜"的一声重重放下，豹眼圆睁："那能怎么样？东洋人要打进法租界呀？既然不会进租界，你喊我跑个啥？"

"不过，"杜月笙着急地说："东洋人占了上海，这租界就成了孤岛，我们总不能困在这里，十年八年不出这几条大街呀？"

张啸林更怒了，唰地站了起来，杜月笙也坐直了，两个人激烈地争论起来。"到时候你出了租界又怎么样？""只怕东洋人不肯放过我。""东洋人为啥不会放过你？""因为我是中国人。""东洋人到中国来了就不要中国人呀？""这个……我杜某人决不做亡国奴，受东洋人的欺侮！""东洋人什么时候欺侮过你了？""啸林哥，你听到外面轰隆轰隆的炮声没有？你晓不晓得，东洋人每发一炮，我们要死多少同胞？""对不起，我没有算过，只要炮弹不在我的头顶上开花就好。"

劝不下去了，杜月笙就换个角度："啸林哥，无论如何，我们要一道走。老弟兄了，不分生死我们都要在一起。"张啸林反问一句："走到那里？""香港。""你在香港有田？有地？开得有银行？办得有工厂？""我什么都没有，但是中央政府……""中央政府给你几个钱一月？""啸林哥，你晓得我一生一世不会做官的。""那么，你要我跟你到香港去跳海？""不，啸林哥，少年子弟江湖老，有道是在家靠父母，出门靠朋友。"

就这样吵来吵去，张啸林还是舍不得他在上海打下的花花世界。“虽说我有心桥归桥来路归路，各走各的，但是月笙，”张啸林声音一低，也很感慨，“今朝事体不同，我眼看你就要一脚豁往大海里去了，见得到想得到的，我若怕你懊恼而不说，那就是我对不起朋友。”张啸林给杜月笙谈钱的重要性，杜月笙反驳道：“啸林哥，承蒙你指教。不过呢，对于钱财，我有我的看法，我只是抱定一个主张，钱财用得完，交情吃不光，所以别人存钱，我存交情，存钱再多不过金山银海，交情用起来好比天地难量！”

张啸林看气氛弄僵了，又换个话题：“我再问你一句，月笙，东洋人对我们，会不会有什么好处？”杜月笙答得斩钉截铁：“就算有好处，那也是毒药！”“即使是毒药，终归是好处！”张啸林最后大发感慨地说：“好了，月笙，我们不必再往下谈了，人各有志，无法相强。我要对你说的，就只剩几句俗话了。你两眼不观井中水，一心只想跳龙门，谨防物离乡贵，人离乡贱，剃头担子一头热，我只巴望你不要有朝一日懊悔起来，热面孔贴了冷屁股。”“啸林哥，不会的。”

“你我的话都说尽了，”张啸林说，“从今以后，不论你我的遭遇如何，我们就算是问心无愧，彼此都很对得起了。”

杜月笙又捱了一会儿，黯然回家，坐在那里半天不说话。

张啸林的决心确实付诸实施了，他与土肥原贤二来往甚密，并结识了永野修身少将。1939年夏，他组织“新亚和平促进会”，公开投敌。他通过帮日本人采购物资，包办了从上海运煤到华中的生意，又帮助收购军用粮食。他还给老弟兄俞叶封一项肥差，请他专门搜求棉花。在战争中，张啸林的生意越做越大，一直做到越南。风行中国各大都市二十余年的三轮车，当时曾是越南河内特有的交通工具，就是张啸林瞧着好玩，带了一辆到上海，拿给大亨顾竹轩借去做样子仿制，之后慢慢从上海流行到全国的。

陈群当了“维新政府”的内政部长后，张啸林很羡慕，想要当伪上海市长或者伪浙江省主席。但是，日本人觉得这个要价有点高，难以满足。张啸林就故意往莫干山一躲，等着日本人来“三顾茅庐”。张啸林在莫干山避暑后，回到上海发现形势不妙，杜月笙的那一批门徒，奉戴笠之命锄奸，张啸林的搭档被搞掉了好几个。风声越来越紧，1940年1月15日，俞叶封约张啸林一起去“更新舞台”给新艳秋捧场，包了楼上正当中几个包厢。好在那天张啸林临时有事没去，结果，俞叶封和几个朋友被一阵机关枪打死。张啸林也吓怕了，这以后他不再敢到公开场合露面。也就是这时候，刺杀张啸林的命令从重庆传到了上海，这道命令对杜月笙瞒得是一丝风都不透。

杜月笙感到了啸林哥的危险，曾辗转请朋友去劝他悬崖勒马。可是谁能劝得住他呢？尽管张啸林一下子雇了二十几名身怀绝技、枪法奇准的保镖，前后门还有日本宪兵守卫，日夜巡逻，但还是没有阻挡住林怀部的枪弹。那天，张啸林正和他的门徒，时任杭州锡箔局局长的吴静观在自家三层楼上商量事情，他听见楼下有人争吵，便探身到窗外向下望，发现是他那二十几名保镖在互相对骂。张啸林的脾气发作了，上半身伸到窗外大骂：“妈特个！一天到晚吃饱了饭没事体，还要在我这里吵吵闹闹，简直是毫无体统！触那（浙江方言粗口），老子好多叫点东洋宪兵来了，用不着你们哉！快些，一个个的把枪给我缴了，统统滚蛋！”

这次保镖没有被吓住，林怀部一面拔出手枪，一面抬头回话：“他妈妈的，不干就不干！张啸林，你要当汉奸，待我送你上西天！”一枪射中了张啸林的咽喉，只见张啸林身子向前一扑，魂归西天。那一年他65岁。

林怀部知道跑不掉，出了门还一边跑一边大叫：“我杀了大汉奸！我杀了大汉奸！”等安南巡捕一来，他一语不发，将枪交出，束手待俘。

隔壁的杜公馆留守的人听了很害怕，杜家大少奶奶由佣人陪着过去探视，看到张啸林的尸体被翻转过来，仰面朝天，遍地血污，那一枪从咽喉贯穿到右眼，右眼珠被射了出来，晃悠悠地吊着。

据杜维善回忆："相比而言，张啸林就是一介武夫，有人说他是张飞。我跟张啸林见面的机会比较多，因为我小时候，张啸林的太太很喜欢我，父亲就把我过继给他，认他做干爹。张啸林被杀那天我还有印象，但那时我才七岁，什么都不知道，也不懂为什么有人要刺杀他。只是觉得干爹死了，出了一件大事，周围很热闹，赶紧去看看。后来证明这是戴笠在后面策划的，张啸林死时，父亲人在重庆，他既没有表态也没有发唁电，其实他心里完全明白是怎么回事。之前他也劝阻过张啸林，未果。戴笠要杀张啸林，父亲也没办法。我相信戴笠事先是征求过他的意见的，但一面是兄弟之情，一面是民族大义，他不好表态。"

第五节　恒社的浓荫

恒社，作为以民间社团组织面目出现的新型帮会，它的建立既是上海青帮势力空前发展的重要标志，也是杜月笙人生转型的标志。

1932年，杜月笙的门徒陆京士倡议组织恒社，经杜月笙同意，并由他指定了十九人进行筹划。1933年2月25日，恒社举行成立典礼，杜月笙自任名誉理事长。这个社名是陈群给起的，恒，是取义于古书上的"天行健，君子以自强不息，如月之恒，如日之升"。恒社的社徽中间是一个斜月和一个笙，四周十几个星星环绕，隐含以杜月笙为中心，以他为最高典范的意思。恒社以"进德修业、崇道尚义、互信互助、服务社会、效忠国家"为宗旨，实际上是帮会组织。但是，这不是传统意义上的帮会，与过去的青帮、洪帮、一贯道等完全不同。恒社的活动公开化，入帮仪式也简化了。它不同于过去反社会性质的帮会，认同社会的基本秩序，不再以反社会、颠覆政府为目的。下面我们说说恒社某些正面的事迹和其兼有的旧时帮会的劣迹。

恒社刚开始时有130余人，从1933年2月至1937年5月，会员由130多人增加到564人。在有详细资料的402人中，多数为商人和实业家，占54%；其次是政客和政府官员，占24%；再次就是律师、记者、医生、教师等，占13%；数量最少的是工会（国民党控制的邮电工会）领导人，占6%；军官占3%。

恒社帮助杜月笙以同社社员的关系巩固和扩展他与上海大资产阶级、国民党高官以及文化界、工商界、新闻界的联系，成了上海最有势力的人。杜月笙在1927年政治投机成功后如日中天的势头，因为恒社得到了巩固和加强。

恒社最初设在爱多亚路，后又迁往马浪路。杜月笙除了收学生或有重要事情，一般都是不来的，只委托万墨林和陆京士张罗日常事务。

加入恒社，必须先成为杜月笙的学生。学生要交一笔拜师费，作为恒社基金，基金用于恒社成员遇到天灾人祸或重大事故时给予经济支持，利息应付恒社日常开销。

每天晚上，恒社都开一桌饭，同仁随便吃，人多时再添。饭后，大伙各找各的乐子。在一间大厅里，票友、名角还可以过戏瘾。为什么这里像酒店又像戏院呢？因为，恒社以杜月笙的兴趣为取向，杜月笙、张啸林喜欢京剧，姚玉兰、孟小冬又先后成为杜月笙的女人，所以，恒社就专门设有平剧组（即京剧组），门徒中名伶有马连良、高庆奎、谭富英、叶盛兰等。恒社成员也在这里赌博，巡捕房也不敢管，赌桌上的抽头用来贴补恒社经费。杜月笙对门徒至少在表面上还是不错的。吴开先常去看望杜月笙，他发现，尽管杜月笙门下学生什么人都有，又是在那个动荡纷乱的年代，杜月笙却从没开除过一个人。吴开先说："纵使他的手下犯了不可原谅的过错，杜月笙怒不可遏，但是，他所谓的最大处罚，充其量也不过是‘从此不许踏进我的门！’”

“八一三”抗战爆发后不久，戴笠奉蒋介石之命与杜月笙合谋，利用帮会组织军事委员会“苏浙行动委员会”。九月间杜月笙通过恒社发出通告，号召恒社社员踊跃报名加入苏浙行动委员会，在苏浙行动委员别动队的五个支队中，第一、二、三支队的司令都是杜月笙的门生，支队成员也有不少恒社成员。在杜月笙的影响下，恒社门徒大半弃家离产投身抗战。为了帮助内地迁到西南大后方的企业恢复生产，恒社秘密招募了数百名机器、纺织、造纸等各行各业的熟练工人，冒着日军空袭的危险，由恒社社员护送，分水陆两路，辗转来到大西南，对稳定战时经济发挥了巨大作用。恒社还筹资创办了重庆医院，专为从抗战前线下来的伤兵提供医疗救治。

恒社成员鱼龙混杂，也有下水当汉奸的。汪伪政要汪曼云、黄香谷和冯一先在决心出走去追随汪精卫时，曾去向杜月笙告别。杜月笙知道他们的来意，可是怎么苦劝也不行，汪曼云他们还骗杜月笙：“先生向来路路皆通，到处都安排有人，沦陷区这么一大块地方，汪精卫投向日方多少能起一点作用。先生让我们去，等于预先布好的一着棋子，将来我们照样可以为先生办事体。”

太平洋战争爆发以后，杜月笙迁居重庆，建立恒社总社。恒社在抗战过程中，也借为后方采办物资的机会中饱私囊。客观上讲，这些恒社成员远离上海老巢，没了职业和生计，短时间想在重庆恢复元气，不太现实。当时，杜月笙需要接济和资助的名人贤达就很多，这一群子弟要是也在他门下坐吃山空，那还得了？他想，应该给他们找点事做做，决定开办“中华贸易信托公司”。这个公司原打算让陆京士主持，但是陆京士当时已经被调任国民党中央社会部组训司长，杜月笙就让他拿一万块钱做股本，另外选杨管北出任总经理。

杜月笙既然是董事长，就要张罗钱，他曾去找四川财阀刘航琛商量借钱。

刘航琛，1896年生于四川泸县，1923年毕业于北京大学经济系，是民国时期著名的实业家。他曾帮"四川王"刘湘做到了四川财政收支平衡，被称为刘湘的财神爷。1949年6月，因帮助李宗仁竞选副总统而被任命为国民政府行政院经济部长，新中国成立前夕逃往台湾。

杜月笙找他借钱的时候，他除了任国民党政府粮食部特派员、政务次长兼四川粮食储运局长外，还兼任川康平民商业银行董事长、川盐银行董事长以及重庆电力公司、自来水公司、四川水泥厂等企业的董事长、总经理。杜月笙由于在中国帮会中的影响力，借钱很顺利，回来逢人便说，"生平借款，以这一次最为痛快。"那次，刘航琛没等杜月笙说上几句，就慷慨地说："一百五十万元之内，杜先生打支票，我的银行立刻照付。一百五十万元以上，麻烦杜先生先知会我一声。"杜月笙有些惊讶："航琛兄，你不问我要这许多钱，是做什么用途的？"刘航琛大笑："杜先生是要把金钱用途告诉谁的人吗？"

原来杜月笙刚到香港的时候，刘航琛受四川军阀王缵绪逼迫逃往河内，杜月笙派顾嘉棠将其迎到香港一住三个月，可谓雪中送炭，在当时不算宽裕的经济条件下，招待的一日两餐鱼翅席。当时，时局混乱，各方势力与日本私下勾结的事情屡见不鲜，杜月笙跟日本仇恨过深，时局让他也有些迷茫。所以，二人第一次见面，杜月笙就问刘航琛："你看我这次离开上海，值不值得？"刘航琛答道："当然值得。过去你是上海的杜月笙，时至今日，你不是已经成为中国的杜月笙了吗？"这一夸赞正中杜月笙下怀。

在当时重庆的闹市区有一条以国民政府主席林森名字命名的道路，杜月笙拿了钱就在林森路花五十多万元买了一幢三层楼，一、二两层用于办公，三楼分隔成许多小房间，做公司相关人员的招待所。开张后，杜月笙亲任董事长，共投资法币一百五十万元。

1943年杜月笙筹办通济公司，从上海等沦陷区运去棉纱，再从国统区运进战略物资，派驻沪代表徐采丞就此与日方交涉，竟然也没遇到太多麻烦。因为这种生意双方有利可图，而日本对这种“资敌”的物资愿意放行，也是为了拉拢杜月笙。由于日本迅速占领了华北、东南广大地区，国民政府的税收中占战前财政总收入90%以上的关税、盐税、统税和烟酒税的税源大部分丢光了，也正因为如此，国民政府才派出最精锐的部队组成中国远征军赴缅作战，以防日军占领印度后，把重庆的国民政府堵死在山窝窝里。蒋介石深知这个生意背后的政治和名誉风险，政府不好出面，就让戴笠委托杜月笙的公司从沦陷区抢购抢运物资。俗话说，无利不起早，杜月笙在这个过程中雁过拔毛，发了一些财。

在此前，刚到香港不久的杜月笙曾在刘航琛联络下做成了一次与政府的交易。当时的孔祥熙是行政院长，兼任财政部长和中央银行总裁，不久又兼任四行联合办事处副主席，成为抗战时期主管财政经济的首脑。一天，孔祥熙打电话召来刘航琛：“有一件事，我需要跟月笙面谈，你替我写封信，请他即日到重庆来。”为了啥事情这么急着召见呢？孔祥熙在刘航琛追问下吐露了实情，他说：“其实也不是什么不可告人之事，只是不必写在信上罢了。中央迁川以后厉行戒烟，偏偏又查获了一批已经完过税的烟土，中央的意思应予销毁。可是，四川老百姓反对，他们说这批烟土既然完过了税，应该是合法的，因而使这一件事的处理，左右两难。那天顾嘉棠陪你来见我，我忽然想起，老杜虽然洗手已久，然而老关系可能还有，何不请他来一趟，当面商量商量。”刘航琛又问：“照庸公（孔祥熙字庸之）的构想，将来该是怎么样的一个做法呢？”孔祥熙答道：“原则上我希望再制为麻醉药品，同时，为了避免滋生流弊，发生倒流现象，必须严格管理，绝对要销到外洋去。”

杜月笙在香港花钱手脚很大，却不事经营生意。刘航琛一想，这桩生意政府能赚外汇支持抗战，老百姓也能收回成本，不至于全部损失，杜月笙呢，“水过田也肥”，总能有点赚头，于是立即写信请杜月笙尽快来一次重庆。

抗战胜利后，恒社在1945年9月初迁回上海，1946年在丽都舞厅举行了第一次会员大会。那天杜月笙一袭长衫，神情愉快，与数百子弟走动着打招呼。会后，拍出黄金七百二十两，一根根大金条砸下去，在福履路买了一栋洋房，然后就向主管机关申请备案，成为当时全国头一个社团获得法律地位的。据当时的恒社名册，杜月笙学生共有915人，当然，要是算上过去收的青帮徒弟，以及非正式拜在他门下的，可能要超过8000人。

章士钊曾经在民国政治协商会议筹开时期，趁组党之热，想利用恒社为基础，筹组新党，奉杜月笙为党魁，而自己在幕后操纵。杜月笙没这个兴趣，又不好拒绝，曾在社员张裕良家召开恒社社员会议，杜月笙说："章先生一定要组党，我杜某人决计第一个参加，奉章先生为党魁，至于恒社同仁参不参加，任凭自决！"在这个态度下，自然没有几个参加的，章士钊的想法没有实现。

恒社没红火几年，抗战胜利后，具有强烈地方色彩的恒社不管怎样收拾旧部都没能恢复元气。因为二战结束后，中国政府收回了租界，同时，地方势力割据一方的时代已经过去，帮会的利用价值就不大了。尽管杜月笙为了显示自己还有价值，积极地迎合国民党当局，广泛结交各界人士，大力支持公益事业，树立了较好的社会形象；在经营方式上，以杜月笙为代表的一些恒社上层人物放弃了烟、赌等传统"家业"，转而进入工商金融等近代经济领域，恒社成员的赌博也自行取消；但是，恒社的衰落随着杜月笙的没落，谁都无力回天了。

第九章 赈灾义演第二春

第一节 “打倒杜月笙”

抗战胜利后的1945年8月20日，杜月笙从门徒的汇报中得知，上海安全方面没有问题，想到就要回到当年叱咤风云之地了，不禁兴奋异常，随行人员也都喜出望外。

8月22日，杜月笙过生日，按照他的意见，不宴客，不收礼，一人吃了一碗长寿面。29日，杜月笙一行30人登上了去杭州的轮船“健飞十七号”。到杭州后，9月3日搭乘沪杭甬铁路专车回上海。随同他回到上海的队伍虽没有他预期的浩大，不过也还有些当年的威风。

据军统特务沈醉回忆杜月笙说：“他认为上海市长这样一个职务对他最适宜，他以为很有把握。结果，蒋介石却指派钱大钧为上海市市长，这使他非常失望。以后上海市参议会成立，他又想退而求其次，能当当上海市参议会议长也行。不料CC（中国国民党中央执行委员会调查统计局，即特务组织“中统”的英文缩写）又把潘公展推出来，抢了这个位置。弄去弄来，杜月笙只弄到一个上海市参议员的职位。”

其实，这还只是杜月笙走向下坡路的开始。由于国际国内形势大变，杜月笙及其帮会的利用价值大幅缩水，此后的三件大事，导致了抗战后杜月笙的影响力持续走低。

首先，杜月笙门下出了一个叛徒——吴绍澍，是他最先让杜月笙“塌台”的。

吴绍澍，1906年生于上海枫泾镇，1922年就读于上海政法大学，曾与史良等进步学生一起参加反帝反军阀运动。大学毕业后，就职于国民党南京市党部。1934年任汉口市党部委员，1939年春，在国民党中央训练团受训。这年夏天，吴绍澍受中央党部委派从重庆回沦陷区上海，负责三青团工作。吴绍澍最火的时候，仅仅在上海，头衔就达二十多个，可以说是恒社门徒里最火的人。

当时，在返乡路上的杜月笙听说自己的门徒吴绍澍当了上海市副市长、三青团书记，还兼任社会局局长，心情升起阴云。回到上海，迎接他的就是一个如黄梅天一样的阴沉的天气，不祥之感终于成为活生生的现实。

杜月笙乘坐的列车上的人正准备接受盛况空前的热烈欢迎场面，可是，专车抵达梅陇镇，忽然减速停车。先上来两位通风报信的人，他们趴在杜月笙耳朵边一阵耳语，听完后，杜月笙不由脸色大变，一言不发，只是摇头苦笑。

杜月笙到了上海北站，外面风雨凄凄、冷冷清清，大批传单和大字标语触目惊心——“打倒恶势力！”“杜月笙是恶势力的代表！”更有人喊出“打倒杜月笙！”近年来，想成为“中国的杜月笙”的他，现在发现上海的老巢都被撅了。

杜月笙郁闷极了，没心思回家，就先到爱文义路顾嘉棠家中，想让自己清静一下。虽然来这里拜访的人也不少，但是他期待的吴绍澍，连一点声音都没有。后来，他实在挺不住了，不顾师道尊严，轻车简从专程登门拜会吴绍澍副市长，没想到，被工作人员挡驾，说是吴副市长不在，杜月笙只好留下一张名片走了。

当年，吴绍澍在汉口，曾经想投靠洪门大佬杨庆山门下，但杨庆山并不把市党部一个职员放在眼里。1936年，吴绍澍专程由汉口党部来上海，请托陆京士帮助举荐，拜杜月笙为师。

陆京士当时就告诫他："你要是为了达到政治目的，想利用杜先生和恒社弟兄，那你就大大的不应该了。"吴绍澍怕陆京士不真心帮忙，又找了杜月笙的另一个门徒陈君毅，于是，陆京士和陈君毅一起做了介绍人。

杜月笙细看吴绍澍，这是个精明干练的角色，两道浓而黑的眉毛，一张大嘴，中等身材，厚重结实，说话沉稳有力，谈吐很会照顾别人的感受，貌似很中肯。第一印象麻痹了杜月笙，很快，吴绍澍就成为和陆京士、陈君毅、朱学范诸人同等地位的杜月笙知近爱徒。看在杜月笙的面子上，洪门大哥杨庆山开始在汉口照应吴绍澍，吴绍澍在汉口党部的地位迅速提升，农夫与蛇的故事再次重演，也给杜月笙埋下了祸根。

杜月笙这次回到上海，眼看着先是钱大钧后是吴国桢当了上海市长，就想，能选上上海市参议会议长也行，恒社弟子也就帮着拉票、四处活动。

为了帮杜月笙排除选举障碍，王先青先找吴绍澍谈："现在市参议会就要选议长了，你究竟有什么打算？可否见告。"吴绍澍听后，反问："先青兄，你的意思如何？""不论对于国家的功勋，抑或在社会上的声望，"王先青自信地说，"自以杜先生为第一人，上海议长，应该选他。"这时，吴绍澍便敷衍了一句："是啊！"王先青接着说："不过呢，杜先生身体不好是事实，他不会做这个上海市议长的，大家一道选他一选，让他得个满票，然后再让给别人，这样也好向外面有个交代。”吴绍澍当时坚定地表示没问题，他这方面的人也会投票给杜月笙。

1946年12月，上海大雪纷飞，异常阴冷，长江流域的寒冷不像北方是那种冻皮肤和手脚的干冷，而是入骨的湿冷。杜月笙穿着轻暖的狐裘也捂不出身体和内心的温暖。他要到正始中学大礼堂，出席上海参议会成立大会。

开票了，在场的杜月笙的亲信都以为唱票员会把“杜月笙”的名字一唱到底，却从一开头就都是“空白”、“空白”表示弃权。原来，是吴绍澍背后捣蛋，要给杜月笙颜色看看。并不是一定让你选不上，就是要你知道现在上海的皇帝是谁！经过统计，吴国桢宣布杜月笙当选上海市第一任参议会议长。致辞时，杜月笙已经没有了唱政治高调的心情，就是反复讲自己身体如何欠佳，行政经验如何不够，请求大会准他辞职，另选贤能。参议会表示接受辞呈，经过重新选举，潘公展、徐寄庼当选上海市参议会正副议长。

原来，杜月笙被吴绍澍耍了。此后的杜月笙就一蹶不振，再也不幻想什么叱咤政坛风云了。其实，即使没有潘公展和徐寄庼，也轮不到他。史料表明，当时上海市长钱大钧曾接到过重庆国民党中央的电令，让他最好是请国民党元老、曾任江苏省长的陈陶遗担任上海市临时参议会议长，潘公展也是后来高层博弈的结果。

与此同时，与杜月笙一起合作多年的密友，国民党军统局局长戴笠因飞机失事而死，再次构成对杜月笙的重大打击，从此杜月笙在国民党高层就少了一个重要亲信，也少了一个能直通蒋介石的渠道，再想呼风唤雨，甚至要做“中国的杜月笙”怕是不可能了。

据军统特务沈醉回忆：“1946年3月的一天（17日），我和唐生明等正在丽都打牌，得到戴笠飞机失事的消息，我立刻去找杜，他一听大惊失色。他一向认为结识了戴这样一个兄弟，对他来说，真是如虎添翼。满以为胜利后可以相互勾结起来，在上海大干一场。没想到戴笠这么快就死了，他内心沉痛，从他在上海主持戴笠的追悼会时落泪的情景，便不难看出。”戴笠在上海期间布置肃清汉奸工作，那时候几乎每天都要跟杜月笙见面。这次飞机出事是在南京西南方向郊区的岱山。他的座机是航委会222号专机，随行者有军统局处长龚仙舫、专员金玉坡、翻译官马佩衡、译电员周在鸿、副官徐燊、卫士曹纪华和何启义。因为戴笠的关系，这些人杜月笙都熟悉。飞机本来是从青岛到上海，可是到了上海上空发现无法降落，拐向南京，下午1点下降高度时，一头撞上了板桥镇的岱山。杜月笙万万没想到戴笠就这么死了，他内心沉痛。据沈醉回忆：“隔了好久，他一和我谈起戴来，还是无限怀念。”

杜月笙从此低调多了，据沈醉回忆：“当国大第一次在南京开会时，他又想选入主席团去露露脸。最初，他以为南京方面的老朋友会支持他，等到要选主席团的头两天，他一摸情况，才知道可靠的票少得出乎他意料，他的确感到非常着急。要他坐在下面而登不上主席台，他又认为是件丢人到极点的事。他连夜找我商量，神情沮丧。我立刻答应尽力帮忙，他才转忧为喜。他告诉我还差四票，我为了怕别人临时拉他的后腿，便给了他六票。开票时，果然答应他的又少了两票，加上我多给他的两票刚好选上……在这一段时期内，他知道自己越来越走下坡路了，过去那种挥金如土的作风也变了，左手进钱放入腰包，右手进钱也放入腰包，很不容易向外掏出了。”

屋漏偏逢连阴雨，杜月笙刚满60岁，按照高层人士的标准，也不算很老，可是一连串的打击劈头砸来。1948年，杜月笙又被迫与蒋经国进行了一次较量，虽然被杜月笙化解了，但是，打击杜月笙的蒋经国要比他小22岁，杜月笙看到了新一代的成长和自己的衰变。

1948年8月18日，即将覆亡的南京国民政府为了整顿经济，继续稳定全国形势，发布了一道经济处置法，实行所谓的币制改革。

主要内容为：第一，以金圆券取代法币，法币须在11月20日前兑换为金圆券，金圆券1元折合法币300万元。第二，禁止黄金、白银和外币的流通、买卖或持有；所有个人和法人拥有之黄金、白银和外币，应于9月30日前兑换为金圆券，违者一律没收并予惩处。第三，严格管制物价，以8月19日价格为准，不得议价；实施仓库检查并登记，从严惩处囤积居奇者。这一政策对百姓的生活危害很大，一方面，在实际操作中很难实现，另一方面，很容易被一些人利用来打击自己的商业对手。

蒋介石在各重要经济区域设立经济管制督导员，在上海，他干脆派大官——中央银行总裁俞鸿钧牵头，让儿子蒋经国协助。蒋经国办起事来自然顺溜，“太子”出马谁敢不从？这不是能力问题。他挑选一万多名青年，组成大上海青年服务队，标榜“只打老虎，不拍苍蝇！”仅商界大佬刘鸿生一人，就被他活生生“劝”出了800根金条和250万美金。到10月份，上海共收兑黄金114万两，美金3452万元，港币1100万元，银子96万两，合计价值超过2亿美元。

接着，他开始捅马蜂窝。杜月笙之子、中汇银行经理杜维屏因“囤货炒股”，被判了8个月徒刑，又抓了杜公馆的管家万墨林。墙倒众人推，一些报纸甚至以通栏标题报道杜维屏入狱，《中央日报》更刊登了杜维屏戴手铐被捕的照片，杜月笙的昔日威风彻底被一扫而光。

自古以来，不少名人和官员出事都是因为自己的家人和亲属不检点。其实在币制改革前夕，蒋介石曾把杜月笙、刘鸿生等召到南京去商谈，希望他们配合。杜月笙也曾把家人召集起来，要求他们服从政府，谨慎从事，将黄金、白银、外币全部兑换成金圆券。但杜月笙没想到自己的儿子不听话，还想跟蒋经国“拼爹”。杜月笙恨自己的儿子不争气，但是也要维护家族的威风，于是他让《商报》刊登公开信，表示：“二十年来，镛之拥护领袖，服从政府，如所周知……币制改革，只能成功，不许失败，为心所企求，经国先生执法如绳，不枉不纵，深致敬佩，何致以事涉私情，有所非议。”赚得民意后，他找“太子”讲“斤头”。为了稳妥，钱新之、章士钊、陆京士、黄炎培、刘鸿生、盛丕华、徐采丞等都被叫到他家商议，同时派门徒四处收集蒋家“皇族”、豪门在上海囤积居奇的证据。

9月下旬的一天，蒋经国在浦东大楼召集上海工商巨头开会，对违反政府经济管制者进行训诫和威胁。蒋经国话音刚落，杜月笙站了起来，走过去不紧不慢地说：“犬子维屏违法乱纪，是我管教不严，无论蒋先生怎样惩办他，是他咎由自取。不过，我有个请求，也是今天到会各位的一致要求，请蒋先生派人到扬子公司查一查。扬子公司囤积的东西在上海首屈一指，远远超过其他各家。希望蒋先生一视同仁，把扬子公司囤积的物资同样予以查封，这样才能使大家口服心服。”

扬子公司的董事长和总经理，就是宋美龄的外甥、蒋经国的亲表兄弟、前行政院长孔祥熙的儿子——孔令侃。蒋经国没有退路了，只好当众宣称：“扬子公司如有违法行为，我也一定绳之以法！”杜月笙连忙说：“好，好！那我敬候佳音。”说罢，晃晃悠悠地在随从簇拥下走出了会场。

消息传到宋美龄那里，她在上海龙华机场的总统座机上约见蒋经国，传达蒋介石及蒋、孔家族的意见。密谈之后，蒋经国神情黯然地走出机舱。整顿吏治的关键还是要靠民主的体制和文化来保障，这次蒋经国的经济管制搞了70天就停止了，证实了威权主义和非理性的失败。

杜月笙救了儿子，维护了最后的一点颜面，这也是他最后一次发飙了。

据杜顺安回忆：“祖父去世，我们一家人到了台湾。某日，我们去台北市长安东路一家广东烧腊餐厅吃饭，刚好蒋经国也在那家餐厅里用膳。蒋经国那时住台北六条通，和那家广东烧腊店隔街相望。他见我们一家人也在用餐，马上走了过来，和父亲握手致意。蒋经国坐在父亲身边，以上海话告诉我父亲，‘上海的事情我感到抱歉！’蒋经国这句抱歉，一笔勾销了过往仇隙，过去的恩恩怨怨，俱往矣！”

真是相逢一笑泯恩仇啊！一些在当时看似你死我活的争斗或者矛盾，时过境迁，或者烟消云散，或者成为笑谈，甚至还会不打不成交呢！

第二节 “广陵绝响”只为君

八年抗战终于结束了，梅兰芳、孟小冬也都欢天喜地地准备迎接新生活。

1945年10月11日，梅兰芳在上海的兰心剧场演出，标志着他正式重登舞台。这次义务戏演出后，很多剧场要求他恢复营业戏演出，但他的剧团人员还在北平，暂时只能演出昆曲。不过同样受欢迎，人们抢购票的时候，把美琪大戏院的门窗都挤破了。

唱到第三天时，时任上海市副市长的吴绍澍来通知说：“蒋委员长、蒋夫人、孙夫人当晚要来看戏，还要和梅先生见面谈话。”当晚，蒋介石、宋美龄、宋庆龄按时来到戏院。梅兰芳唱完《刺虎》后，换上西服偕夫人福芝芳、子梅葆玖、女梅葆玥在楼上休息室里与蒋介石夫妇见了面。宋美龄对梅兰芳说：“你能坚持不为敌伪演出，使全世界都知道中国有个不怕刺刀的演员，给中国人长了志气。”

这个时候，孟小冬南下，也来到了上海。

孟小冬曾为蒋介石演出过。据《中国京剧史》记载：“1945年12月，蒋介石到北平，当局曾在怀仁堂召集了一批著名的京剧演员演出了一场欢迎戏。程砚秋、孟小冬、李世芳、谭富英、马连良等登台献艺，为北平多年来所仅见。剧目有谭富英的《空城计》，孟小冬、李世芳的《武家坡》，程砚秋的《红拂传》，马连良、李万春的《八大锤》。这天，随蒋介石一起观看演出的还有宋美龄、国民党其他官员及‘盟军’数百人。”

抗战刚结束，杜月笙自己一个人先回了上海，姚玉兰还留在重庆。他就赶紧让总账房黄国栋写封挂号快信，召唤孟小冬来。孟小冬从北平乘火车到达上海北站时，黄国栋准备好的轿车就直接把她送到18层楼公寓。站在杜月笙面前的孟小冬已经不是当年的“冬皇”，马上就四十岁的女人，满脸烟容，长期生病让她很是消瘦，根本谈不上什么靓丽了。但是，杜月笙还是爱怜地拉她入怀，亲吻她的脸颊，定定地看了她半天，从她那双大眼睛里，寻找着当年的美丽神韵。

杜月笙曾说：“抗战胜利后始知爱情。”这段二人世界时光催生了他生平唯一的爱情。那么，是什么让这个大亨在享尽风光后知晓了爱情呢？不能不说和他政治上的失意有关，一个人风光无限的时候未必很看重家庭和情感，只有在外面失意的时候才更珍惜身边的亲人。杜月笙经历吴绍澍背主、戴笠意外身亡、蒋介石打压这一系列事件后，很是伤心失落，感到一生经营的华丽大厦似乎一夜倾覆了。

其实，此前孟小冬也常来上海。据许姬传回忆说：“1944年至1947年，孟小冬常来上海。我们在吴普心家相聚，因为普心的夫人是吴俊升的女儿，有老生嗓音，喜欢唱京剧。有时王瑞芝为我们操琴吊嗓，小冬常唱《御碑亭》、《乌盆记》、《沙桥饯别》等。我吊《卖马》、《碰碑》、《桑园寄子》等。她学余，我学谭，她唱正宫调，我唱六半调，她的嗓音高亮，立音强，出字收音、行腔用气均有法度，听出是经过名师指点，在女老生中是鹤立鸡群的。”

当杜月笙和孟小冬在这里享受二人世界的时候，1946年春末，姚玉兰千里跋涉，在抗战后百废待兴、交通不便的情况下，拖着几个儿女，历经一个多月回到了上海。刚开始，姚玉兰、孟小冬久别重逢很开心。有一次，孟小冬还和姚玉兰一起在南京西路与成都路口的“高士满”（由舞厅改的书场）听了小彩舞的京韵大鼓。但是，姚玉兰发现杜月笙自从身边有了孟小冬，对她就不那么亲热了，不禁对当年撮合杜月笙与孟小冬的情缘有些后悔。要强而敏感的孟小冬看着也不是滋味，尽管这个男人对她十分宠爱，但她也不忍心让结拜姐姐伤心，何况，姚玉兰虽然是妾，也算有名有分，而她算什么呢？不如趁早退出，免得将来姐妹撕破脸皮。孟小冬就提出要回北平，杜月笙苦劝她留下，甚至情急处表示愿意追随心爱的女人去北平。尽管这不可能，毕竟上海是他的根基，但他能说出这样的话，也可以看出他的真心了。既然孟小冬坚决要走，姚玉兰又没有强留，杜月笙只好将孟小冬送走。临走，他送给孟小冬一万美元，并许诺他会另给一笔钱让她在北平重新买个好房子。1946年至1948年孟小冬曾在贡院顶银胡同住过一阵子，那就是杜月笙出资买的。房子的户名是杜镛，杜府的人到北平玩也住在那里，孟小冬也没住多久。20世纪80年代，杜月笙的儿子杜维善继承了这座房子。

1947年8月，杜月笙60岁寿辰，当时正赶上广西、四川、苏北等地发水灾，杜月笙决定组织祝寿赈灾义演。7月，杜月笙的几个门徒陆京士、徐采丞、顾嘉棠等，组织成立了“庆祝杜月笙先生60寿辰委员会筹备处”，遍邀散布在全国各地的名伶。早在5月初，杜月笙就写信到北平盛邀孟小冬，恳请她一定要来参加寿典。不仅如此，他还特别嘱咐姚玉兰也给孟小冬亲笔去信，他是担心孟小冬顾忌姚玉兰而找借口不来。姚玉兰没有理由拒绝，照办了。8月，孟小冬接到杜月笙和姚玉兰的亲笔信件。孟小冬在北平度过八年寂寞黯淡的光阴，据她自己说，也是“奔走朔南，迭经忧患，歌喉欲涸，瑶琴久尘”，孤弱女子零落天涯。当杜月笙和姚玉兰给她一些温暖和敬重时，她就非常感激。于是，孟小冬先于其他被邀名伶来到上海，入住杜公馆。孟小冬能来，杜月笙十分高兴，毕竟上次杜家祠堂落成典礼就没有请到余叔岩，这次请到孟小冬算是弥补了遗憾。这也是孟小冬正式入住杜门，这份露水情缘终于在人生的无奈中相怜相惜走到了一起。

这次祝寿加赈灾“嘉年华”规模盛大。8月30日，杜月笙大寿的日子，泰兴路丽都花园舞厅歇业一天做会场，国民政府主席蒋介石以前题赠的匾额经精心装裱后高悬正中，贺词是：嘉乐延年。左右两侧依次排布中央各院、部、会的首长题赠的寿联寿幛，两侧墙上各地各界的祝颂寿屏更挂得密密匝匝，令人目不暇接。早上8点，上海警备司令兼警察局局长宣铁吾夫妇先来贺寿。接着，从上海市市长吴国桢以下，上海有点名望地位的都来致贺。中央政府要员吴铁城、吴鼎昌、王宠惠、宋子文、莫德惠、张道藩、董显光等特意从南京赶来，江苏省主席王懋功也从镇江赶来。孙科、白崇禧派了代表，蒋介石不但派了代表，还特地让儿子蒋纬国夫妇前往现场拜寿。

杜月笙因为哮喘病严重，没法到现场，只好让长子杜维藩带弟妹们分立礼台左右，代替他酬谢来宾。杨虎、钱新之、徐寄庼、徐丞采担任总招待。

之后的演出更是一票难求。当红名角云集上海，十天里，杜月笙却一场好戏也没看。有的北方来的名伶他到家里探望，杜月笙在病榻上连声道歉，表示只要喘得不厉害了，一定抽点时间大家聚聚。后来，他果然说话算数，撑起精神跟这些京剧界名人贤达合了一张影，然后每人送了一只金表。

演出从9月3日开始，持续到9月12日，整整十天。本来是五天，后来有人说，这么乱的时代，能把这么多南北京剧名角儿聚在一起，很不容易，不如多玩几天，就增加了五天。票价分为七等，从5万到50万不等，黑市价被炒到百万。当时的米价才30多万一担。七天公开售票的义务戏演下来，杜月笙大概筹到一百亿的巨款，都用于全国各地赈灾。

在这十天里，梅兰芳演了八次大轴，分别是在9月3日、5日、10日和李少春、谭富英、马连良、袁世海、叶盛兰、周信芳等合作《龙凤呈祥》；9月4日、6日和马连良、马富禄、袁世海等合作《打渔杀家》；9月9日和小翠花等合作《樊江关》；9月11日、12日和李少春、姜妙香、叶盛长、谭富英、马连良等合作《四郎探母》。

孟小冬演了两次大轴，分别是9月7日、8日和赵培鑫、裘盛戎、魏莲芳等合作《搜孤救孤》。

孟小冬这一曲《搜孤救孤》可不得了，上海滩为之轰动。余叔岩在台湾的挚友孙养农等，听说孟小冬登台特意坐飞机来上海看戏。当时无线电收音机刚面市，因为这次义演名角荟萃，更因为孟小冬那难得听到的玉音，导致无线电收音机在上海市面上非常走俏，竟然一个小摊位一小时就卖出二十多部。现场拥挤到何种程度？就连马连良都买不到票，只能央求戏院前台经理在过道里放个小凳子，和别人挤在一起。演出开始时，戏迷挤满了戏院，参加祝寿演出的名角都只能齐齐地站在后台听。梅兰芳虽然没有在现场观看，但是据他的管事姚玉芙说，梅兰芳在家听了两次电台对孟小冬演出的转播。

孟小冬这出戏能这么轰动，也不全是因为自己余派最权威传人的身份。余叔岩本人在上海最后的几场演出就卖不上座，还欠下债。即使是梅兰芳也需要“梅党”的策划、运作和捧场。孟小冬的艺术成就未必高过“四大须生”，能如此轰动，光粉丝买花篮都花了很多钱，应该说很多观众是看着杜月笙的面子的。

本来，孟小冬最初打算演两出戏——《失空斩》和《搜孤救孤》，一天演一出。但是，她排练后悲哀地发现，自己的身体已经承担不起《失空斩》这样的大戏了，她只好放弃。经过半年之久的排练和准备，此时的孟小冬的唱功炉火纯青，至今被京剧界称为京剧中的广陵绝响，彻底确立了她中国京剧首席女老生的地位。关于她演出的精彩情况，我们还是听听几位当事专家的评价。

许姬传说："这次的印象，小冬吃调高而立音特强，吐字清晰，腔简韵厚，喷口有力，身段简练而能传达剧中人的思想感情，已得到余派真传而成熟了。"

老作家沈寂回忆他当年看戏的情景说："我被她那余派嫡传的盖世绝唱和精湛艺技所陶醉入迷。她每唱一句，全场轰动；我每听一段，击掌叫好。我仿佛看到了余叔岩复活而惊服，也庆幸余派有后而激动。当时情景，历历在目；当时心境，记忆犹新。"此曲只应天上有，人间能得几回闻？

丁秉鐩在《孟小冬与言高谭马》中说："一九四七年我随先师严独鹤先生，到中国大戏院去看冬皇在杜寿义演中演出的《搜孤救孤》，才稍能领略冬皇舞台艺术的精湛。在座的叔诒兄（艺名刘天红）对我说，'这戏真给冬皇唱绝了，不但唱腔白口（即戏曲艺术中的说白）、身段眼神，活脱赛如余老板，尤妙者连扮相都酷肖余老板，咱们的祖师爷赐福给孟爷的，真是太厚了。'叔诒兄是梨园行的槛内人，对冬皇的颂赞是内行话，可见冬皇在台上的玩意儿，的确是到了家了，尊之为余派传人，是非常确当的。"

翁思再在《孟小冬百年祭》中说："此后，《搜孤救孤》中的'娘子不必'、'白虎大堂'等唱段，流行街头，以能为贵。余生也晚，上世纪50年代开始记事时，犹听长者津津乐道。今天，孟小冬传承的余派艺术不仅流播在大陆的舞台上，而且在港台，在欧美，在日本，成为华人京剧票房里最流行的歌声。"

除了盛赞，记述当时演出现场情况详尽一些的是沈苇窗的《一代奇女子"冬皇"之由来》，"就在七日那天，我和（马）连良在中国大戏院二楼听看，临时排位子，只得合坐一张凳上。那晚所得的印象如下：（一）赵培鑫的公孙杵臼先出场，穿的一件古铜色褶子很新，显得生硬，等程婴出场时，孟穿的一件黑褶子八分新，十分自然。这件褶子，她带来香港，去台湾以前，当我的面送给老教师周文伟了！（二）孟出场时，略显紧张，在上场门时，靴子侧了一下，大家代她担心，其后安然无事。（三）程婴与公孙杵臼对话时，程表示要倾听公孙的意见，将椅子向前一拉，同时念白，动作自然，神情如画，连良与我同声叫好。（四）魏莲芳的程妻，称职而已。裘盛戎的屠岸贾十分卯上，从此，裘在上海走红。（五）孟演至公堂一场，情绪稳定，嗓音响亮，动作不多，但每个身段都极边式。（六）场面上打鼓的为魏三，名希云，胡琴王瑞芝，月琴闵兆华为闵采英之弟，是我的小朋友，后来下海唱小生。当法场一场，胡琴拉“哭皇天”时，彩声四起。（七）戏毕，台下掌声如雷，要求谢幕，孟不肯出场，杜月笙亲自从前台到后台去商请，方才出来。第二晚，因先有准备，就比较从容了。”

其实谢幕是从国外传过来的，起初只见于话剧和歌唱会上。京剧谢幕到20世纪40年代才在上海时兴起来，当时性格古板的盖叫天和脾气火爆的程砚秋也不喜欢谢幕。孟小冬的性格有着执拗和倔强的一面，或许才华绝代的人和事业顺遂的人都难免有这样的毛病，人没有完人，能人多半决断甚至武断。照顾外界因素和感受的人又往往失于优柔无用。这次谢幕意义重大，因为这是孟小冬最后一次登台，从这个意义上看，能看到孟小冬谢幕形象的人真是幸运的。

如今，上海的高楼大厦如刀似箭刺向蓝天，这座以商业起家的大城市经历着新的嬗变，演绎着这个时代的传奇。但是，我们应该记得，在当年的上海，确曾有一位高挑丽人风华绝代、才貌倾城，亭亭玉立地走在树影斑驳的上海大街上。可如今，正如苏轼在《和子由渑池怀旧》中所感叹的一样：“人生到处知何似，应似飞鸿踏雪泥。泥上偶然留指爪，鸿飞哪复计东西。”

人生会留下痕迹的，在新时期文化产业发展进程中，不只是翁思再一个人发出这样的感叹："呜呼，历数艺坛芸芸众生，向道如孟小冬者，能有几人？人生就像白驹过隙，如今百年回顾，她失去的是一时的功利，赢得了身后不朽的艺术和英名。"

第三节　避谣言突返北平

杜月笙的赈灾贺寿义演风光地结束了，可是，梅兰芳和孟小冬却被绯闻缠上了身。原来，有好事者传闻他们旧情复萌，甚至真的开始撮合他们，这给两人造成了巨大的压力。

本来杜月笙已经走了背运，梅兰芳以当时天下第一名伶的声望，如果势利的话，完全可以说，因为孟小冬也来了，他不方便来，从而推掉这次演出。梅兰芳一定要来，还在晚会上独挑大梁，更很卖力气地一连唱了八场，这是表达他对杜月笙的一份尊重和感恩。事情起因是这样的。

1945年秋，美军要协助国民党军队接受日军投降，同时指挥军舰集结，以便装运军队前往东北各港口登陆，抢占具有先进的工业和交通基础的东北地区。魏德迈上将抵达上海时，上海市长钱大钧出于礼仪，特请梅兰芳出来在美琪大戏院演了一场堂会戏，招待魏德迈将军和美军官兵。结果国民党军队驻防部队将此当成了一般意义上的劳军，把美琪戏院的座位几乎都给占了，导致拿着票的美军士官反倒没地方坐了。宪兵警察都劝说不动这些兵痞，美军官兵一生气都走了。但是，这些看霸王戏的士兵并不是认真看戏的人，他们大吵大闹，梅兰芳和剧组的人吓得躲在后台不知如何是好。最后是杜月笙出面，命前台宣布今晚剧目照旧演出，请大家静静欣赏，并对梅兰芳说："国家体面攸关，秩序安宁要紧，你今晚多唱一场，开销一概归我。明天晚上再为魏德迈将军和美军官兵演唱。"其实，演戏的人都知道，你不用管台下观众怎么闹，台上你尽管唱起来，只要演得好，一般都会安静下来的。从这里也能看出梅兰芳确实个性柔弱，被一帮大兵吓得手足无措。

孟小冬来上海参加这个义演，并且进行了很长时间的排演，凭她当时很差的身体和好久不登台的情况看，这也是个苦差事。

其实她的身体本不应该这样。在抗战胜利后，孟小冬曾想脱胎换骨、焕发精神，就参与组织伶人戒烟。孟小冬和马连良等几位名角儿自发组织起来，在北平市立第三医院开办了“北平国剧人的戒烟会”，很快，戒烟会聚集了一百多位伶人。有这么多伶人抽大烟吗？在今人看来不可理解，但是在过去梨园界多半贪恋大烟的背景下，倒是不稀奇。不过也有例外，四大名旦中的尚小云的母亲、妻子都抽鸦片，尚小云每晚还会给母亲烧烟，但他每天吸着二手烟，看着母亲和妻子享受的样子，却从不沾一口。孟小冬可没有这么强的意志力，金少山、谭小培、王瑶卿、马连良、谭富英、杨宝忠等一批批伶人先后出会。最后，“戒烟会”里只剩下四五个人，戒烟成功率还是很高的。可惜的是，孟小冬似乎没有彻底戒除，烟毒继续侵害着她的健康。

孟小冬在北平坚持排练，到上海一唱，誉满天下，但是也被人议论纷纷。有人希望她能和梅兰芳再合作一次《四郎探母》，以为他们分手16年，应该能重新和好。小报上更是五花八门，有的说二人可能同台演出，有好戏看了，甚至连具体时间和地点以及合作的戏目都说得有鼻子有眼儿的。还有的说，上海沦陷期间，梅兰芳不唱戏，日子过得很苦，福芝芳寂寞难耐，整天赌博，把梅兰芳的所有家底和资财全输光了，害怕梅兰芳追究还得了神经衰弱症。还说梅兰芳为此生气，正要把福芝芳赶出家门，重新纳孟小冬为妻。总之，当时全上海的舆论几乎一边倒地要撮合梅兰芳和孟小冬。

这样的舆论让梅兰芳百口莫辩，福芝芳心惊胆战，姚玉兰为孟小冬担心不已，杜月笙也不高兴。孟小冬看似泰然处之，熟视无睹，其实她也很厌恶这种撮合。我们知道，当初拆散梅兰芳和孟小冬情缘的不也是舆论吗？其实梅兰芳和孟小冬他们自己都不想见面。

不过，也确实有人不只是瞎嚷嚷，不只是为了吸引眼球，而是真心要撮合，这个人就是——黄金荣。黄金荣不唱戏，也算不上票友，干吗这么热心？原来，他故意想让杜月笙难堪，他不愿意看杜月笙这次回上海余威尚在，大寿办得这么红火。一个自己提拔起来的穷小子发达了也就算了，怎么他去致贺时，杜月笙竟然不出来，只让门徒迎接呢？

其实，梅兰芳和孟小冬分手后就彻底断了联系，特别是孟小冬更不愿意和梅兰芳再次扯上任何关系，虽然她内心也还是很关注梅兰芳的。最起码，当时分手时，孟小冬曾经说过："放心，我唱戏也不会比你差！"好强的她不可能一点不关心梅兰芳的情况。外界就曾有这样的传说，正是孟小冬在无意之中促成梅兰芳和程砚秋于1946年在上海第二次打了对台。一个月下来二人不分上下，打成平局。不过，程砚秋作为梅兰芳的弟子，不沿袭梅兰芳的老路，勇于创新，新戏不断，这样看，程砚秋应该算是对台的胜者。

杜月笙这边，也让"戏提调"金廷荪故意将梅、孟分开演出，不但坚决不让他们合作，甚至连同台、见面的机会都没给。有人猜测，这其实是孟小冬特意要求的。况且，此时的孟小冬已经是杜月笙的人了，杜月笙又怎么可能让他的女人和前夫见面呢？所以，有梅兰芳参加演出的那八天，孟小冬根本不去戏院，有孟小冬参加演出的那两天，梅兰芳也没去戏院。最后一天，杜月笙和全体演员合影，梅兰芳参加了，孟小冬躲开了。

孟小冬在义演结束的第二天就整理行装，跟杜月笙说她要马上回北平，因为出来这么久了，很想念老人，家人已来信催促，实在不能不走了。孟小冬走时，自己只留了件这次演程婴穿的行头，这是她20年前刚到时北京自己选的，特别喜欢，留作纪念。其他带来的行头都送人了，这表明她要彻底告别舞台了。有人问她，为啥才40岁就彻底不干了？她无奈地摇着头说：“您瞧，我这么个样子，可怎么还登得了台呀？”

杜月笙和姚玉兰看着她这样决绝的样子，也不好强留。杜月笙让姚玉兰出面送给孟小冬一些金银首饰，作为这次南来辛苦演戏的酬劳，孟小冬没要，只拿走一只刻有杜月笙名字的金表。她对姚玉兰说：“阿姐，这块表我留作纪念。这次应该感谢你们盛情邀请我来参加义演，既为慈善事业出了点力，又让我有机会在上海宣传余派戏，也是对恩师最好的怀念。我能受到观众的欢迎，主要是你们的捧场，不然谁还会给我送那么多花篮？”说得姚玉兰泪水直在眼眶里晃悠，杜月笙也很感动，就派了个得力门徒专程到北平以孟小冬的名义替她买了一处房子。

果然，孟小冬回到北平以后，什么谣传都不消自灭了。

抗战胜利后，杜月笙和孟小冬身体都很不好，虽然年纪都不大。杜月笙在香港、重庆时期得的哮喘病这时严重多了，凡是劳累时或者遇上阴天低气压，他的喘息声简直让人听了打冷战。他每当这时就自嘲说：“唉！我简直变成一支寒暑表了。”医生也没少请，天天中西医不断，在上海时请的西医是名内科医生何爱仁，当时很有名气的爱仁医院院长。有时杜月笙还嫌燃灼喷雾法既慢而又不方便，干脆像瘾君子逼急了吃海洛因一样，把阿射玛药粉塞直接放在他经常吸的茄力克或棉花头香烟头上，点着了吸上就有效。气功推拿请的是曾在震旦大学教书的乐老师，推拿能为杜月笙活动筋脉，畅通血液，这样一番鼓捣，杜月笙身体能舒服些。儿子杜维藩曾私下问过杜月笙：“乐老师的推拿究否有效？”杜月笙说：“也不见得怎样。”其实，他的哮喘病已经没法根治了。

孟小冬在上海期间，空闲时就泡在杜月笙身边，替代姚玉兰照顾杜月笙，帮他熬药，倒水，喂药，接待医生。杜月笙感动得不行，他怎么不感动啊！尽管他常年关照孟小冬，但是自己现在都60

岁了，还重病缠身，怎么还有昔日红颜愿意伺候这样的病人？毕竟他既不是丈夫也不是父亲或者兄长。孟小冬伺候病人确实比姚玉兰要技高一筹，余叔岩生病的那些日子里，孟小冬就伺候在身边，衣不解带一个多月。久病床前无孝子，没有耐心伺候过长期卧床的病人的人是无法置喙评论的。

孟小冬和杜月笙因艺术的共通而熟识，因为相互感激而萌生爱恋，这种爱恋不是一般意义上的短期激情，是历经二十多年风雨慢慢演变而成的。姚玉兰看着这对多年的异性知己，心胸豁达的她也乐于让孟小冬在一旁给杜月笙一些慰藉和快乐。姚玉兰和孟小冬，杜月笙有了她们，晚年才有了还算安定的家。

第十章 一生名分定香江

第一节　专机接驾出战云

回到北平后，1948年一年里孟小冬都既不演戏也不吊嗓，每天闲得不行，就在麻将桌和烟榻前打发时光。多年的老胃病还总是折腾她，胃口不好，人自然越来越瘦。淮海战役打响后，战火波及河北，北平市面不稳。从辽沈战役下来的东北野战军兵精粮足，一时称雄天下，彪悍之师已经叩响山海关的大门。1949年初，平津战役爆发，解放军在张家口、天津捷报频传，对共产党有偏见的或者对人民欠下血债的人更如惊弓之鸟。

杜月笙很担忧孟小冬的安危，他为了表达诚意，防止孟小冬担心姚玉兰不欢迎她，还像以往邀请孟小冬一样，让姚玉兰以姐妹身份马上去信，劝孟小冬快来上海。可是，北平被围成铁桶一般，连傅作义都难以脱身，孟小冬怎么逃得出？当然，接到这样的信，孟小冬还是很感激的，那个叫杜月笙的南方男人总是在自己最需要最危急的时候给予关键的帮助。正在焦急时，上海来了两个客人，原来是杜月笙包了一架专机，特地派心腹门徒专程来接她。

到了上海，杜月笙就劝她，你就安心留在上海，把这里当成你的家，以后如果有合适的机会，咱们可以再次登台。孟小冬感受到了有生以来少有的温暖。姚玉兰也劝她："小冬，你留下来吧，这么大年纪，还一个人漂泊，啥时候才是个头呢？你就把这里当成家，以后有福同享，有难同当，决不另眼相看你。好吗？"孤苦无依的孟小冬看着动荡的时局、纷飞的战火，感动于杜月笙的侠肝义胆与照顾之恩，还有姚玉兰和她的姐妹情谊，也就下决心托身于杜门，对杜月笙的病体悉心照料，成了杜府的一员。

可是，1949年5月，解放军即将围攻上海，宜兴、长兴、吴兴三处外围据点的国民党军队已经溃逃，杜月笙再三权衡利弊得失，最后还是决定走。但是不去台湾，去香港。

杜月笙为什么独独选择香港呢？

原来，蒋介石去台湾前曾在上海召见了杜月笙，要拉他去台湾。杜月笙知道蒋介石的用意，如果他坚持留在上海，蒋介石决不放心，甚至会除掉他这个后患。想到这里他就应酬着说："总裁的美意，月笙心领了。不过台湾的气候潮湿，天气又太热，近来我的气喘病又复发了，我想先到香港治疗一下，再到台湾执鞭马前，不知总裁肯否应允？"说完还故意装成气喘很严重的样子。想想也好笑，香港和台湾相比，气候能干燥多少呢？抗战胜利后回来这几年，杜月笙已经看得很清楚，如果跟蒋介石到台湾，他不会再被重用了，现在如果还跟蒋介石走，将来寄人篱下，势如软禁。历史也证明了这一点。蒋介石到台湾稳定了统治后，开始清算在大陆失败的责任，许多国民党元老和高级将领被他以不同方式晾起来，甚至软禁。即使是帮会分子，也逃不掉惩罚，国民党撤退到台湾不久，就开始在岛内大肆搜捕地下党。青帮虽然不是国民党军特宪警的头号敌人，但也被视为上不了台面的一批人，遇有重大社会事件发生，总是优先被驱赶，难见天日，甚或被列为打压对象。20世纪50年代，活跃在台湾社会底层的青帮人物，就被警方或者媒体一概说成是鱼肉民众、仗势欺人的角色。这种“恶人”形象的青帮帮众，究竟与实际情况差距有多大，我们不得而知。

留在大陆？确实，黄炎培、章士钊等人都来做过杜月笙的工作，中共中央发自西柏坡的广播也天天传到上海，说希望他能留下协助维持上海的社会秩序，并且许诺可以不计前嫌。然而，杜月笙对这些总是不放心、不托底。当年支持蒋介石搞“四一二”反革命政变，搞清党，活埋汪寿华，共产党能放过他吗？金廷荪就多次提醒他：“月笙，你不能上人家的当啊，我们跟共产党的恩怨，你心中要有数目。”杜月笙每次都很认真地回答：“三哥，我晓得，我心里当然有数目。”

他知道，这个去留的抉择关系着一个家族的生死兴衰。他反复想着蒋介石留下的那句话：“唉，我只是不忍看着朋友都成为共产党的刀下鬼，也决不允许任何人变节投敌！”杜月笙隐隐品出了杀机，不但要走，还要快点走，去香港。至少可以先避避风头，看看形势。经历过抗战奔波流浪的姚玉兰一听头都大了，怎么又逃难了？孟小冬也很不安，原以为逃到上海就平安了，广播里不是经常报道国军大捷吗？这还不到半年，又要逃了。既然北平回不去了，上海又没有啥亲人，孟小冬只能继续跟着杜月笙走了。当时，蜂拥外逃的市民和达官显贵挤满了码头、机场。杜月笙的门徒曾想坐飞机，那样能快些，但是医生看了杜月笙的身体状况，坚决反对。当时买一张去香港、台湾的船票比登天还难，何况杜月笙走时太太、朋友、保镖、佣人还要跟上一大群。当这一大群人涌上荷兰渣华公司客轮“宝树云”号时，舱位只能分散开，杜月笙、姚玉兰和孟小冬三个人只有一间头等舱，舱内两张单人床，外带三等床位一张。

为了照顾好杜月笙，姚玉兰就和孟小冬商量好，排定时间，两人轮流值班，一班几个小时，换下来可以到那张三等床位上歇一下。

杜月笙这次躺在床上，不再像上次离开上海去香港那样“独立船头风满袖”了，而是拖着病体离开了他土生土长、一往情深的黄浦滩。他当时就估计到这辈子回不来了，心情无限沉重，精神的崩溃让他仿佛变成一截没有生机的木头，成天躺在床上。同船的朋友知道他病重，相互告诫别去打扰，所以，他整天只能与姚玉兰、孟小冬默默相对。

5月3日，杜月笙一行到达香港。因为杜月笙体力不支，香港这边就没安排盛大的欢迎场面，来迎接的只有少数家人、亲友。其中一位年轻人成了杜月笙来港初期的重要依托，那就是当时已经被称为“香港杜月笙”、“夜总会皇帝”的丽池游乐场老板李裁法。杜月笙1938年来港时，李裁法还名不见经传，杜月笙离开香港时候，李裁法开始有了汽车洋房、人缘声望，应该说他得到了杜月笙的一些帮助。

这次来港，杜月笙的公馆已经由别墅和高楼变成了坚尼地台18号底层房子，只有三室一厅，这一大群人怎么住？两天两夜的折腾，他的身体更糟了。自此以后，他整日蜗居于此，几乎是足不出户。

房子小就算了，钱还不足。抗战胜利回上海后的杜月笙，子女多已成年自立门户，自己不出面张罗事务，客人也少了，日常开销确实节省很多。但是，多年来都是他自己说了算，没有贤内助和说话算数的管家制约，钱借来了，花起来却跟有烟赌生意时候一样没有计划，还经常接济别人。经常借钱度日最终累计成了天文数字。姚玉兰还算能过紧日子的人，把公馆的里里外外事务都把持了起来，孟小冬也就挑起了侍奉杜月笙的担子。

李裁法本来可以更好地报答杜月笙，但是从内地尤其是上海来的人越来越多，他疲于应付。香港的粤菜不合杜月笙的口味，李裁法一想，何不在照顾杜月笙的同时兼做上海人的生意，就写信请来了上海最有水平的大师傅，在丽池增设上海菜部“德兴堂”，生意一直不错，杜月笙曾抱病去捧场，“德兴堂”的上海菜对他的思乡情怀也算能有几分慰藉。

第二节 贫病中，他撕毁当年所有欠条

要问杜月笙自己，你到底有多少钱？杜月笙自己也不知道。要问他的家人，包括最亲近的沈月英和姚玉兰，也一样说不清。

可以这样简单地说，杜月笙的钱多半用于社会应酬、交际和资助公益慈善事业。好面子又更重远见不重当前、只重人脉不重生活的他，经常过着借钱资助别人的日子，同时自己在外放债多少亦没有数，也不张罗着去收回。

要说吃，在请达官显贵时，杜月笙出得了手，山珍海味在所不惜。但是实际上，因为他的贫苦出身，他再怎么想学会贵族名流的仪表、饮食、服饰、内涵、观念，也总是只能学个七分像，在上流社会混了几十年还是难以脱胎换骨。他在家里甚至比自己的子女和夫人节俭，吃饭毫不讲究，一碗咸泡饭，也能吃得蛮香的。穿的衣服，一年到头就是一袭长衫。鞋子他爱穿缎面软底鞋，新鞋子穿着不舒服，总是让别人替他穿软了，他也不嫌臭，拿过来就穿。这似乎正应了那句英国谚语：三天出得了一个暴发户，三代出不了一个贵族。

他享受不了上流社会那种颇多讲究的饮食。曾任国民党军队第五军军长的李福林退休后，在香港九龙做寓公。杜月笙抗战时期到香港后，李福林久仰杜月笙的大名，登门拜访后，约杜月笙到他的果园去玩玩。那天，杜月笙带了杜维藩一起去，下午一点多钟，李福林大开盛宴，菜一共只有三道。掀开碗盖，热气腾腾的，里面是啥菜，杜月笙不认识。天下美食在广东，上海来的人怎么能认识？

李福林于是大笑，很得意地说：“丢那妈个契弟！今天杜先生光临，是我李福林的荣幸，招待贵宾，我只有这三道菜。各位不要看菜少简单，这三道菜都是本地最有名的，蛇羹、乌龟、果子狸！”旁边有懂行的小声嘀咕：“天哪！这三道菜要港纸一千元！”可是，穷人出身的杜月笙只是愁眉苦脸，这些高端菜品他不但不吃，还有点恶心。勉强熬到下午三点散席，他带着饿透了的肚皮回家，学着李福林的岭南口吻，高声喊大司务：“丢那妈个契弟，阿陶快来蛋炒饭！”

1939年秋，杜月笙知道沈月英在上海去世时，曾跟杜维藩谈起自己的少年时光：“小时候我从浦东到浦西，在水果店里学生意，每天清早忙到夜晚，老板给饭钱，只够到滩头上吃两客炒饭。人家食量小，叫一客蛋炒饭还可以喊一碗黄头肉骨汤，我刚从乡下来，食量大得吓坏人，一顿两客蛋炒饭还不够饱，因此一日到夜肚皮里闹饥荒。天一亮西瓜船到哉，船老大把西瓜一只只往下抛，我们这些小伙计在码头上一只只接。做过不久，只要西瓜碰到手，我就晓得瓜好瓜坏，挑一只好西瓜，装作一时失手，西瓜落地，碎成几瓣。老板看见了，跑过来骂两句。等歇收了工，把地上的碎瓜捡起，吃蛋炒饭以后，嘴里面渴，正好拿烂西瓜当汤汁茶水。”

在重要交际场合，杜月笙即使穿些高档服饰，也只是冬天的裘皮。那么，他怎么会越老越穷呢？首先，他不善于理财，杜公馆的家族理财更不行。从杜月笙成家开始，杜月笙就有了账房先生，别说杜月笙，就是夫人、近亲、儿女都没有管过账，也都不知道到底有多少钱。反正缺钱的时候总能有钱，也不需要打听这钱从哪里来的，其实很多就是杜月笙临时借来的。等到了香港，没有那么多钱了，也没有合适的账房先生，杜月笙病恹恹的，只好自己担起账房重任。他哪有耐心做这个事情，就把支票簿交给女儿杜美如。这女孩子能有什么算计，即使有算计，杜月笙这种大手笔花钱习惯和在家说一不二的地位，又有谁能劝阻一些支出项目。

自从发家以后，尤其是与蒋介石合作清共，从此地位飞速蹿升后，杜月笙已经逐渐远离赌博和烟土行业，更不可能像20岁以前那样干些坑蒙拐骗的事情。他兼任很多文化教育界的职务，那都是些只能投入没有收入的赔钱事情。至于他涉足工商业，兼任很多职务，其实没有几个是他自己的买卖。有的是他出面当个名誉职务，所谓“民意代表”；有的因为是公私合营机构，他只是出面代表国家或官方挂个职务；有的是因为需要借助他的社会声望和影响力，请他挂职助势，或者做保护伞。这种事情虽然有年终孝敬或者分红，但是，杜月笙的人脉是凭空来的吗？他又不是实权部门，在那个有枪就是草头王、官府声威震天下的时代，他只能砸重金来换名誉权位。要豪赌，还要故意输给对方钱，要资助，要接待，要应酬，要赞助，要积极参与募捐，要支持政府做那些不便于动用国库的公共事业。除此之外，还要投入大量的精力和感情用于揣摩着别人来说话办事，精巧地运筹和谋划，这花费的心思远远超出那些企业给他的那点钱。杜美如回忆避居香港时杜月笙的困境说：“在重庆的时候，戴老板（戴笠）要用钱，我父亲把川盐银行，刘航琛的，一个银行的钱都交给他了。刘航琛先生讲，‘杜先生，万一有人提钱，这一点点钱你得给我。要是人家来提钱，空掉了不行。’我父亲是把这些钱交给戴老板去做抗日地下工作。现在，没有人晓得，父亲说，‘我杜月笙只有10万美金啊！我还要带这些人。’这些人是什么人？是替他做地下工作的牺牲者的遗属，有的儿子死了，爸爸妈妈活着，他要养着人家的爸爸妈妈。这些人到香港都是他养的，所以钱不够的。所以一天天，一天天，他身体就坏下来了，没有再好过。”

作为出身贫寒的贫二代，杜月笙倾其所有，谨慎地维系着自己与上层的关系，不惜重金。在他那里“吃俸禄”的人，上有达官巨宦，下有鸡鸣狗盗之徒，可谓三教九流无所不有。一般人发达了会把钱财用于个人享受，照顾家人需要，但杜月笙的人生信条不是这样，他真的是把真金白银往外撒，才换来自己的名声地位。一般人往往只看到别人的产出，却没有意识到风光的人更需要投入。

本来，杜月笙和当时逃往香港、台湾的很多国民党人一样，以为中共不能维持多久，一旦形势明朗了他们就可以回来，所以也没有很好处理自己的资产，没有作长远打算，这也是他入港返贫的原因。而杜月笙在大陆办过的一些产业后来陆续被通过“公私合营”、“联营”等方式收归国有，他听到这些消息，非常懊恼，又无可奈何。

至于住宅房产，临走时杜家卖了在杜美路的房子。那时只有美国人肯花钱买那些东西，能有人买就不错了。房子卖给美国新闻处，只卖了45万美元。

到了香港，有多少人要靠着他生活？除了杜月笙，有三楼孙夫人，有姚玉兰与孟小冬，有长子杜维藩夫妇和四名子女，有次子杜维垣、三子杜维屏、五子杜维新，他们也都有了小家庭，七子杜维善、八子杜维嵩还要读书，外加大小姐杜美如，孟小冬的义女杜美娟，家眷林林总总就有二十多人。还有随从徐道生，司机钟锡良，大司务“小鸭子”及其下手，以及男仆陆圆、解子信，女佣阿妹、小妹等四人。

而坚尼地台18号一楼一底的房子，楼上住的是陆根泉一家，楼下才是杜公馆。这么小的房子，隔开来也没有多少房间。姚玉兰和孟小冬的两间就在杜月笙的大房间外面，对着门，有事倒是好照料。灶间住一两个佣人，其他的佣人只好住在外面。因为实在住不下，孙夫人和儿子住在外面，也要花钱。杜维藩的媳妇先带小孩到香港，住过九龙李丽华的房子。另外成了家的三儿一女，杜维屏住堡垒街，杜维垣、维新住在渣华街，二小姐杜美霞嫁给了金廷荪的四儿子金元吉，也住在渣华街上。只有杜美霞当时还滞留在上海，后来也被杜维藩拉到香港来了。陈夫人在杜月笙来香港后，曾经从台湾来探望他，没地方住，就住在新宁招待所，待了一阵子，夫妻间说不到一块，就带着杜维翰、杜维宁回了上海，一直留在大陆。

杜家就这样，满街都有，又四海遥隔。

困居香港的杜月笙因为体力和心情不济，更因为经商环境不行，早没有了当年的雄心壮志。据姚玉兰、杜美如等人回忆，仅仅坚尼地台这一个地方，一个月开销至少也要港币六万，实在没钱了，姚玉兰还得自掏腰包动用私房钱。

杜月笙手头只有两笔财产。一笔是美金十万，是当年为孩子受教育储备的，交给了宋子文的弟弟宋子良。另有卖房子的45万美金，除了在上海逃出来时候花去一点，还剩下三十万，存在银行里。像这样坐吃山空不久就要告罄。

为了扭转困境，他做了一次生意，结果惨败而归。这让他大受刺激，病又重了一步。

当时有个四川的朋友，说是1949年四川蚕丝大丰收，蚕茧收购价很低，他决定筹集巨额资金收购一批用中国航空公司的飞机运到香港，然后卖个十倍八倍的价钱。杜月笙拿出十万美金，结果，11月份中国航空公司的负责人带了十二架飞机起义，全国各线空运全部中断，大批的蚕茧堆在成都运不出来，那位四川朋友破产了，杜月笙十万美金也打了水漂。

就在这样的情况下，杜月笙还是不好意思拒绝朋友的求援。一位早年在重庆结交的朋友托人来说，在香港混得连去台湾的船票钱都没有了。杜月笙一想，这时候不伸手，他人生地不熟的，就要没生路了。人家只借300块，杜月笙说300块拿不出手，数了1000港币给他。杜月笙还接济过流落香港的上海同乡、旧友很多次。

不过也有帮过杜月笙的，比如香港太平绅士、国民党元老许崇智和周埈年等就曾到杜月笙家里拜访，帮助解决困难。

杜月笙躺在床上，枕头下的钱却越来越少。当时法学学者吕光替杜月笙办过几件事，杜月笙怕吕光掏腰包贴了钱，有那么一天，长谈过后，他就从枕头底下摸出一包早已预备好的港币，递给吕光说："这一点钱，你拿去用。"吕光推着不要，杜月笙把手中的钱掂一掂，问道："怎么办？你是嫌少？""不是嫌少，"吕光笑道："等要钱用的时候，哪怕是一块钱，我也会问月老要的。"杜月笙没有听懂，他追问一句："你说一块钱，是啥个意思？""我的意思是说，"吕光怕打击他，就又解释，"我不需要钱的时候，月老再给我多点还是没有用。等我差一块钱的时候再来问月老要，那一块钱的用处就大了！"弄明白了，杜月笙收回了钱点头道："嗯，你说得是有道理。"

自从那次茧丝生意血本无归，杜月笙再也不敢冒险了，有人撺掇他开影戏院，刚一开口他就直摆手："算了算了，在上海几十年我都不曾做过戏馆，岂有到香港来开戏馆的道理？"

刘鸿生曾提议在九龙开一家织布厂，杜月笙说："我还记得当年日本人攻香港，由深圳打九龙，简直是迈一步就跨过来了。如今的情形和当年差不多，九龙离深圳太近，在那里设厂，一旦九龙有事，可能全部泡汤。"

据杜顺安回忆杜月笙说："祖父过世之前，交代他的两个太太和我父亲、叔叔，他过世之后，'你们就去台湾吧。'祖父要我们上台湾去，是因为我们家里的开销太大了，在香港我们的现款已所剩无几，钱财只出不进，光只靠银行里的一点利息度日，寅吃卯粮，不是办法。"

其实，国共战争结束后，很多当年的富人都变成了穷人，时局的剧烈震荡对个人的冲击是非常厉害的。比如民国大银行家张嘉璈，他一生从事金融业和实业，到头来两手空空。他1949年到美国生活后，曾托朋友把他存在上海的藏书全部卖掉，把钱汇给他。在美国教书时，因学校离得太远，连租房子的钱都没有，向贝祖贻借钱。贝祖贻知道他从不向朋友开口借钱，应该是穷疯了，就为他张罗一个"募捐会"，由陈光甫、李铭、贝淞荪、项康元、吴昆生等人，每人拿出1000美元，共计11000美元交给张嘉璈。在他离开大陆之前还曾发生过一次争执。在国民党的一次立法会出，为解决政府财政困难，要向宋子文、孔祥熙、张嘉美金。其实，孔、宋确实抓着经济实权，真有产业，是中国银行的经理人，他这个总裁“裁”不了什么要事。在中国银行退职时，才拿到16万元，而当时他已负债6万元。张嘉璈听说向他征借，而且数额那么大，立即致函当时的行政院长何应钦：“请派人彻查我之财产，如私产超过中国银行退职金数目以外，甘愿贡献国家。”除了张嘉璈，其实号称蒋宋孔陈四大家族的陈立夫也曾很落魄。1951年后，这老头在美国办养鸡场，做皮蛋生意，同时还在家里做豆腐乳和粽子卖给附近的中餐馆赖以谋生，谁能想到他能这么辛苦？

杜月笙一生有许多关于看待钱和交情、人脉的“名言”：“前半夜想想自己，后半夜想想别人”、“事不要做绝，要留有余地”、“每月存款折上多几个零不算你有多少钱，花出去多少钱才算你有多少钱”、“花一文钱要收到十文钱的效果，这才是花钱能手”、“钞票再多只不过是金山银山，人情用起来好比天地”、“做事要做到刀切豆腐两面光”。他虽没有张嘉璈的风骨，但是他的人生观、交际观、消费观也注定了离开大陆后生活的惨淡。

正如他所说的“每个人都有床头金尽的时候”，杜月笙晚年，拿出多年来别人写给他的各种欠条，全部予以烧毁，并告诫后人不得追讨余债。其中光是王新衡就欠了杜月笙500根金条，这还算是少的。

第三节　奈何桥头定名分

杜月笙是个好热闹的人，即使是躺在病床上，也想听听外面小客厅里阵阵笑声，热热闹闹的，这样他才欣慰。身体好一点，哮喘不严重的时候，杜月笙有三样消遣方式，一是赌，二是书，三是唱。

这时候杜月笙的赌玩不起大的了，都是小规模玩玩，只能玩玩十三张罗宋牌九。这种玩法可以少用脑筋，坐着不动也能玩，而且时间不长，随时都能结束。但是，这东西玩起来过于简单也没有趣，勉强陪他玩的就是当年豪赌的朋友朱如山、徐士浩、盛宣怀的三儿子盛泮澄、吴家元、张嘉璈的妹妹张嘉蕊。就是这样的牌，杜月笙有时候都坚持不住，要请杜美霞来接手。

听“说书”是杜月笙的另一嗜好。“说书”这一行业在香港始终不能生根，要找一位说书先生可谓相当的困难，好在逃难来的上海人里还有。张建国、张建亭兄弟，蒋月泉和王伯英这四位分别被杜月笙请到了杜公馆，每天一位，为他说《玉蜻蜓》、《双珠凤》、《英烈传》、《水浒传》之类的古代小说，用来消磨时间。他听得入神时，能忽略疾病的痛苦。“说书”这东西，确实没多少人喜欢了，除了姚玉兰、孟小冬能陪着听听外，就没其他人愿意听了。经常是他一个人眯缝着眼睛自己在屋子里听，有时候出于礼貌或者看着老头可怜，服侍他的徐道生或者万墨林、朱文德会来陪着听一会儿。

病中的杜月笙开始回顾自己的一生，算是对人生的总结了。经常听他谈这个的是法学家吕光。他从少年的挣扎求生说到靠烟赌起家，从抗战锄奸说到资助社会。也许是人之将亡，其心也善吧，杜月笙连家里的事情都跟吕光说。有一次，杜月笙突然说了一句：“有一桩事体，跟你们留学生来讲，实在是笑话。”吕光笑而不语，等他自己说。歇一下，杜月笙就说：“我活了六十多年，对于男女之间的事体，向来只晓得一个‘欢喜’，根本不懂什么叫做爱。现在我说出来你不要笑我，直到抗战胜利的这几年里，我才懂得‘爱’跟‘欢喜’之间，距离是很大的哩。”

吕光对他这种体悟很惊奇，就听杜月笙接着说：“我前后讨了五个老婆，我讨进来的，当然都是我欢喜的人。我待她们，一律平等，个个我都跟她们结了婚，所以我绝对不准有什么大老婆、小老婆之分，五个老婆大家统统一样！”

什么是“欢喜”？应该就是一般意义上的异性相吸和容貌吸引，是浅层次的完全感性的。而“爱”，需要建立在共同的经历、追求和相互关怀的基础上，是深入心灵的眷恋与和谐。杜月笙能在抗战后才知道什么是“爱”，自然是指一直陪伴他的姚玉兰和孟小冬。而从本书追述过的他们的经历看，姚玉兰的爱他以前就可以体会到，那么这时候他提起在抗战后体会到的爱，更多的无疑是指孟小冬。

杜月笙衰病的日子就这样熬着，他也会产生久病老人的悲凉和对人世的不舍之情。即使这样，杜月笙的晚年也没能过得消停。

1950年秋，黄金荣受政府委托派人到香港劝说杜月笙返回内地。夏衍、潘汉年、章士钊也到香港当面一再劝他返回内地。台湾方面很快就知道了消息，国民党对杜月笙与大陆“眉来眼去”不会坐视不管，于是放出风来警告他，小心脑袋。

1950年，香港局势不稳。对杜月笙而言，真是香港待不了，台湾不敢去，大陆不能回。于是，在别人撺掇下，杜月笙打算举家移民法国，认为这样才能保长期安全。

早在20世纪30年代的时候，一直袒护杜月笙等人的烟赌生意的法租界巡捕房总巡捕费沃里退休回国前，曾和杜月笙有过一次谈话，请他和自己一起去法国，安度余生。理由是：中国的租界不会长久，杜月笙的烟赌事业也不可能长久。至于杜的其他正经事业，费沃里认为中国将来如何很难说。所以，不如急流勇退。这样的关心和推心置腹，杜月笙很是感动，但他当时正如日中天，哪里舍得走。就推说没那么多钱拖家带口地去国外享清福，婉言谢绝。“也好，杜先生。”费沃里真的非常有诚意，又说，“无论何时，只要你来法国，请事先通知我，我会尽自己所能，为你准备好舒适的房子。”

如今人穷志短、马瘦毛长之际，却要去法国，只能是埋骨他乡了，杜月笙不能不思考再三。当他征求大家意见并清点人数时，踊跃参加赴法者竟然有27人之多，杜月笙手头这点钱怎么应付得了移居法国后漫长的生活？何况，这些人有几个会说法语的。杜月笙想，如果蒋介石能以“中华民国”的名义给办27本护照，省钱也省事，但是，蒋介石的答复是，护照可以办，先交15万美元手续费。杜月笙听罢，一头栽倒在床上，嘴里喃喃道：“我才明白，这天下最狠的流氓原来是老蒋啊！”

在大家热议去法国并开始筹备的时候，孟小冬可以说是度日如年，不只是照顾病人辛苦，也不只是因为杜公馆当时压抑沉闷的氛围。她一生漂泊，这都四十多岁了，不能不想想，现在寄人篱下的日子如何能坚持到法国。就这么跟着走了，名不正言不顺，到那里一旦不好了，怎么办？可是，留下来，又靠什么生活呢？就在大家争论的时候，始终没说话的孟小冬突然说了一句话：“我跟着去，算使唤丫头呢，还是算女朋友呀？”这句话声音很低却似闷雷滚过，杜月笙也好，姚玉兰也好，其他人也好，都猛然觉醒：对呀，她孟小冬算是杜家的什么人呢？孟小冬经历坎坷多年，尊荣富贵，平淡萧条，她都可以不在乎，只有这是至关重要的。那么多年过去了，杜月笙和孟小冬的情缘伴随中国社会的剧烈变动，多少次天各一方、聚少离多，最后还是走到了一起，如今总要有个正式的交代啊！

杜月笙很认真地回味了孟小冬说的那句话，越想越觉得太亏欠她了。梅兰芳和孟小冬分手的原因他也知道，深知孟小冬非常需要这个名分。也对啊，如果没有这个名分，一旦他撒手西归，孟小冬该怎么办？于是，他当即决定，将去法国的事儿放一放，先办他和孟小冬的婚礼。

这个决定一出，首先，姚玉兰有些不情愿，她倒不是反对孟小冬嫁给杜月笙，实际上，孟小冬早就是杜月笙的人了，在民国可以纳妾的时代背景下，外人眼里的他俩早就是夫妻了，如今举办婚礼不过走个形式而已。她只是觉得，杜月笙那样子，还能活多久呢？姚玉兰虽不能这么说，但是也私下对杜月笙说：“我们姐妹早已认定，没有话说，但现在都一把年纪了还结婚，惹人笑话。”杜月笙却说：“公开结婚，怕谁笑话？夫人，你就再饶我一回吧。”

反过来说，杜月笙对孟小冬长年无名无分地生活在杜家，也总有些心存不安。

至于其他人，都觉得流亡在外，已经很不容易，如今再办婚礼真是多此一举。杜月笙问身旁的女儿杜美如，杜美如回答：“做女儿的是晚辈，管不着。”问谁都是类似的回答，都是“台上不说话，台下开小会”。没有一个人投赞成票，又不好公开反对。由此，我们可以想见孟小冬在杜家有多难。

最后，杜月笙吩咐万墨林立刻筹备婚事。由于在孟小冬之前杜月笙还有一位已逝的原配和三位夫人，所以他决定不举行仪式，再加上杜月笙抱病在身，出不了门，于是喜宴只好定在坚尼地台杜公馆举行，人多了地方小也放不开，就只请杜月笙的至亲好友。他对大家说：“你们好好筹办，据说结婚还可以冲晦气，也许身体就此会好起来呢！”

杜月笙坚持要叫最好的酒席，万墨林就渡海到九龙饭店点了九百元港币一席的菜，把九龙饭店的大司务统统拉到杜公馆来帮忙做菜。

不久，在杜公馆，63岁病入膏肓的杜月笙和44岁风韵犹存的孟小冬举办了一个隆重的婚礼。这一年，已是1951年。

喜日子到了，人再少，也还是有十桌之多。晚上，杜月笙带病做起了63岁的老新郎，缓缓走动应酬客人。孟小冬的脸上也出现了难得的笑容。杜月笙在港的儿子、媳妇、女儿、女婿一一前来重新见礼，一律跪拜磕头，称她为“妈咪”。孟小冬送了他们每人一份礼物，女儿、媳妇是一人一块手表，儿子、女婿则是一人一套西装布料。

从此，孟小冬一生苦苦追求的“名分”终于得到了，女人需要的归宿感和安全感都有了，正式做了杜月笙的第五房夫人。一对老鸳鸯，感情越来越浓。姚玉兰就不高兴了，她经常找碴，说话经常阴阳怪气的，话里带刺。杜月笙曾经把她们两个人请到病榻前，要求她们握手言和。可是，女人的感情规则不是杜月笙这种粗线条的、着眼大局和长远利益的男人能理解的，她们表面上和好了，内心的芥蒂却需要合适的时机消融。

对于孟小冬嫁给杜月笙，很多人囿于在特殊历史时期偏颇的思想观念，在对杜月笙没有完整的认识，对他们二人交往的过程和细节没有全面了解的情况下，认为“孟小冬下嫁杜月笙”，是“被杜月笙霸占”，“孟小冬是梨园的败类”。

其实，从政治上看杜月笙，他或许算不上好人，但也不能简单地说成是恶人。从迷恋京剧这点上来说，他又是个无比热心、不断进步的人。他在遇到孟小冬之后，欣赏品位逐渐“高”上去了，这不能不说是受孟小冬的影响。戏曲评论家徐城北在《风之集·名字就有戏》中说：“经常唱余派的票友，思想情操总还不会太差。”

杜维善在回忆孟小冬和杜月笙的关系时候说：“我猜想，父亲暗恋孟小冬好久了。一方面她唱得很好，用现在的眼光看，她也称得上是一位艺术家。另一方面孟小冬比较会用心计，也很会讨父亲喜欢，在我父亲面前常常说笑话，逗他开心。孟小冬除了普通话，上海话讲得也很好，父亲可能跟她交流起来就比较顺畅。不像我母亲（姚玉兰），虽然嫁给父亲那么多年，但基本不会讲上海话，后来我太太常常问我母亲怎么跟我父亲沟通，母亲回答，‘他听得懂我讲话，我听不懂他讲话。’”

杜月笙看重孟小冬什么呢？是“色”吗？虽然孟小冬被时人评为“民国最美坤伶”，但毕竟上海滩美女如云，如大名鼎鼎的阮玲玉、胡蝶、盛七小姐盛爱颐，等等。而且，杜月笙喜欢了孟小冬半辈子，结婚时孟已是徐娘半老，显然，“色”不是主要原因。

要说是孟小冬的京剧艺术吸引了他，也说不上。他们最初相识的时候，孟小冬还算不上大家，最多不过是青春偶像。那么是因为孟小冬身上的余派艺术吸引了杜月笙？但是，孟小冬学余叔岩那已经是她和杜月笙同居之后的事了。所以，正所谓“萝卜白菜，各有所爱”，也许正是不适合梅兰芳的清冷、倔强、独立和义气、大方、爽朗、讲信用的性格适合了杜月笙。在梅兰芳身边的参谋团“梅党”看来，孟小冬这样“要人服侍”的性格如何做贤妻良母？但是，对杜月笙来说，他不缺贤妻良母，更不缺温柔娇娘和柳眼梅腮的交际花，他晚年还可能讨厌那样的人。作为弱势性格的梅兰芳可能对孟小冬的性格犯难，但是对于足够强势的杜月笙，可能反倒觉得这样的人才有味道，就好比山大王更喜欢烈性女子做压寨夫人一样。

孟小冬看得上杜月笙什么呢？也许她的想法更简单些。早期的杜、孟交往，估计是因为孟小冬从小就扮演忠臣良将、壮士义仆，杜月笙这位“上海皇帝”、“三百年帮会第一人”，简直就像从孟小冬的舞台上走下来的，他身上的戏剧元素超过孟小冬所扮演的一切角色。而梅兰芳经历简单，又是同行，太过熟悉，她看不到这样的影子。还有，杜月笙坚持不懈地给予她关键的支持和帮助，时间久了，谁又能无动于衷呢？

也许是晚年的梅兰芳在福芝芳的悉心辅佐下，事业很成功，家庭很和美，所以也开始回避自己当年与孟小冬的情缘。就在孟小冬和杜月笙在香港结婚的时候，梅兰芳口述的《梅兰芳的舞台生活》开始在上海的《文汇报》上连载。在这部书中，梅兰芳只字未提孟小冬。

杜月笙与孟小冬结婚照

第十一章 大婚不久惨离分

第一节　马连良南来有暖春

冷清、暗淡、寂寥的杜公馆里，一个衰老的病人躺在床上，望着墙角洒进的夕阳，这就是杜月笙在香港的晚年。

杜月笙的心情影响着这里来来往往的所有人，因为他长期卧病在床，杜公馆的气氛也就如死水一潭，没有生机和活力，也没有让人提神的事。对于公馆的事情，无论是以前，还是与杜月笙结婚后，孟小冬都懒得过问，她就一心伺候生病的杜月笙。孟小冬生就孤傲的性格、倔犟的脾气，她不愿随波逐流，更不会敷衍应酬。在这大家庭里她看什么似乎都不顺眼，毕竟融入一个家庭要很长时间，因此平时大家很少能看到她笑。她整天把自己关在不见阳光，没有生气的小房间里。

没有舌头不碰牙的时候，时间久了，孟小冬连和姚玉兰的关系都有点紧张起来了，彼此房门一关，互不往来。这一大家子人，每天吃饭也不同桌，各有各的吃法。因为杜月笙没有能力操持，坚尼地台18号人心一片涣散，家人都由着自己的个性来，即使家里只有三五个人的时候，一日三餐也得开上好几处，除了中午在外面小厅里开一两桌待客，姚玉兰就在自己房子里吃饺子，孟小冬冲牛奶下洋点心，也是关起门来吃。孟小冬或者佣人把一碗煨面给病人杜月笙端到床前，其余少爷小姐也都各有各的卧室，各有各的吃法。这时的杜公馆简直成了松散的“独联体”，像个大杂院。有时候，孟小冬甚至觉得，在这里没怎么高兴过，没有她想要的幸福。实际上，杜月笙心里不是没有治家之心，只是没有治家之力了。

好在京剧须生、表演艺术家马连良曾有一阵子经常来杜公馆，让这里有了些乐趣。他和杜月笙关系很近，又是恒社门徒，多年来一直受到杜月笙的关照。抗战时期，马连良在沦陷区唱过戏，胜利后有人攻击他，让他没法再登台，是杜月笙帮助他、扶持他，他这才能在抗战胜利以后红极一时。

马连良在新中国成立初期曾在香港住过一阵子，那时候他不论多忙，三天两头一定会来这里一次，跟杜月笙说说话，探望一下病情。有了他，杜公馆每周五的京剧清唱雅集就更有活力了。他性格好，跟孟小冬需要别人挑起话题、制造气氛不同，他一来就有说有笑的，杜公馆立即热闹起来。他的热情惹得杜月笙的儿子、好友甚至佣人在雅集时也愿意来跟着哼几句，姚玉兰与孟小冬常跟马连良他们一起说笑、吊嗓、拍照。杜月笙是最喜欢热闹的，这一来精神焕发，小毛病一时都忘了，比打针吃药管用。偶尔兴致好时，他也走出房间前来亮亮嗓子。姚玉兰唱一段，孟小冬唱一段，大家合唱一段，杜月笙也即兴来一段，气氛很热烈。杜月笙的门徒中，经常来凑热闹的有赵培鑫、吴必彰、钱培荣、朱文熊、万墨林等人，王新衡有空时也会参加，他跟着大家，也对孟小冬张口闭口称“孟老师”。

后来，马连良、张君秋、杨宝森等受中共统战政策感召回了大陆，杜公馆的气氛重新恢复了沉闷。其实，孟小冬也是统战政策争取的对象之一，周恩来总理曾委派章士钊多次专程去香港做孟小冬的思想工作。当时，孟小冬的母亲张云鹤住在北京，章士钊想，有这个牵挂，孟小冬一定会回去的，却没有料到遭到对方婉言拒绝。

章士钊曾经对孟小冬怀有好感，为孟小冬手书过一首诗：“当时海上敞歌筵，赠句曾教万口传。今日樊川叹牢落，杜秋诗好也徒然。绝响谭余迹已赊，宗工今日属谁家？合当重启珠帘寨，静听营门鼓几挝。”诗句也表现了章士钊说服孟小冬回大陆却无功而返的无奈。尽管没有成功，但章士钊对孟小冬一直念念不忘。杨继桢在《章含之的四合院情结》一文中说：“几十年后，我们看到四合院正房东墙上挂着一幅立轴，写着‘津桥昔日听鹃声，司马梨园各暗惊。人面十年重映好，梁州复按陡生情。’落款是‘小冬女士清鉴章士钊’。听说有一次朋友来访，指着立轴对章士钊的女儿章含之说，‘你父亲大概是单相思吧？不然送给孟小冬的字怎么会在自己手里？’章含之笑着点头。”

章士钊回到大陆后，刚开始还算平安。但是，后来在“文革”中遭受冲击，幸得毛泽东、周恩来的保护，才没有出意外。1973年，他不顾高龄只身前往香港为恢复同台湾的联系而奔走，最终在香港病故，享年92岁。

孟小冬在港期间还协助孙养农写书，据孙养农的弟弟孙曜东回忆说：“孟小冬这时对孙养农建议，‘咱们写本书吧，写写跟余先生学戏的事。’此举果真有号召力，书名定为《谈余叔岩》，由赵叔雍执笔，1953年出版后成了香港的畅销书，孙养农稿费赚了几十万港币，而孟小冬一个钱也不要，全给了孙养农，因孙养农已家道中落，要养家糊口。那时我已被送往白茅岭农场改造，也靠孙养农按月接济，而孟小冬就这么不动声色地帮助了我们全家，这是我们永远不会忘记的！”

在杜月笙去世后，孟小冬重新回到清冷的孤独中。那边的梅兰芳呢，在大陆过着优越的生活，他还记得孟小冬吗？据作家吕铭康在他的博客文章《1956：梅兰芳、孟小冬的最后一面》中介绍：“2月24日上午，我给马少波打去电话，特意求证梅兰芳与孟小冬1956年5月在香港见面的具体详情。思维敏捷的马少波记忆犹新地告诉我。1956年5月26日至7月16日，应日本朝日新闻社等团体邀请，在周恩来总理的直接关心和帮助下，组建了阵容最强大的中国京剧访日代表团，梅兰芳任团长，欧阳予倩任副团长兼总导演，马少波任副团长兼秘书长。这也是梅兰芳第三次访问日本。就在中国京剧访日代表团抵达香港准备在此转机前往前往日本时，孟小冬托人捎话给梅兰芳，希望能够见上一面叙谈叙谈。接着，梅兰芳就把此情况告知了时任中国京剧院党委书记的马少波。马少波考虑此乃人之常情，应当满足他们的愿望。此时，孟小冬的丈夫杜月笙已于1951年在香港病逝。鉴于当时的出访纪律以及防备国民党特务的破坏捣乱，马少波就陪同梅兰芳乘车到孟小冬的住宅，三人在客厅握手后，孟小冬就邀梅兰芳进入内室，两人单独交谈了大约有半个小时，马少波就一直在客厅等候。这是梅兰芳与孟小冬于1927年分手后的首次会面，也是他们的最后一次。马少波还告诉我，梅兰芳与孟小冬此次会面的事，当时是绝对保密的。主要是考虑到梅兰芳的家属。时至今日，就应该实事求是地公之于众了。”众所周知，新中国成立后梅兰芳曾历任中国京剧院院长、中国戏曲研究院院长，而马少波与梅兰芳院长搭班子，任中国京剧院党委书记、副院长和中国戏曲研究院党总支书记、副院长，所以其言应该可信。

在香港的孟小冬怎么看待这些前尘往事呢？也许，她晚年常挂在嘴上的那句“只是，一切都过去了”，能真实地反映出她那时的从容淡然吧。

第二节　有气无力喊“妈咪！”

20世纪三四十年代的上海名医陈存仁在《上古游侠远不如杜氏》中，提到过自己对杜月笙病情的诊断：“（杜月笙）最初患的是痰饮症（即慢性支气管喘息），后来转为哮喘症，我在民国十九年开始为他诊视，我对他说，‘这病只能治标，没有根治的办法。’他说，‘中西医不知看过多少，只有你肯说这句老实话。’但是他每次发病，总是急得不得了，好像危在旦夕一般，坚决的意志被病魔折磨殆尽了！”

就在这样的病魔折磨中，杜月笙和孟小冬度过了一段比较亲昵的时光。据杜维善回忆：“我父亲一向重视她的艺术成就，孟小冬也很仰慕我父亲，她同父亲结婚不是报恩，也不是无奈的选择。再加上我母亲也在当中撮合，所以走在一起比较容易。现在出版的那些书，像《梨园冬皇孟小冬传》，讲我父亲怎么和孟小冬在一起的，他们说的那一套不可靠……孟小冬与父亲结婚后，我们喊她‘妈咪’，管自己的母亲叫娘娘。平时，孟小冬喊我母亲姐姐，在与父亲成为夫妻前，因为都是京剧演员，她们的关系都不错。孟小冬跟母亲的关系时好时坏，有时候总归要吵架，她们中间有时候也有很多事情摆不平。”

妈咪，在香港、广东等粤语地区是娇妻、美妈的意思，这一亲昵的称呼给孟小冬带来了一丝温情。但是，这样的时光也是那么短暂。天下没有不散的筵席，然而杜月笙没想到，“催命手”竟是他一生视为靠山和好友的蒋介石。杜月笙晚年跟亲友谈起自己这一生时，曾讲了一段经典名言：“我们是夜壶，蒋介石把我们用完了，眼看没有利用价值了，就往旁边一甩，再也用不着你们这些夜壶了。” 统治当局为了当前利益过河拆桥，视青帮如敝屣，用后即丢。这话还真被他说着了。

杜月笙到香港不久后的一天，好友陈光甫来到杜公馆。这位上海鼎鼎有名的金融巨头曾创办上海银行，首创一元起存，成为中国最早的商业储蓄银行，因经营有方，资金从最初的七万元迅速积累到上千万元。后来这个金融奇才被美国人发现，再推荐给蒋介石，被蒋介石委派替他做与美国财阀联络的工作，帮助争取美援以弥补政府资金缺口，在经济界中的地位仅次于宋子文。陈光甫这次是来传递北京的一个消息的，北京的中国银行已经派人来香港，要跟杜月笙、陈光甫、张公权、宋汉章等金融界头面人物见面。

原来，杜月笙他们这几个人原先都是中国银行的董事，是大股东。1949年他们跑得太匆忙，没及时转移资产和处理在相关企业中持有的股份。新中国成立后留在大陆的中国银行改组，要开股东大会。有关方面考虑到，不能不通知这些重要股东，同时可以通过这次联系把这些金融界巨子拉回大陆，就派人去香港，邀请他们回北京参加改组会议。这些银行家们拿不定主意，想听听杜月笙的意见。这不是闹着玩的，一旦与大陆共产党政权发生联系，蒋介石不会饶了他们。争论到最后，杜月笙说："我的意思，大家可以出具委托书，派代表去北京开会，如何？"这个两全其美的方案确实比较高明，显示了杜月笙善于折中的智谋，背后也有杜月笙梦想有一天叶落归根的考虑。

尽管这事情做得挺秘密，但是，没有不透风的墙。没几天，消息就传到了台湾，蒋介石对杜月笙"亲共"非常恼火，指使手下造谣诬蔑杜月笙，并派特务到香港直接对杜月笙威胁恐吓，造谣说大陆已派暗杀团来了，准备对杜月笙就地正法。这种神经战的阴毒发挥了效果，一连几天，杜月笙在病榻辗转上反侧无法入睡，精神和身体都衰弱到极点。不只是他担心自己的生命安全，毕竟他还有一大家子人呢！经过这一次折腾，医生来诊断都说：精气神俱缺，恐非药物能奏效矣。

1951年7月，吴开先从台北飞抵香港，杜月笙定于27日中午为他接风，还在早晨特意请理发师傅到家理了发，理发后显得精神了很多。中午1点钟，吴开先来了，饭吃到了下午2点多钟，突然，律师秦联奎来了，也一起吃饭。秦联奎偶然看了杜月笙一眼，说："月笙哥，你这几天胖了啊！""胖？"杜月笙听了就是一愣，他伸手摸摸自己的面颊，沮丧地说："恐怕这不是胖啊，是我脸上浮肿了呢。"大家一听，怕他上火，就异口同声都说他确实胖了。杜月笙到了这个岁数还是懂得人老临终一些不祥之兆的，他让杜维藩拿面镜子来，对着镜子一看，笑容完全没有了。坐了一会，杜月笙推说困了，要进去午睡，于是满座人尴尬地待在那里。

28日上午11点钟，杜月笙把朱文德喊进房间，交代把门关上，他十分机密地告诉朱文德说他有一笔美金，交给当时在美国的宋子良，请宋子良代为投资，宋子良说是这笔钱买美国股票赚了些钱。他叫朱文德代笔，写一封信给宋子良手下的席德懋，请他把股票生意的经营情况开个清单，尽快寄到香港来。

晚上，袁国梁又来探望。袁国梁陪杜月笙在他小房间里吃煨面时，突然，杜月笙眉头一皱，向袁国梁摇头苦笑："吃不下了。"袁国梁正要扶他上床休息，杜月笙用力挺了挺腰，身子却站不起来，他喃喃自语："怪呀，怎么我这两只脚，一下子变得一点气力也没有了哩！不对了，不对了！这次不对了！"

这一消息吓坏了众人，姚玉兰和孟小冬赶忙过来探问，遵照杜月笙吩咐请来了中医丁先生和西医陆先生，两位医生都没有办法，只是由丁先生开了一帖常服的增强体力的方子。姚玉兰和孟小冬害怕半夜出事，就让善于救急的西医陆先生留下来，通宵守候。

孙夫人和几个儿子也都赶来，与姚玉兰、孟小冬还有陆医生一起，在客厅里守候。28日，杜月笙平安无事。29日，杜月笙乍看起来一如往常，可是，他却命人再拍急电到台北给陆京士，电文由他自己口述，就是四个字："病危速来！"

8月1日中午，杜月笙状况好了点。吃完午饭，杜月笙把杨志雄邀到自己的房间，神情肃穆地说："我告诉你，我不想活了。"他又说："京士今天能够来，我还可能有希望，否则的话，我这次的病，一定凶多吉少。我老实不客气地告诉你，如今我存在香港的钱，几乎全部用光。我早就晓得，我这笔钱用光了的时候，我就唯有死路一条。"在杨志雄劝慰的时候，他断断续续地说："志雄兄，人人都有床头金尽、钱用光了的时候，人人都可以说朋友有通财之义、缓急相济的话。唯有我杜月笙不可以，因为我无论借多少钱，其结果终究还是用光。一个人沿门托钵地求生，多活一日只不过多拖累一些朋友。"

因为台风过境，航班延误，陆京士在8月2日早晨才到香港。听说他到了，正吃早饭的杜月笙颤巍巍地站起来，一见陆京士，眼泪就下来了，一抖袍袖，急切伸出那只干瘪的手和陆京士相握，抓住了就不放开，同时，还用左手在陆京士手背上一遍遍地轻轻抚摸拍打。这时，佣人给陆京士送饭来，让他们师徒一起吃早饭。杜月笙一边眼望着陆京士一边用右手接饭碗，接过来却没拿住，"噹啷"一声，饭碗摔到地上碎了，这一声吓得大家脸色大变。一时间，客厅似乎连一根针掉地的声音都能听到。

杜月笙长期卧病在床睡不好觉，看着似乎在闭目养神，实际上他睡不着。经常一听到声音，就半睁着眼睛喊孟小冬："妈咪！"孟小冬和姚玉兰成了他最惦记的人，等他们赶过去一问，其实没有什么事，就是想多看一眼。所以，孟小冬实际上基本离不开他的病榻。孟小冬的身体本来就不好，长期伺候杜月笙，已经是"人比黄花瘦"了。她深知她与杜月笙的永诀只是时间早晚了，日夜休息不好还能坚持，完全是精神力量支撑着。别人看着也觉得可怜，都劝她歇歇，她总是说："我不要紧。"杜月笙这时在想什么？"直到抗战胜利以后，方始晓得爱情"的话，就是此时他最完整最浓缩的心境吧！孟小冬是他在人间最后的温暖、最后的安慰，他害怕一闭眼没醒来就失去了她。

杜月笙这一次发病危险到了群医摇头的程度，据朱鹤皋说："老夫子这一次病得严重，恐怕不是药石可以奏效的。因为老夫子'精、气、神'三者无一不缺，随便怎样都难以拖下去。"确实，临终前一阵子的杜月笙日日高烧，烧到嘴唇粉红色，舌头咖啡色。

8月4日早上，杜月笙醒来时竟然没有喘，连氧气罩都没用。他醒来就叫陆京士到床前，杜月笙两眼直直地看着他说："趁此刻我精神还好，我要和你谈谈怎么样办我的后事了。"一听这话，孟小冬首先痛哭失声，害怕杜月笙上火，立刻便掏出手绢，掩住了自己的嘴。杜月笙接着说："此地是香港，不是上海，我们在这里总算做客，所以丧事切忌铺张。"他顿一顿，又说："从移灵到大殓，前后决不可以超过三天。我去的时候就着长袍马褂，这是我着了大半辈子的衣裳。"

陆京士不住地点头。"不过有一桩要多用两钿的事，我那一口棺材，"杜月笙顿了顿，补充说，"这并不是我死出风头，一定要买口好棺材，而是我不要葬在香港。"所谓树高千丈，叶落归根，杜月笙还希望将来能有机会将尸骨落葬在上海高桥——他出生的地方。

病危的老人说话说多了也会累，杜月笙歇了一会儿，继续给大家交代："我一生一世，过手洋钿何止亿万，一旦我两只脚一伸，我只要你们在这件事上，完成我的心愿，让我多用两钿，其余各事，一概从简。顶要紧的是要记得我们正在落难，凡事切忌招摇，免得给别人批评。所以不论开吊、出殡，绝对不许再摆什么场面，你们要是不听我这个话，那就不是爱我，反倒是在害我了。"他还反复叮咛，遗体大殓后移灵东华三院的义庄，请东华三院的主席，杜月笙的老朋友李应生照顾灵柩的安全。

8月6日晚上7点，钱新之、顾嘉棠、金廷荪、吴开先、徐采丞和陆京士，在客厅里密商杜月笙的遗嘱，晚上9点读给杜月笙听，杜月笙作了些修改。对这个遗嘱，当时在香港的三个夫人和孩子们都没有意见，只是大家完全没有料到遗产竟然只有十一万美元，折合港币才六十多万。这一晚，杜月笙气喘得越来越厉害，氧气罩不离口鼻，陆京士干脆搬张椅子坐在床边盯着，防止杜月笙嫌闷把氧气罩子摘下来。凌晨5点，杜月笙嘶嘶的喘哮声让旁边守夜的人非常惶恐，值夜的梁宝鉴医师过来打针、急救，杜月笙还是喘得厉害，脸色铁青，汗水湿透了被子。药起点作用时，他又委托陆京士多多照顾自己这些子女。陆京士都答应下来。

杜月笙的病情没有起色，姚玉兰信基督教，就去求赵世光牧师，让他在杜月笙病榻前祈祷。孙氏夫人和孟小冬跟杜月笙一样信佛，她俩就请香港荃湾弘法精舍的高僧为杜月笙连做七天七夜道场。当然，这些都没有作用，并且浪费金钱。

8月10日，在跟陆京士说话的时候，杜月笙突然伸手到枕头底下乱摸，后来摸出一个手巾包来。“京士”，杜月笙把手巾包递到陆京士手上，对他说，“这里是7000美金，你替我分一分。”陆京士忙问：“分给啥人呢？”杜月笙的回答却是不胜低徊：“唉！说起来，只有妈咪最苦。再有，三楼也是手里没有铜钿的。”于是陆京士便按杜月笙的意思，分给孟小冬3000元、孙夫人和杜维藩各2000元。

8月16日下午2点30分，时任台湾“国民大会”秘书长的洪兰友进了杜公馆。他看到杜月笙似乎还有点知觉，连忙高声在他耳边转达了蒋介石对他的问候。杜月笙听后，清晰地说出了他人生最后一句话：“好，好，大家有希望！”最后“望”字说完，手就松弛、垂了下来，眼睛闭上了，嘴唇合上了，他面部肌肉抖动，似乎还想说两句，舌头却硬了。听着洪兰友说话，他艰难地点点头，两行热泪从眼角淌了出来。

4点50分的样子，有人伸手去摸杜月笙的脚，惊讶地大叫：“哎呀！脚已经凉了！”

另有史家认为，洪兰友这次带来的并不只有蒋介石的问候，还有蒋介石想炒作假的“杜月笙遗嘱”的打算。登报的遗嘱，根本不是杜月笙临终口授的，也没经杜月笙同意。内容是杜月笙追随蒋介石数十年，一贯效忠“党国”，未能亲见台湾复兴，以“三民主义统一中国”而深为遗憾、死不瞑目等等。不过，杜月笙死后，刊载于大小报刊的杜月笙“政治遗嘱”，却与洪兰友带来的这份不同，语气委婉了不少，虽然它也没有经杜月笙过目。

杜月笙去世时，丧事从前一天下午就开始筹备了，万国殡仪馆的灵堂先已订妥，给各报的报丧新闻稿也在当天写好了。

治丧委员会由钱新之总负责，但负责具体安排的是爱摆排场的顾嘉棠。他认为，“人生一世，草长一秋”，非要把丧礼办得风光体面不可。当杜月笙的遗体运往万国殡仪馆，大礼堂外立刻挂出“杜月笙先生治丧处”的布招，礼堂里面一片素白，高处正中悬挂蒋介石给他的“义节聿始”的挽额。

一代大亨就此告别凡尘，摆脱了欲望和利益争夺的牵绊。据不完全统计，杜月笙生前担任和兼任过的职务达到数十个。除了正始中学校长、复旦大学董事、申时通信社董事长、《申报》董事长、《新闻报》董事、《时事新报》董事长、《商报》董事长、世界书局代董事长、大东书局董事长、中华书局的董事等这些文化教育界的职务以外，还有政界和行业协会的职务，如：国民大会代表（一度当选为主席团成员）、上海市参议会议长（当选后为了表示谦让主动辞去）、中国红十字会总会副会长、全国轮船业总会理事长、全国棉纺织业总会理事长、上海市商会监事、上海市工业会筹备主任、上海市地方协会会长、上海市银行公会理事、上海市水果业公会理事长、上海慈善团体联合会理事长。在工商界，他是荣丰、大丰、恒大、沙市、中国纺织等各大纱厂的董事长，中国银行、交通银行的董事，中国通商银行董事长兼总经理，中汇、浦东、国信等银行董事长，上海南市华商电气公司董事长，民丰、华丰两造纸公司董事长，华丰面粉织布厂董事长，上海鱼市场理事长，上海华商证券交易所理事长，招商局、复兴轮船公司常务理事，大通、大达、裕中轮船公司董事长，中华、通济、嘉陵、扬子等贸易公司董事长，以及中国茶叶公司、西北毛纺织厂董事长。

正如《红楼梦》中写王熙凤的那段《聪明累》所唱的：“ 家富人宁，终有个，家亡人散各奔腾。枉费了意悬悬半世心，好一似荡悠悠三更梦。呼啦啦似大厦倾，昏惨惨似灯将尽。呀！一场欢喜忽悲辛。叹人世，终难定！”

第三节　秀峰国小
——读书声可解失学恨？

杜月笙去世了，他的灵柩一直在香港存放到1952年11月。原来，在当时想顺利安葬到台湾也不是一件容易事，这涉及杜月笙的特殊身份，也涉及杜月笙一大家子人的去留和未来生活。杜顺安回忆说：“那时除了父亲在香港，还有我们两个小孩子在香港。祖父的二儿子、三儿子、四儿子都在美国，老五、老六则留在上海，最小的老七、老八尚在读高中。一大家子食指浩繁，生活担子非常沉重。”

杜月笙想，台湾更适合家人生活，生前用心血、心计和钱财铺垫的人脉在那里也多一些。杜顺安说：“祖父过世之后，我们就举家搬到台湾去了。父亲（杜维藩）带着我们一家人刚来台湾的时候，暂住在台北市临沂街，父亲在台湾银行经济研究室找到一份差事。之后，我们就住进台北市重庆南路台湾银行的宿舍里。时任台湾省财政厅长的严家淦，就住在我们家对过。1977年前后，原属台湾银行宿舍的那块地皮，卖给了美国‘大使馆’。原本美国‘大使馆’想从台北市北门搬到这里盖新房子，谁晓得地皮刚卖给美国政府，美国就跟台湾当局断交了。后来担任台湾地区领导人的李登辉，官邸就盖在这儿，那幢大房子于2000年成为陈水扁的‘玉山官邸’。”

为了完成杜月笙遗愿，杜月笙的亲友和家人积极奔走安排。从1951年8月到1952年10月，洪兰友、陆京士为此积极策划磋商，最后决定在1952年10月25日移灵到台湾，并考虑到了各种突发情况，以及涉及的各方的影响，做了细致周密的布置。

姚玉兰在香港主持杜公馆一切事务，安排好了家人的未来。到了移灵这一天，从香港东华义庄到“敌产码头”，香港警方都作了严密的安全部署，便衣密布，如临大敌。即使这样保密，赶来送别的还有两百多人。杜月笙躺在那口价值15000元港币的棺材里，棺材被徐徐移上灵堂门口的大卡车，罩上素缎，素缎上有“皈依国土”四个大字，大字下面有当天到这里送别的亲友签名。

中午12点整，灵柩到了码头，是太古轮船公司的轮船“盛京号”。棺材上轮船之前，安置杜月笙灵柩的专舱舱门大开，1点钟，灵柩在大舱正中安放好了，送灵的亲友也观瞻完毕，下了轮船。

“盛京号”轮船从下午4点开始让旅客上船，5点向台湾开去。孟小冬没有跟着去，是姚玉兰、杜维垣、杜美如和金元吉、杜美霞夫妇一路护灵。经过两天又2小时35分钟的航行，轮船在27日傍晚抵达基隆港码头。码头上已有几百人在等候，白发苍苍的国民党元老李石曾、许世英和夫人一起来迎灵，陶百川、程沧波、萧同兹等也在码头上等了很久。

16名杠夫才抬得动的大棺材，被起重机轻轻抓起移上码头。当时正值日薄西山，暮霭沉沉，这个时候哀乐响起，更添了几多悲凉。折腾到晚上8点30分，杜月笙的灵柩才彻底落在台湾的地面上。20分钟后，开始迎灵祭，许世英、李石曾、洪兰友等长老和至亲先来祭奠。9点15分，灵柩运上四周装饰着白色黄色花朵的卡车，直奔台北，后面的小轿车排到很远，汇成一条波光粼粼的灯河。到台北时已经是深夜，灵柩暂时安置在台北市南京东路极乐殡仪馆。

一直到1953年6月28日，杜月笙灵柩安葬仪式才在极乐路殡仪馆举行。“杜月笙先生灵柩安厝委员会”成员都是显赫之辈，召集人是王宠惠、于右任、许世英，委员中如陈诚、张其昀、王世杰、吴忠信、莫德惠、张群、何应钦、吴铁城、顾祝同、张大千之类的名人比比皆是。

上午8时，先在极乐殡仪馆开吊。灵堂里悬挂各界致赠的挽幛、挽联有两百多幅，花篮花圈不计其数，台湾各界人士三千余人前来致祭。公祭进行了2小时45分钟，然后是“安厝委员会”公祭，国民党元老于右任主祭，许世英、王宠惠、张群、何应钦等30人陪祭。

11点整，杜月笙灵柩从极乐殡仪馆发引，开始杜月笙死后的第二次大出殡。年过七旬的于右任、许世英与何成浚、何应钦等五百多人一起，冒着酷暑一直护送杜月笙的灵柩到汐止大尖山上墓地。

正午，安厝典礼举行，台湾当局新闻处电影制片厂派专人摄制了纪录片。经过一番折腾，灵柩在12点30分下葬，葬礼算全部结束，杜月笙终于入土为安。

没有到安葬现场的名人政要则送了挽联，“内政部”次长季源溥的挽联写道：海濡河阔，所至无私，心存济世真忘我；夏雨春风，纯乎博爱，天下何人不识公？虽然不免过誉了，但是也能反映出杜月笙的为人和性格的一个侧面。

此后，恒社门徒历时近两年编印了《杜月笙先生纪念集》初集、二集。此书被视为研究杜月笙的重要资料，毕竟那都是他同时代人的亲历，至少可以作为中国近现代史和上海史、帮会史的研究资料。

杜月笙在台湾入土的墓地是委托风水大师祁大鹏选定的。据祁说，走遍台北近郊，觉得这里更好。此地在台北县汐止镇大尖山麓西面，位于“秀峰国小”后山，与北面的静修禅院相邻，坐东南而面向西北，意指可以遥望杜月笙的故乡和他曾经叱咤风云的上海滩。为了祭奠方便，还修了一条曲折的甬道，甬道尽处的华表不高，上面镌刻着蒋介石题写的“义节聿昭”。过了这个华表，再上石阶，就到了杜月笙的墓穴。甬道的两侧是辽阔的田野，还有一些竹篱茅舍，挺像杜月笙浦东高桥老家的风光。因为当地的山势所限，墓地面积不大，但是挺安静的，每当朝霞满天和夕阳洒金的时刻，禅院钟声和农家呼儿唤女的声音环绕着沉睡的杜月笙的陵墓。

杜月笙一辈子都为没能好好读书懊恼，这回把他安葬在“秀峰国小”的后山，可以尽情听琅琅的读书声了。

杜月笙一直对孩子们的教育很重视，经常过问他们的学习，严禁他们抽大烟、赌博和嫖娼。其实，杜月笙在外面做些什么，孩子们都是很大了才知道，他根本不让他们接触。女儿杜美如一次外语考试成绩差些，被他用鞭子狠狠地打了十下。在这样严格的教育下，他的孩子们都有比较好的教养，活跃在海外工商界，杜维善还是一位著名收藏家和古钱币研究专家。

杜月笙尤其对大儿子杜维藩投入心血更多。据杜维善回忆：“在杜家，兄弟间的斗争也很厉害。父亲有11个孩子，我是男孩子中的第7个，但是因为我年龄小，也不住在一起，所以我也没涉及其中。父亲想培植大哥杜维藩，但实际上他是个阿斗。大哥喜欢喝酒，我父亲常常骂他，你代表我请客，可是客人刚刚到你就醉了，你还怎么代表我？但杜家的接班人始终是他，父亲的观念始终变不了，所以在他留的遗嘱里，长子和长孙的遗产多一份，其他几个都是平分。不过这些事情，也都成为旧中国的一个背影了。”

杜月笙很希望儿子们都向金融工商界发展，也好接手他的产业。杜维藩在正始中学毕业后，杜月笙很怕自己的儿女游手好闲当小开，吃祖宗基业，就安排杜维藩先到中国银行考练习生，考上后从头学几年再正式入职。杜维藩很郁闷，自己老爹搞不定这点事吗？让自己吃这么多苦。他白天上班，晚上去读沪江大学的夜校，只差了四十多个学分，就是拿不到沪江大学毕业文凭。杜月笙批评他说："人家为抗战不惜牺牲了生命财产哩，你吃这点亏又算得了什么？要紧的是，书要继续读，事情要继续做，不可就此荒废。"

杜月笙推举钱新之继任交通银行董事长后，就和钱新之商议，能不能给杜维藩在交通银行谋个位置？钱新之当然不会拒绝，还打算安排个肥差，杜月笙连忙摆手说："维藩年纪还轻，只有练习生快做满的资格，新之兄你若肯帮忙，最好叫他该做什么就做什么。"钱新之很不解："那又何必呢？我们自己的儿女都不提拔，那又何必一年四季尽在提拔人家？"杜月笙告诉他："小孩子读书做事，那是要他们自家来的，我们今朝帮他们一分，将来便是害他们一生，我向来都在这样想，我可以留下叫儿女做老爷太太的铜钿，决不能让他们有做老爷太太的松弛懒怠。"杜维藩进了交通银行，被派往香港分行事务处做末等事务员，月薪港币六十元。他必须每天一大早就从九龙渡海到香港岛去上班，刮风下雨也不许请假，那职位只比实习生高一级。在那他从末等办事员熬到分行副主任，抗战时在重庆做到交通银行存款部主任，一直到杜月笙自己的中国通商银行在重庆复业，才把他调到中国通商银行担任骆清华的襄理（旧时规模较大的银行或企业中协助经理主持业务的人，地位次于协理）。抗战胜利后杜维藩回到上海，担任中国通商银行上海分行副理，还是在协理骆清华手下工作，往后又在徐懋棠赴香港时期，当过一任中汇银行副总经理。到台湾后，杜维藩在台湾银行做研究员，他的妻子在当年的美国"大使馆"工作。

孙夫人的儿子维屏、维新排行老三、老四，抗战前就跟着母亲去英国留学。后来，杜维屏到美国麻省理工学院攻读纺织工程专业，他学习成绩很好，成了杜月笙的骄傲。杜月笙经常在亲友面前显摆，说维屏靠的是真才实学。抗战胜利后，杜维屏归国。杜月笙曾经打算利用自己担任全国棉纺织业公会理事长，同时兼任大丰、恒大、荣丰、沙市、中纺、华丰、利秦、西北八家纺织厂董事长的便利让儿子搞纺织，可是杜维屏心大包天，意不在此，他和盛宣怀的七公子盛苹丞合作，经营进出口贸易，也曾赚了一点钱，后来做了上海华商证券交易所经纪人。

杜维新回国带回了一个美国媳妇，杜月笙命他在浦东银行担任副理，地位很高，职务也很重要。杜维新做得还算不错，后来在美国檀香山经商。

陈夫人所生的儿子杜维垣在美国留学，返国后办了一阵正始中学。杜月笙又派他到华商电气公司，后来曾在联合国总部工作。杜维翰、杜维宁担任中汇银行常务董事，他们后来留在大陆，没有去香港、台湾。

杜月笙出身贫寒，所以一直谆谆教导孩子们要保持节俭，告诉他们，有时候看似挥金如土，那只是用来给朋友面子，是一种尊重；有的时候是一种人情投资，自己的日子还是要节俭，钱要用到刀刃上。所以，他经常在外面一掷万金地豪赌，但是回到家里在和家人吃饭时，一个碟子里酱油倒得多了点，他都会小心翼翼地匀作两碟。

杜月笙的三个女儿，杜美如和杜美霞都是姚玉兰生的。杜美如曾最受杜月笙宠爱，娇生惯养一直到长大。她买各国新款皮鞋可以买到一百多双，但后来她嫁给了一个空军军官后竟然完全变了样，做了一个贤妻良母。杜美霞心宽体胖，丈夫是金元吉——金廷荪的儿子。杜美霞聪明懂事，相夫教子。孟小冬只有一个养女叫杜美娟，丈夫是美国国务院派驻琉球的一名官员，是华裔美国人。

相比杜月笙，张啸林的出身要好许多。杜月笙幼年贫贱，只读了五个月私塾就读不起了。张啸林读了两年多私塾，后来又在1903年考入浙江武备学堂。虽然在读私塾时，张啸林就受那些因父母忙生意无暇管教的私塾小少爷们影响，成为好逸恶劳、不守规矩、不爱学习的孩子王，但是，熏陶那么久总算好些，何况还有后来的武备学堂学习。但是二人在人生格调尤其是子女教育方面，却又与他们的出身和所受教育形成极大反差。

早在1925年春，新修的杜公馆和张公馆比邻而居时，张啸林的公子张法尧就已经让老爹相当不省心了。张法尧年纪比杜维藩大，1925年在杜月笙的一再建议下，张啸林才答应送他去巴黎学法律。杜月笙对张法尧一向很抱希望，可是，眼睛掉到钱眼里的张啸林从小就没怎么关心过这个孩子的学习和成长，他想，反正爷有的是钱，将来弄个差事混饭吃就行了。

正是因为张啸林教子无方，作为父亲本身也不称职，所以娇生惯养出来的张法尧一到法国，带去的钱很快花光。张法尧挥霍到什么程度？当年外交家顾维钧博士卸任北洋政府国务总理后，曾任驻法国公使，有大场面需要高档一点的公务车时，都要向这位大学生借用豪华轿车。

张法尧要钱要得又多又频繁，气得张啸林只会跳脚大骂“妈特个”。杜月笙曾建议张啸林把张法尧的媳妇陈月华也送去，也许能收收他的心，可是，陈去了以后，两人以结婚要置办东西为由，要钱更多了。

张大帅气得破口大骂，他跟杜月笙发誓：“我只当没有这个儿子，从此以后，一只角子也不给！”孩子在外求学没钱总不行，杜月笙跟沈月英商量，干脆咱们来接济吧！沈月英也没有反对，毕竟都是东西院邻居，又是把兄弟的孩子。杜月笙没有跟张啸林说自己给了张法尧四十多万法郎，但这笔钱砸进去，这小两口确实在法国爽了七八年。钱砸出来的张大公子怎么样呢？归国后人们发现，张法尧虽然号称法学博士，学问却实在不咋地。

听说儿子要回国了，还号称博士，张啸林开心死了，特意坐上小火轮到吴淞口外去迎接。在张啸林的促动下，杜月笙拉下面子去专门找了许世英，希望他把这个博士带到南京，请蒋介石无论如何给个面子安排个好的职位。

许世英的面子肯定要给，蒋介石破格接见了这个年轻人，但是随便问张法尧几个问题，他瞪着个眼睛根本答不上来。在当时，留学归来的博士可谓凤毛麟角，张啸林觉得蒋介石太不给面子，对自家的博士的真才实学都视而不见。杜月笙也不是很懂，就给张法尧找了十几个差使，比如在杜月笙自己说了算的企业里直接担任副职，什么中汇银行常务董事、上海渔市场常务理事、中国通商银行协理，等等。但是张大少爷根本不去上班。

有一天，杜月笙在家休息，张法尧推门进来，大大咧咧地直接跟杜月笙说："爷叔，我要当律师。""律师？"杜月笙疑惑地问，"我有那许多事情请你去做，按说你忙都忙不过来，你怎么还有工夫去当律师呢？"张法尧嬉皮笑脸地说出了自己的真相："爷叔，我本来就是个马浪荡（方言，即游手好闲之人）嘛！"

当时在场的杜维藩清楚地看见，杜月笙顿时脸色大变，什么浑小子，为你操心比你爹都多，你还好意思说是"马浪荡"。但是杜月笙的脸很快又放松下来，打了个哈哈，从此再也不管他了。说是不管，最后这法学博士还真当了律师，这个从不出庭的张律师，靠有真才实学的非博士袁仰安、俞祥琴等人代办各项事务。

抗战爆发后，杜月笙到了香港。有一天，张法尧到香港找杜月笙，杜月笙刚开始蛮高兴的，后来一听是坐日本轮船来的，便大声质问他："难道你不知道，东洋人正在侵略中国，你为啥要坐日本船？"

太平洋战争爆发后，张法尧不肯去重庆，回上海躲在家里和他太太整天吸食鸦片过日子。张啸林被军统局特务枪杀后，这个家伙仿佛没心没肺似的，照样开心地抽大烟，靠着当年杜月笙和张啸林帮着开的香烛店的收入生活。抗战结束后，这个小店也关门了，他就把华格臬路的张公馆卖掉，又维持了几年。由于鸦片烟瘾越来越大，他最后干脆蹲在亭子间里吸食海洛因等烈性毒品。直到有一天，人们在堂屋边小路上看到了他皮包骨的尸体。而张法尧的两个儿子和两个女儿却都做了天主教堂里的修士、修女。俗话说，富不过三代。看来没有良好的教育，过两代都很难的。

国共战争早已尘埃落定六十多年，但是杜月笙的灵柩至今没能回葬大陆。他的女儿杜美如说，她几十年来常常在睡梦中回到故乡，一直到2001年6月才回到了自己的出生地——上海，当她跨出浦东国际机场的时候，她的第一感觉是身为中国人的骄傲。不知道当她回到东湖路70号的老房子时，当她抚摸着老式家具上的木纹时是什么感受呢?

近年来有报道说，杜月笙在台湾的墓地十分荒凉。据中新网2009年5月4日援引台湾《联合报》报道说："一位与杜月笙素不相识、毫无渊源的李开明老先生，三年前到大尖山步道时偶然发现杜月笙墓残破不堪，便义务替杜扫墓，一扫就是三年。"这位李开明曾经在蒋介石的阳明山官邸任总机员。与杜月笙非亲非故，唯一促使他这么做的，或许只有他们同为江苏人这个理由了。他说，也曾遇到过前来祭拜的杜家人，"最近一次是杜月笙的孙子。"

《红楼梦》中有一段跛足道人的话："世人都晓神仙好，唯有功名忘不了！古今将相在何方？荒冢一堆草没了……痴心父母古来多，孝顺子孙谁见了？"道尽了人间生死感叹。回想杜月笙的一生，正是：惨淡夕阳照墓碑，古来驾鹤无人回。若有重生赎罪日，难判那时新是非。

第十二章
魂安宝岛各一方

第一节　十年台北多病中

杜月笙去世后，孟小冬与姚玉兰这对结拜姐妹也终于闹掰了。

其实，之前她们姐妹关系就一直不好，杜月笙合上眼睛前也没看到她们真正和好如初。这是为什么呢？尽管杜月笙在社会上一句话就能摆平很多难事，但是家庭矛盾却很难处理。据20世纪三四十年代上海名医陈存仁回忆：“杜氏对处理一件事，意志极坚强，但是也有两个极端相反的弱点。一件是对妻妾儿女的家事不善应付，常常为了家务闹得大家不开心。举一个例来说，他原本住在华格臬路，但是地方不大，气派不够，所以另外在杜美路古拔路转角造了一座很大的新式住宅。将要入住时，家庭间闹得不可开交，杜氏气恼非常，又不敢向妻妾发泄，迁延又迁延。后来有一位风水先生来说，这个宅子，杀气太重，住进去家中必多口舌，且有恶象隐伏，于是让杜氏在花园中另建一亭，用来镇压风水。但是亭子造成之后，家中反而越闹越厉害，杜氏竟然束手无策，所以这座巨宅，空置了多年。直到抗战开始，杜氏离沪，始终未进入这座新屋住过一宵。”

杜月笙去世后不久，11月孟小冬就离开香港杜家公寓，住进了使馆大厦公寓。1952年11月姚玉兰将杜月笙的灵柩运往台湾安葬后，她就在台北定居了。

孟小冬自己在香港过着居家静养的日子，平常就是看电视和打牌。她的一些粉丝常去看望她，著名诗人李猷常陪着她谈字论画，关心她的生活起居。青年演员叶复润、崔富芝，以及名演员哈元章、周正荣、李金棠、秦慧芬，老友章遏云及名票友高华、杨天等也常去看望，一群人在一起其乐融融。

香港当时汇集着大陆撤离到那里的很多名票，因为这些名票口味很刁，所以在这里唱戏变得很难。这些票友在谭鑫培与余叔岩谁高谁低之类的问题上，吵起来没完，学谭的讥讽学余的走火入魔，学余的讥讽学谭的抱残守缺。其实，后世人把谭鑫培比做孔子，把余叔岩比做孟子，但是在当时还是要费口舌争论的。对此，孟小冬很审慎而谦虚地说：“谭派剧艺博大精深，自成一家。本人原也是学谭的，后随先师学艺，始知谭、余原属一脉流传。谭大王虽仅给先师说了一出《太平桥》，但在平（京）剧的原理与原则上，他们师徒俩确曾下过一番切磋的工夫。加之先师每逢谭剧上演，必亲临谛观。尤以先师天资聪颖，无须刻意摹拟，即能举一反三，择其精粹，另辟蹊径，创作新声，琢磨剧情，美化身段，深入戏中，发挥感染的力量，乃能自成面目。先师是戏剧界一位苦行者，具有无上的智慧与勇气，才能达成梨园生行的新境界。大家只要平心静气地、仔细地谛听谭大王遗留下来的唱片，与先师所留的十八张半唱片两相对比，自能心领神会，即有客观而公正的真实评价。若以诗圣杜工部比谭大王，则先师应为李商隐或黄山谷，剧艺之成就，面目虽异，而造诣之深则相同。明乎此，那么谭、余之争，似乎是多余的了。”这种评论非常得体又公正，很有戏剧评论家宽宏的风度。

据杜维善说：“孟小冬性格比较孤傲，晚年在香港、台湾的时候，她始终不唱，连清唱都不唱，最后一次清唱是在香港给张大千唱的，因为张大千喜欢听她的戏，这是面子很大的事情。我太太有一次问孟小冬，‘您还预不预备唱啊？’孟小冬回答一句，‘胡琴呢？’是啊，没有胡琴你怎么唱，给她拉胡琴的最后一个人是王瑞芝，他也去世了。”

在香港和台湾时，有很多人都想拜孟小冬为师，但也都知道她不收徒。钱培荣之所以大胆提出拜师，是因为一次到杜府吊嗓时，孟小冬听他唱《武家坡》，就对杜月笙说：“这是余派圈内的唱法。”杜月笙说：“那你干脆教教他。”孟小冬说：“他是你的学生，又不是我的学生。”这么一句话就被钱培荣听出机遇了，那就是只要拜师成功，那她一定会教的。钱就请王瑞芝和孙养农替他引荐，孟小冬看在这两位的面子上，一想，自己如今孤身一人，平时也没有啥事，不如收个徒弟，为他吊吊嗓子说说戏，也好打发无聊的时光，就这样她同意了。后来由钱培荣推荐，孟小冬又收了曾经跟她合作过的赵培鑫。赵培鑫特地从台湾赶到香港，和钱培荣举行了拜师礼。开了口子就不好拒绝了，接着又收了黄金懋、李嘉有、蔡国蘅、吴中一、严许颂辉、许密甫等徒弟。她收的徒弟没有职业演员，都是票友。

不过，杜维善却不同意这些收徒传言，他在回忆中说：“前几年出的那一本《孟小冬传》，讲她有十大弟子，根本没这回事。有几个人经常到孟小冬家里去聊天、说戏。她的个性是这样的——她绝对不得罪人，所以你跑去问她‘孟老师我唱得怎么样’，她的回答永远都是‘好’。孟小冬突然之间生病了，去世了。他们实际上都没有拜过孟小冬，所以孟小冬去世后他们商量，我们在灵堂磕个头就算了。那天很多人都来灵堂给孟小冬磕头，都是弟子了？所以说，所谓‘十大弟子’其实是一个大笑话。”

有人说，孟小冬不收徒是因为她太保守，甚至自私。其实这是不对的，孟小冬和余叔岩一样，非常审慎地对待艺术，比如说她限制王瑞芝和任莘寿两位琴师授艺，本身的目的只是想让他们量才而教，不要泛滥了，否则也是对徒弟不负责任。至于说她不准门人在外面唱还没有纯熟的戏，那是怕被行家挑出缺憾，会影响她乃至余派的名声。据说她有一位准弟子，对余派艺术已经掌握得不错了，外面评价也好，几次想在台北公演，孟小冬却认为在做表与感染的神气上还没达到尽善尽美，就是没有答应。

孟小冬对张大千却有了一次例外，因为早年张大千和余叔岩交谊很深。1952年秋，孟小冬参加了为画家张大千送行的聚会。酒过三巡，菜过五味，有人提议孟小冬唱一段，她这次没有推托。她甚至自己就说："我今天多喝了两杯，有点醉了，干脆就唱一段《贵妃醉酒》吧！"她还让俞振飞夫妇客串了高、裴二力士。

张大千赠送给孟小冬荷花通景联屏，落款称孟小冬为"小冬大家"，当时尊称女子为"大家"，就像称呼宋庆龄为"先生"一样。后来，张大千还为孟小冬画了一幅六尺观世音菩萨。孟小冬对沈苇窗说："我这小庙哪里容得了这尊大佛呀！"张大千听说后，笑着说："论平（京）剧艺术，她是大殿，决非小庙，至于比喻我为大佛，那就太抬举我了！"

一个偶然的事件，让分别15年的姚玉兰、孟小冬重归于好。当时，有个人劝孟小冬拿出钱做点小生意，孟小冬拒绝了。后来，她听说此人马上要去台湾，准备找姚玉兰投资。她赶紧给姚玉兰打了电话，让她提高警惕以免上当受骗。姚玉兰感受到了孟小冬的破冰之意，两位老太太也需要相依为命了，就几次来电话劝她来台北一起度晚年。孟小冬在1967年9月11日搭乘太古公司的"四川"号轮船赴台北。到台北后居住在信义路自己租的房子里，但姚玉兰和女

孟小冬初试自行车留影

儿每天必到她这里来一次，一年365天基本不差。姚玉兰来了就总是坐在那里，笑眯眯的。孟小冬常说："真奇怪，她来这儿一坐，我就觉得很定心，她要是有一天不来，我就不知道这日子怎么过了！"所以这段时间，孟小冬的精神、情绪都很不错，常在寓所和亲友宾客打打麻将、聊聊天。

孟小冬在台北的十年，深居简出，不爱应酬，不接受采访，也不录音，也从不演出，偶有少数票友登门请教，她也只是指点一下，算不上开门收徒。这样的日子，用孟小冬自己的话说是："十年台北多半病中。"香港和大陆都不是她的安身之地，也只有台北还有家人和儿女。姚玉兰的女儿杜美霞对她更是精细入微地关心和照顾，情同母女。在台北戏迷也更多，这已经是她最幸福的选择了。当时的孟小冬最爱看电视，家里干脆搞两台电视，她随时转看三台节目。孟小冬最欣赏的演员是台湾中视的女演员蓝琪，曾转请朋友邀蓝琪见个面，真是个艺术热情可嘉的老人。

台湾著名节目主持人、作家蔡康永在《我见过的晚年孟小冬》中，回忆了晚年孟小冬的形象：

"电影《梅兰芳》里，出现了孟小冬，让我模模糊糊想起，我小时候见过晚年的孟小冬的情景。地点是台北市仁爱路四段在地下一楼的鸿霖西餐厅——我爸那几年几乎每天中午都去的餐厅。那天，爸爸刚坐下，转头看到了最里面长桌末端，坐了位大概是穿灰色宽松旗袍的圆润的老太太。他过去打完招呼后，回来告诉我，那是杜夫人，杜月笙的夫人，孟小冬。当时我虽是小孩，但大概因为是上海家庭，我已听人提过杜月笙大名，只是当时我颇头晕，因为我一心以为杜月笙是极遥远的书中传奇人物，怎么会这么平常就能在餐厅随便遇见杜月笙的太太？杜月笙家人啊！起码也该有十个八个保镖随侍在旁吧，不是吗？

"当时再听我爸说，孟小冬人称'冬皇'，是当年京剧界第一坤生，我更是头晕。其实当时台北也有坤生演京剧，但那是戏台上的事，戏台上的人哪会坐在餐厅里吃饭？我模糊记得，我再转头看老太太，想看出点‘冬皇’派头，但只记得望去一片影影绰绰、灰扑扑的，实在看不出‘冬皇’的架势。”

“我是小孩，那时还不懂得，无论你是哪界的帝、哪界的皇，一被岁月搓洗，都只能渐渐化为灰扑扑的影子。我那时也完全不知道梅兰芳和孟小冬的事。知道了一定更头晕，因为梅兰芳这名字也是太遥远的书中名字，和杜月笙一样遥远、一样传奇。几十年过去了，我到北京主持《梅兰芳》首映，访问饰演孟小冬的章子怡，我觉得，人生的舞步，有时真是回旋而奇妙。”

红颜易老，春花易谢，是谁也逃不脱的命运，更何况命运孤苦、曲折的孟小冬呢？

第二节　清冷的净律寺佛教公墓

已故著名京剧评论家丁秉鐩曾谈到孟小冬晚年的病情：“笔者在1974年7月去台北的荣民总医院作健康检查，实际上另一个重要目的，是在检查后专程晋谒冬皇请安。出院后我到孟府，见她老人家福躬清健，尤胜往昔在港的时候，而且精神爽利，非常健谈。她看到我，很是高兴，并说阅《华报》，已知我抵台，却不知如何联络到我。当时座间尚有杜二小姐和其他宾客，她们本来是准备陪冬皇打麻将的，因为我去了，就将‘手’谈改为‘口’谈。于是，我们从宝岛的治安可称世界之冠，谈到台北的土产，以及各种饮食的家乡味极浓，座间更提到有一家小吃店的汤包非常出色，惜已忘店名，否则倒可以一齐去尝试这一道上海点心。冬皇立刻说，‘那还不简单，只需摇一个电话给《华报》的‘猫庵’先生，因为他对台北的饮食店最熟悉，尤其他最懂得吃，一定可以告诉我们那家小吃店。’我回港后，在1975年9月曾应本港《万象》月刊的特约，撰《孟小冬在台北》一文，乃为冬皇移居宝岛后的生活作一篇起居注，寄了一本给她，旋承她覆示，谦虚地认为称誉过当，并希望我再度莅台重叙，教我《击鼓骂曹》的念白。”

只看这一段，似乎孟小冬健康状况不错，其实，她身体一直就不好。也许是和杜月笙有缘，她不只是有胃病，还身患肺气肿多年。这种病很难根治，病危之际非常痛苦，听喉咙里呼隆呼隆的声音，旁边的人就非常痛苦。由于孟小冬固执地讳疾忌医，平常就只用治标不治本的药那么维持着。

1976年的阴历十一月十六日，孟小冬69岁生日，按照“庆九不庆十”的传统习俗，她的弟子和亲友从春天起就开始为她张罗七十大寿。过寿的这一天，她因为心情好，也就忘了里里外外应酬的疲劳，过完寿病就加重了。之后就是感冒不断，哮喘更比以前严重了，春节大家来拜年的时候，都能看出她勉强热情的表面下萎靡不振的样子。

孟小冬为什么不愿意去医院看病呢？原来，她这个人非常迷信，就是家里人说话，她也忌讳不吉利的字眼，即使根本与她无关的“死”、“车祸”之类也不行，晚年更是如此。姚玉兰大年初一让她去医院看病，这也引起她心里的忌讳，她竟然对姚玉兰说：“我劝你应该要早点立一张遗嘱。”姚玉兰反问：“你怎么不立一张呢？”孟小冬说：“我和你不同，你有钱，有子女，我是钱和子女都没有，所以不用立遗嘱。”此话乍听起来很生硬，但却也没什么恶意。也许是长期独居的原因吧，孟小冬形成了一些独有的“个性”，很多其实就是任性。

1977年春节后，孟小冬的哮喘病用中成药已经不管用了，可是杜美霞和姚玉兰怎么劝，她都不肯就医，再劝急了，她还急眼：“你们谈点别的好不好？看电视吧！”就这样拖着，直拖到5月中旬发现确实坚持不住了，才请了医生到家来看病。5月20日以后，医生发现她肺部积水，要求她必须住院，她还是不去。熬到25日晚上，一阵剧烈咳嗽气喘之后她头一低，昏了过去，这时总算不需要请示她了，人被送到医院，割开喉管把痰吸出来，但她还是没有苏醒。26日晚上11时50分，肺气肿和心脏病并发症夺去了她的生命，这一年孟小冬70岁。

历史没有假设，但是如果孟小冬能有一个和美的家庭，凡事有人提醒和劝说，恐怕不会有那些固执甚至古怪的性格和癖好。如果一日三餐规律而营养全面，她也不会有那样严重的胃病，演艺生涯四处奔波固然对胃病不好，但是胃病还是可以慢慢调养好的。

27日早晨，孟小冬去世的噩耗传出，台湾京剧界争相传告，28日台湾各报都刊载了大篇幅报道，对这个艺术界的瑰宝去世深表惋惜和哀悼。

27日晚，杜府及恒社在台湾的门徒开始就杜月笙夫人孟小冬的治丧事宜开会筹备。在研究讣告的时候，大家说孟小冬没有亲生子女，这怎么办？但是杜月笙的长子杜维藩比较大气，以他的名义称呼孟小冬为“继妣杜母孟太夫人”来发表讣告，6月6日，台湾《中央日报》、香港《工商日报》分别刊登。两地市民和海外同仁看到报纸，都认为杜维藩识大体、有气魄、有人格。

孟小冬的墓地此前已经委托陆京士选好，她来台北后，每年都到西宁南路法华寺拜佛几次，跟这里都熟了，笃信佛教的她早已决定将来死后就埋在佛教公墓。就在她去世前两个月，陆京士打听到台北县树林镇山佳佛教公墓有块墓地的主人全家要移居美国，墓地要出让，就告诉了孟小冬。孟小冬当即让他买下，还请人设计了墓园。孟小冬对京剧老生艺术要求严格，对墓地的设计要求也严格，一直到临终还是力求不留遗憾，两次设计图纸她都不满意，一直到5月24日看了第三次图样才认可，而第二天她就被送到医院报病危了。

孟小冬遗体大殓仪式6月8日在台北市立殡仪馆景行厅举行，姚玉兰送走了杜月笙，又早早来到这里送孟小冬，可以说，都已经有经验了。在杜月笙的夫人中，她确实是经得起大风大浪的，也是有见识善于持家的大女人。那一天，人们见她纹丝不动，坐在殡仪馆里。有人说："别看她胖，可是她镇得住！"孟小冬就常在背后这么说她。当天，台北各界京剧爱好者和文艺界人士、学生，以及周围的百姓几千人来灵前追悼行礼。许姬传写诗悼念她："丁沽初睹玉精神，羽扇纶巾意态醇。殚志寻师求绝艺，余门立雪得传薪。沧桑几度鱼书隔，瀛海惊闻墓草醇。回首春申歌舞地，绕梁遗韵落芳尘。"很好地概括了孟小冬的一生。

孟小冬的墓地因为是在佛教墓园，环境自然跟佛教圣地一样，非常优美，视野开阔，四周都是稻田和青松。落葬后，墓碑上刻着张大千的题字："杜母孟太夫人墓"。从此，孟小冬与一生照顾和扶助她的杜月笙魂安宝岛各一方。她虽然再听不到当年的琴声和掌声，但也不需要忍受病痛的折磨，安静地与天地同在了。

孟小冬的艰辛是女人的艰辛。她去世20年后，被誉为"香港的女儿"的歌星梅艳芳，以醇厚低沉的嗓音演唱了李安修作词的《女人花》，歌曲凄婉深沉，就像孟小冬孤苦飘零的一生："女人花摇曳在红尘中，女人花随风轻轻摆动，只盼望有一双温柔手，能抚慰我内心的寂寞。我有花一朵，长在我心中，真情真爱无人懂。遍地的野草，已占满了山坡，孤芳自赏最心痛。女人花摇曳在红尘中，女人花随风轻轻摆动，若是你闻过了花香浓，别问我花儿是为谁红。"

孟小冬去世后，恒社门徒和家里人开始整理她的作品和遗物。早年的资料只有几碟唱片，晚年的孟小冬从未演出，资料更不多见，好在她的学生、旅日侨胞钱培荣有她的清唱录音，算是留下了宝贵的艺术遗产。

弟子们成立了"孟小冬国剧奖学金委员会"，继续弘扬余叔岩和孟小冬的京剧艺术。丁秉鐩在《孟小冬与言高谭马》中说："在初步整理冬皇的遗产中，发现她生前录有她自己所唱的余派名剧的声带多卷，包括《搜孤救孤》、《御碑亭》、《失空斩》、《法场换子》、《八大锤》等戏，可称珍贵之至。吴开先建议将录音带托交唱片公司，灌成唱片发售，收入移做国剧学校的经费，并留全套唱片一份存国剧学校，纪念冬皇毕生从事国剧艺术的倡导精神，藉此继往开来，发扬光大。”后来这些搜集起来的资料整理成一套录音带《凝晖遗音》，交给了“中华文化复兴总会”。如今，这个组织里还有人知道这套录音带吗？杜美霞说：“横竖送过去了，该留的总会有人留。”2007年，孟小冬国剧奖学金基金会为她出版百年诞辰专辑，除了圈内人士，也没有谁理会这件事。

孟小冬的身后凄凉是一门艺术甚至一种文化的凄凉。

昔人已去，不论是作为女人孟小冬，还是京剧界的“冬皇”，孟小冬早已不是一个单纯的名字，更是一个符号，一个京剧第一女老生的艺术符号。今天，我们穿越时光隧道在这里与孟小冬相逢，我们不敢说读懂她的全部，但是，至少我们没有亵渎这位艺术的精灵。书到结尾，我们从隧道口与冬皇分别，回到人世的滚滚红尘中，听着窗外的车流呼啸，感受着她和杜月笙的人生旅途留给我们的观照和启示：人生是艺术，艺术是人生。

后 记

我小的时候家里很穷，记得四五岁的时候，早上爸爸和哥姐们去上学了，妈妈下田种地去了，我和妈妈都没有午饭吃，我饿极了就吃点春天刚生出来的榆钱和柳树叶，或者躺在草坡上晒太阳，或者听刘兰芳讲《杨家将》，用评书熬过最饥饿的几个小时。上高中了，兜里没有一分零花钱，有时候中午也没有饭吃，实在是无心学习，高二开始就与一帮小哥哥们胡混，游走街头，或者跳窗逃课，到校外的稻草垛上晒太阳，暑假我就辍学了，准备去打工。曾露宿在立交桥下的我，漂泊了一圈，还是回到了课堂，并考上了大学。

二十多年后的今天，当我重新翻起杜月笙的传记时，我有无限感慨。我没有想到，我当年和很多小男孩崇拜的对象会成为我笔下的传主。我不名一文，但也确实从他的人生经历中找到一些人生的相似点。我想，任何一个少年艰辛、青年到外地闯荡的人都或多或少有我同样的感受。

所以，我要认真写这部书。我深深感谢前辈传记家和有关史学家的研究成果，正是有了你们的辛劳，我才能在这部书中力求公允，说出经得起时代变迁考验的文学语言，才不会靠虚构情节塞满篇幅，靠逞文字笔墨功夫糊弄读者。更不会为了满足部分读者猎奇和好色的心理，把情史写成艳史。

我在努力做到文学、学术与休闲阅读的有机结合。

在各家参考书目中，我非常推崇香港传记作家章君谷先生的

《杜月笙传》，杜月笙的门徒、曾任国民党中央党部农工部副部长、国际劳工局顾问、“中央政策委员会”副秘书长等职的陆京士先生主持了这部传记的编纂工作。他在书的前面写了《亲友毕集筹编传记》，文中提到：“正式为杜月笙先生撰写传记一部，其中资料，部分由杜姚谷香女士（杜月笙夫人姚玉兰，孟小冬的挚友）口述，暨先生家人亲属、故旧门生，各就所知，分别提供，同时并参证史实，内容务求其真切纯挚、生动翔实，以期垂绪永远。”足见这部《杜月笙传》及其中提到的孟小冬相关史实的可靠性。并不是我盲目崇信当事人自传和身边人回忆，而是从头到尾仔细读完了这部九十万字的巨著，发现除了作者和参与编纂的恒社同仁、杜家亲友难免的对共产党的污蔑外，其他的基本史实确实都是比较可靠的，史实详尽，时间、地点、人物名称、职务也很精确，足以成为坊间类似书籍创作过程中具有基础史料性质的底本。

商务印书馆1983年1月第2版《现代汉语词典》中将“传记”解释为：记录某人生平事迹的文字。上海辞书出版社2002年1月第1版《辞海》将“传记”解释为：大体分为两类，一属史学范畴，即史传，崇尚严谨，征信；一属文学范围，即传记文学，以史实为基础而有合理的虚构和想象。

不难看出，无论是史传还是传记文学，都讲究一个史实的基础性地位，没有这一点，传记文学就毫无价值。我们搞传记文学创作的，必须尽可能确保告诉读者的至少是个真实的、完整的人，里面的基本事实是清楚、准确的，事件的时间和地点、人物的职务之类核心信息必须是精准的。

章君谷先生的《杜月笙传》给我的创作提供了重要参考，在此首先表示感谢。

许锦文的 《一个真实的孟小冬》（东方出版社）、李伶伶著《梅兰芳和孟小冬》（江苏文艺出版社）、万伯翱、马思猛的《孟小冬：氍毹上的尘梦》（人民出版社）、丁秉鐩先生的著作《孟小冬与言高谭马》（山东人民出版社）、德籍华人花映红女士的《孟小冬》（人民音乐出版社）都是研究孟小冬女士著作的一时之选，我买来一读，感到求证严谨，文风晓畅，从中受益良多。赵文林主编的《旧中国的黑社会》（华夏出版社）帮助我了解封建帮会的发展和内情，在此也要表达由衷的感谢。

其他如杨帆的《杜月笙大传》（华文出版社）对于我写作青少年时期的杜月笙起到了较大的作用。

我广泛搜集关于杜月笙、孟小冬以及相关人物如梅兰芳、余叔岩、牛子厚、马连良、姚玉兰、张学良、戴笠、蒋介石、黄金荣、张啸林等人的资料，有新闻报道，有评论文章，也包括一些经核定确有价值的网络文字。在此无法对所有原作者一一致谢，有一些网络文章也很难考证真实姓名，谨表歉意。大体有沈苇窗先生、翁思再先生、邢建榕先生、黄振世先生，以及杜月笙的后人杜维善、杜美如、杜顺安，翁元、魏绍昌、李菁、周玉冰、吕春、王振华、张宏、张晨怡、叶细细、崔墨卿、宋宝罗、朱小平、徐海凤、南怀瑾、陈存仁、陈文茜、刘继兴、王俊、王安祁、未卜、王朝柱、蔡洪博等人，即使我仅仅是读到了各位的一个段落，对我有一点启发，也要表示谢意。

笔者研习、著述民国史、东北史、民族史多年，今重新研读各类杜月笙、孟小冬相关传记、史料以及相关新闻报道和评论文章，达数百万字之巨，梳理出他们的人生脉络和情感交叉点，还原他们人生重要镜头和情缘演进的生动影像。

在基本事实精准可靠的基础上，本书避免了市面上这类图书或者没有思想底蕴，不顾事实考证，小报消息、非权威网页和道听途说都编进故事，或者出自纯学者之手，没有文采、忙于琐碎考证、没有思想高度的倾向，力争让读者一卷在手，不仅能获得文学阅读的特有质感和丰富体验，更能以最大的信息量、最多的可靠史料，重现杜月笙、孟小冬两位民国名人的传奇人生、感人情史。

本书精心梳理杜月笙和孟小冬的生平后，对二人人生重要节点和情感纠葛进行了传记情节的精选，共设计12章60节。在写作过程中，我不厌其烦地考证重要人物、时间、地点等信息，努力确保这部书的信息完整和真实。本着对读者负责的精神，即使是章君谷先生这样知名、权威的著作，也进行仔细核实。有的传记作家书写的不可谓不好，但是，或许洋洋数十万言难免也有所疏漏，导致一栋杜公馆出现在两条街道，甚至其中一条街道还距离杜公馆甚远。还有，黄楚九先生早在1931年1月19日就已经去世，有的资料却写他还健在。我都一一从资料的比对中厘清。

我在写这部书的过程中的一些思考，与各位方家相比，难免有不够精当、全面之处，甚至也可能存有错误，希望读者在阅读拙作的过程中，除了了解史实外，也与我们一起，开展一些理性思考，提出更多的真知灼见，推进杜月笙和孟小冬的研究再上新台阶。

本书的出版，华中科技大学出版社的汤梅同志付出了艰辛的劳动，一直保持着旺盛的工作热情，在此特表示衷心的谢忱！在写作进入攻坚阶段的炎炎夏日，我持续一个月凌晨入睡，对我夫人纵芳的生活造成很大影响，在此深表歉意和感激。图书出版是个复杂的流程，至今感念周琳、姚遐琛、翁胤珏、戚蓓骏、程静、陆明明、马丹丽、宋倩、朱静怡、王华渠、朱春娟、周梅梅帮我搜集资料付出的辛勤汗水，王艺臻、刘小丰、闫亚婷、项胜伟、王香云、徐瑶、张新军也帮我做了大量的校对工作，在此一并表示感谢。